KB164733

공정 이후의 세계

공정 이후의 세계

김정희원 지음

FAIRNESS

프롤로그

다른 세계를 그린다는 것

"다른 세계는 가능하다"고 말하는 것은 때로는 순진무구하게, 때로는 허무맹랑하게 들린다. 세상 물정을 아직 잘 몰라서 이렇게 비현실적인 이야기를 하는 것은 아닐까. 혹시 어떤 상황에서도 희망을 잃지 말자는 대책 없는 낭만주의자들은 아닐까. 난 솔직히 하루하루가 빠듯한데 대체 무슨 이야기를 하자는 걸까. 아무리 앞만 보고 달려도 뒤처지는 것만 같아서 잠깐 시선을 돌리기도 때로는 망설여진다. 물론 나도 남은 인생을 꼭 지금처럼 살겠다는 건 아닌데, 다른 생각에 잠길 시간을 나에게 주는 것조차 부담스럽게 느껴지곤 한다. 이렇게 우리의 삶과 생각을 가로막는 여러 방해물 중 하나가 바로 최근 몇년 사이 한국 사회에서 지배적 가치로 부상한 '공정'이다. 아무것도 생각하지 말고 그저 열심히 노력해서 공정한 보상을 받아내자. 그럼 다 괜찮아질 거야.

* * *

이 책은 '공정'에 관한 책이 아니다. 나는 '공정'에 관한 이야기를 그만 하고 싶어서 이 책을 집필했다. 이제는 새로운 이야기를 하고 싶은데 대체 어디서부터 시작해야 할지 몰랐던 우리 모두를 위해서 말이다. 지난 수년 동안 우리는, 사실 좀 답답하다고 느껴왔던 것은 아닐까? 꽤 오랫동안 '공정'을 주제로 한 대동소이한 글들이 뻔한 돌림노래처럼 이어졌다. "이건 공정하지 않아!"라고 누군가가 외치면, 다른 의제들은 순식간에 사라지고 우리 모두가 "공정한가, 불공정한가"를 따지게 되어버렸다. 정치인들은 당연하다는 듯 모든 말들을 '공정'으로 포장했고, 선거 때마다 후보들은 앞다투어 '공정'을 슬로건으로 내세웠다. 마치 우리가 원하는 것은 오직 '공정' 단 하나뿐인 것처럼. 하지만 이 지나친 떠들썩함을, 언제부터인가 우리는 조금씩 의심하기 시작했던 것 같다. 그 요란한 약속들이 내 삶을 바꾼 것은 없었으니까.

세상은 우리에게 "자유롭고 공정하게 경쟁"하라고 말하지만, 그 시장 한가운데에 상품이 되어 들어선 채 정말 이 길 하나밖에 없는지 자문하는 사람들을 본다. 분명 다른 길도 있을 텐데, 왜 아무도 우리에게 말해주지 않을까? 남을 앞지를 수만 있다면 무엇이든 거침없이 해내는 엄청난 사람들 틈에서, 나의 '능력'과 '노력'이라는 것은 과연 무엇을 의미할까? 그리고 대체 언제부터 우리는 "완벽하게 공정한 경쟁"을 원하게 되었을까? 알아서 각자도생하면 그것이 공정이라고 말하는 사회도 과연 사회라고 부를 수 있을까 의문이 든다. 나는 그저 남을 이기기 위해 태어났고, 남을 이겨야만 가치 있는 사람이 되는 걸까? 하지만 사회가 단순히 무수한 개인들의 군집이 아니라면, 우리는 이와 다른 것을 요구하고 누릴 권리가 있다. 갈등과 경쟁에 지친 우리를 서로 알아차리는 새로운 시공간의 경험을 이 각박한 세계에서는 정녕 할 수 없는 것일까.

위기와 재난의 시대, 더 급하고 중요한 일이 있다는 이유로 잊힌 채 방치되거나 이 땅에서 자리를 얻지 못해 세상을 등지는 이들의 슬픈 사연이 끊이지 않는다. 우리에게 그저 '구의역 김군'으로 알려져 있는, 스크린도어를 홀로 수리하다 숨진 향년 19세의 비정규직 노동자를 떠올려본다. 공기업 효율화와 비용 절감이라는 '더 급하고 중요한 일' 때문에 그는 혼자서 쫓기듯 일하다 황망하게 세상을 떠났다. 혹시 이 글을 읽는 독자들도 그가 명을 달리한 장소를 기억하는지 모르겠다. 서울시 지하철 2호선 구의역 9-4 승강장. 그 자리를 가득 채웠던 포스트잇, 국화꽃, 컵라면과 나무젓가락, 그리고 생일 케이크. 그 생일 케이크에는 길쭉한 초가 두개 꽂혀 있었다. 만약 김군이 살아 있었다면 이틀 뒤에 스무살 성년을 맞이했을 테니까.

승강장에서 애도의 메시지를 붙이면서 잠시나마 서로 슬픈 눈길을 주고받았던 순간들을 절대로 잊지 말자. 망각의 유혹을 뿌리치고 계속 스스로를 환기하자. 죽도록 내버려두는 정치, 몫이 돌아오지 않는 사회를 끝내기 위해 우리는 기억해내야만 한다. 보이지 않는 이들을 보이게 하고, 들리지 않는 목소리를 들리게 할 수 있는 것은 우리의 관심과 참여뿐이기 때문이다. 구의역 김군, 서울대 청소 노동자, 고 이예람 중사, 고 변희수 하사, 고 김용균씨, 그리고 지금 이 순간에도 삶과 죽음의 경계에 놓인 수많은 사람들을 결코 우리 마음속에서 지우지 말자. 더 나은 미래는 이 모든 사람들이 지금도 살아 있는 세계이기 때문이다.

세상이 '공정'을 들이밀 때, 이제 다른 질문으로 되받아치자. 우리의 생각이 그렇게 단순한 것만은 아니라고, 우리의 삶은 그저 트랙을 따라 경주하는 삶보다는 좀더 복잡하고 다채로울 수 있다고 응수하자. '공정'이라는 가식적인 도덕률에 쉽게 승복하지 말고, 나와는 상관없는 "반쪽짜리 공정"에 대해 따져 묻자. 그리고 무엇보다도, 나와 비슷한 처지에 있는 이들을 차별하거나 무시하게 만들고, 승자와 낙오자에게 보란 듯이 번호표를 붙이는 게 자연스러운 일이라고 속삭이는 우리 머릿속의 그림자를 걷어내자. 그런 다음 우리는 한결 가벼운 마음으로 말할 수 있을 것이다. 가진 자들만을 위한 '공정'은 나의 공정이 아니라고. 누군가가 뒤에 남겨지고 버려지는 비극적인 이야기들을 다시는 마주하고 싶지 않다고.

부디, 이제 허울뿐인 공정의 세계와 결별하자. 물론 이런 말이 낯설고 어렵게 들릴 수도 있다. 어쩌면 당연하다. 아주 오랫동안 우리를 길들여 온 낡은 생각들이 우리의 몸과 마음속에 단단하게 쌓여 있기 때문이다. 그래서 나는 그 해묵은 이야기들을 모두 지우고 당신과 함께 새로운 서사를 쓰기 위해 이 책을 집필했다. 우리에게 '앞지르기'를 권유하는 사회를 '가로지르기'로 맞서기 위해 우리에게 필요한 사유의 도구들, 실천의 방법들을 나누고 싶었다. 비록 작은 생각의 모음집에 불과할 뿐이지만, 여럿이 생각을 더한다면 보다 힘 있는 이론적·실천적 가능성이 열리지 않을까 기대하면서.

이 책의 1부에서는 공정 담론이 지나간 자리가 우리에게 남긴 것들을 찬찬히 정리했다. 공정은 최근 몇년 동안 한국 사회의 핵심 가치로 여겨졌고 때로는 뜨거운 쟁점으로 부상하기도 했던 터라 크고 작은 사건들이 많았다. 1부는 누구에게나 쉽게 다가오는 사례로 출발해 공정 개념과 엮여 있는 우리 사회의 여러 단면들을 차례차례 돌아본다. 동시에 이 같은 사례들이 함축하는 구조적 맥락과 사상적 배경도 빼놓지 않고 설명하고자 노력했다. 아주 거칠게 나누자면, 각 장에서 차례로 (1) 존재론 (2) 인식론/담론 (3) 계급 (4) 정체성의 측면에서 공정 현상을 비판적으로 고찰한다고 볼 수 있다. 그리고 이 전반적인 현상을 관통하는 키워드는 **개별주의적 존재론**이다.

이어 2부에서는 제한적 의미의 공정을 넘어, 지속가능한 미래를 구상하기 위해 필요한 대안적 가치들을 정의 개념과 엮어 제시한다. 전통적 정의론과 달리, **관계적 존재론**에 기반한 정의 개념에 기초해 각 장에서 차례로 (1) 돌봄 (2) 보편 (3) 조직/노동 (4) 사회 변혁의 측면에서 다른 세계를 그려본다. 물론 이제 겨우 밑그림을 그리기 시작한 것이나 다름없다. 하지만 더 나은 세계를 열망하는 이들이 모여서 머리를 맞대다보면, 설익은 생각들도 의미 있는 연대의 가능성으로 이어질 수 있으리라는 믿음이 있었다. 그리고 이 책으로 맺어질 인연들이 각자의 자리에서 삶을 변혁시키는 모습을 떠올리면서 글을 다듬어나갔다.

책을 집필하면서 공정 현상과 맞물려 한국 사회에서 반복적으로 제기되었던 질문들 역시 함께 검토하고자 애썼다. 예를 들어 1부에서는 "과연 여성 할당제가 공정한가?"와 같은 논쟁적 쟁점에 답한다. 또한 2부에서는 "정체성인가, 계급인가?"처럼 우리에게 양자택일을 강요하는 질문에 대해 나름대로 다른 관점을 제시하고자 했다. 이런 질문들에 답하면서 개별화된 이해관계에 기반한 정치가 아닌 관계성과 공동체성에 기반한 정치, 일시적 효능감의 정치보다는 장기적 전망의 정치를 독자들과 함께 구상해볼 수 있다면 더 바랄 것이 없겠다.

획일적인 공정 담론에 피로감을 느껴왔던 사람들, 그리고 혼란스러운 공정 개념에 어지럼증을 호소하던 이들에게 이 책이 다른 시야를 제공해줄 수 있기를 바란다. 잠깐의 안식처로서가 아니라, 길고 울퉁불퉁한 여정을 함께하는 동지로서 말이다. 나는 새로운 삶과 세계를 향한 갈증을 느껴왔던 이들이 아주 많다는 것을 알고 있다. 단순한 갈증을 넘어, 이제는 다른 곳으로 이동할 준비가 된 사람들도 많다고 생각한다. 그래서일까, 내가 손을 내밀면 그 손을 기꺼이 붙들어줄 당신이 반드시 있다는 것을 믿는다. 그래서 용기를 내어 말해본다. 당신의 눈을 지긋이 바라보고 있다고 상상하면서.

'공정 이후의 세계'로 당신을 초대합니다.

FAIRNESS

차례

2부 | 다시 쓰는 정의론

1부

공정의 해체와 재구성

1장

"완벽하게 공정한 경쟁"을 갈망하기까지, 우리에게 무슨 일이 있었을까

'공정'이라는 시대정신

2021년 10월, 미국 국무부로 외교문서a diplomatic cable 한통이 전달되었다. 각국에 파견된 외교 관료들은 본국의 대외정책 구상을 돕기 위해 정기적으로 분석 문건을 발송하곤 한다. 해당 국가에서 화제가 되었던 사회적 사건, 최근의 정치적 상황, 경제 동향 등 외교정책 수립에 필요하다고 판단되는 사안에 대한 자세한 분석과 의견을 담은 문서들이다. 과거에는 비밀스럽게 암호화되어 전보로 발송했기 때문에 지금까지도 '케이블'cable 혹은 '텔레그램'telegram이라고 불린다.

물론 모든 외교문서가 일급 기밀을 담고 있는 것은 아니다. 하지만 정부기관 사이에서만 주고받을 목적으로 작성된 문서이기 때문에 일반적으로 대외비이기는 하다. 예컨대 오래전 위키리크스WikiLeaks를 통해 유출되었던 문서 중에는 미국 정부가 당시 반기문 유엔 사무총장에 대한 개인정보를 수집했다는 내용이 담겨 있었다. 심지어 2003년 이라크 침공을 앞두고, 미국 정부가 유엔 사무총장 코피 아난Kofi Annan을 도청했다는 사실이 유출되어 전세계적으로 큰 파장이 일기도 했다.

그리고 2021년, 대한민국에 주재하는 미국 관료들이 본국에 보고하기로 채택한 소재는 바로 넷플릭스로 공개된 한국 드라마 「오징어 게임」이었다.[1]

해당 문건은 「오징어 게임」을 소재로, 특히 제20대 대통령 선거에 초점을 맞춰 한국 사회를 분석해나간다. 「오징어 게임」의 암울한 줄거리는 대다수의 한국인들이 느끼는 절망감, 그중에서도 취직, 결혼, 계층 이동이 좌절된 청년 세대의 절망감을 반영한다고 설명하면서, 거대 양당의 유력 대선후보 두명이 모두 '공정'fair하고 '정의로운'just 사회를 만들겠다고 똑같이 외치는 것이 청년 세대의 냉소만 부추기고 있다고 지적한다. 나아가 이 익명의 미국 외교관은 선거 유세 때마다 두 후보가 공정과 정의를 약속하고 있지만 정작 그들 자신이 대규모 부정부패 스캔들에 연루된 상황을 '대한민국의 정치적 시대상'이라고 표현하며, 이런 시대정신이 「오징어 게임」에 그대로 담겨 있다고 설명했다. 한국 사회에 만연한 좌절감을 언급하면서 제시된 가슴 아픈 통계는 OECD 국가 중 한국이 2003년 이후로 지금까지 자살률 1위라는 것, 그리고 2020년에는 청년층(만 19~29세)의 사망 원인 1위가 자살이었다는 집계 결과였다. 실제로 OECD는 한국에서 자살률과 정신질환 환자가 유독 증가하는 것이 우려된다는 내용의 보도자료를 배포한 적이 있기도 하다.[2]

비단 미국 외교관들만 요즘의 한국 사회를 이렇게 독해하고 있는 것은 아닐 듯하다. 이제 더이상 신조어가 아니라 클리셰가 되어버린 '헬조선' '흙수저' '영끌' 같은 단어를 다시 되새겨본다. 우리 앞에 놓인 삶에 대한 좌절과 무력감, 특권층에 대한 분노와 불신, 정치에 대한 혐오와 냉소, 그래서 어떻게든 생존하거나 무슨 수단을 써서라도 대박을 치고 싶은 심정. 마치 「오징어 게임」처럼, 세상에 주어진 파이가 단 하나뿐이라는 생각에 '일단은 가해자'가 되더라도 내가 살기 위해 남을 이겨야 하는 삶. 어쩌면 주위의 모든 사람들이 '잠재적 경쟁자'라도 되는 것처럼 날카롭고 예민해지는 마음.

그동안 우리에게는 무슨 일이 있었던 걸까. 한국 사회에서는 왜 유독 '공정'과 '경쟁'이라는 단어가 함께 붙어 다니며, '공정 경쟁'이 바람직한 사회적 가치로 부상했을까? 한 젊은 정치인이 "완벽하게 공정한 경쟁"이라는 슬로건을 들고 나왔을 때, 대체 왜 그렇게 많은 사람들이 환호했을까? 공정을 향한 젊은 세대들의 전폭적 지지는 무엇을 뜻할까? 나는 분명 열심히 노력했는데 '노력한 만큼 보상을 받는다'는 기본적인 원칙이 왜 지켜지지 않는다고 느껴지는 것일까? 어떤 '강남 엄마'는 한 언론매체와의 인터뷰에서 "1등부터 100등까지 정확하게 줄 세우는" 입시가 가장 공정하고 정당한 보상을 제공해준다며, 그렇지 않은 입시 전형은 모두 불공정하다고 말하기도 했다. 대한민국의 많은 직장인들은 내가 힘들게 고생해서 입사한 만큼 다른 사람도 똑같이 고생하는 것이 당연하다고 한다. 특권과 편법이 판치는 한국 사회에서 역시 공정한 평가 방식은 시험뿐이라며, 사법고시를 포함해 각종 시험 제도를 부활시키자는 주장도 점점 늘어나고 있다.

어쩌면 이 글을 읽는 당신도 이런 주장에 어느 정도 타당한 면이 있다고, 만약 "완벽하게 공정한 경쟁"이 실현되기만 한다면 모두가 행복해질 거라고 믿고 있을지도 모르겠다. 과연 그럴까? 그리고 이런 믿음은 "한국 사회의 뛰어난 공정성 감각"을 보여주는 것일까?

불안정한 사회, 불안한 청년

공정성이 사회적 의제로 떠오르기 시작하던 초기에는 오히려 공정성의 긍정적 측면이 강조되었던 것도 사실이다. 이 같은 긍정적 평가는 주로 세대론과 결부된 형태로 나타나면서, 마치 공정성이 우리가 미래 세대로부터 배워야 할 가치인 것처럼 논의되는 경우가 많았다. "밀레니얼 세대의 공정성 감각을 이해해야 한다"든가, "청년 세대는 특히 공정성에 대한 높은 기대와 민감도를 갖고 있다"와 같은 흔한 언설이 그런 반응을 잘 보여준다. 기업인들은 "요즘 세대가 공정에 예민한데 젊은 직원들과 잘 소통하려면 어떻게 해야 하느냐"고 묻는다. 공정을 논하는 자리에 가면 90년대생, MZ세대, 혹은 '이대남'을 소환하는 질문이 항상 등장하고, 이어서 젊은 세대가 불공정에 그토록 분노하는 현상을 어떻게 해석하는

지 답해야 한다.

젊은 세대의 공정성에 대한 열망은 이제 단순히 기대와 바람이라고 표현하기 어려울 정도로 강력한 지배 담론이 되었다. 청년들은 특정 정치인이나 정당을 비판하면서 공정하지 않아서라고 한다. 한편 정치인들은 허튼 공약을 내세우면서 공정을 갈망하는 청년들의 요구에 응답하기 위한 것이라는 핑계를 댄다. 그만큼 한국 사회에서 공정은 최우선 가치로 앞세워지고 있고, 동시에 그 의미가 왜곡되어 있기도 하다. 이 책의 1부 전체에 걸쳐 더욱 자세히 살펴보겠지만, 지금 한국 사회에서 손쉽게 내세워지는 공정이라는 가치는 전사회에 걸쳐 적용되어야 할 보편적 가치로서의 공정, 또는 사회정의를 확보하기 위한 필수 원리로서의 공정과는 거리가 멀다. "공정하지 않다"는 외침은 많은 경우 자신이 느끼는 부당함, 억울함, 박탈감 등의 감정을 정당화하기 위한 수단으로 사용될 뿐이다.

청년 세대가 공정 경쟁과 능력주의 신화에 열광하는 이유는 사회경제적 배경과 무관하지 않다. 청년 세대, 특히 20대 남성들이 공정을 맹신하는 것처럼 이야기될 때가 많지만 세대, 젠더, 계급 등의 정체성 하나만으로 지금의 '공정성 열풍'을 설명하는 것은 불가능하다. 2021년 7월 통계청에서 발표한 경제활동인구조사에 따르면,[3] 청년층 비경제활동인구 중 이른바 '취준생', 즉 취업 시험 준비자는 85만 9,000명으로 통계를 집계한 이래 최대치를 기록했다. 이미 2020년에도 80만명을 넘어 역대 최고 기록이었다고 발표한 바 있는데, 2021년에 그 수치를 다시 경신한 것이다. 또한 최종 학력을 기준으로 했을 때 청년 졸업자는 470만 6,000명이었는데, 그중 3분의 1이 넘는 154만 8,000명이 일자리를 찾지 못했다는 충격적인 결과도 함께 발표되었다. 심지어 27만 8,000명은 무려 3년이 넘도록 취직을 하지 못했다. 청년들이 첫 직장을 얻기까지는 평균 10개월이 넘는 시간이 걸렸고, 그렇게 얻은 첫번째 일자리의 약 3분의 1은 1년 이하의 단기계약직이었다. 만약 계약이 연장되지 않는다면 이들은 1년 뒤 다시 구직자가 되거나, 아니면 실직자가 될 것이다. 1년마다 생존을 고민해야 하는 주기 속에서 청년들이 미래를 그릴 수 있을까?

하지만 여기서 끝이 아니다. 통계를 자세히 들여다보면 청년들이 처한 현실은 숫자로 드러난 것보다 훨씬 더 심각하다. 기존의 집계 방식으로는 불안정한 노동 환경, 그리고 이런 노동 시장에 뛰어들어야 하는 불안한 청년들의 삶이 제대로 포착되지 않기 때문이다. 통계청은 국제노동기구ILO의 기준을 따라 주 1시간 이상만 일하면 취업자로 정의한다. 또한 수입이 없더라도 가족의 사업을 돕고 있거나 일시적인 이유로 휴직 중이라면 모두 취업자로 집계된다. 공식적으로 발표되는 실업률이 체감 실업률보다 훨씬 낮은 것은 바로 이 때문이다. 코로나19로 인해 회사에서 이른바 무급휴직을 권고한 경우, 사실상 퇴사 권유에 가깝지만 통계에서는 취업자로 분류된다. 일시휴직자는 통계상 취업자이기 때문이다. 잠깐 배달 아르바이트를 하면서 구직 활동을 하는 경우도 1시간 이상 일했으므로 모두 취업자로 집계된다.

『경향신문』의 기획취재팀은 이처럼 통계적 취업자와 실질적 실업자 사이에 놓인 청년들을 **'경계 청년'**이라고 불렀다. 불완전 취업자, 혹은 아슬아슬하게 취업과 실업의 경계에 놓인 청년들이다. 통계청에서 발표한 2020년도 청년 공식 실업률은 겨우 9.0%로 5년 전과 비교해도 아무런 차이가 없다. 하지만 실업자 수에 잠재구직자, 추가취업가능자, 단시간 노동자의 수를 모두 합하면 25.1%가 된다.[4] 즉 청년 경제활동인구 4명 중 1명은 안정적인 일자리를 보장받지 못한 셈이다. 이 같은 **청년확장실업률**은 2020년 내내 비슷한 수준을 유지했으며, 2021년 9월 들어서 약 21% 정도로 소폭 감소했다.[5]

기존의 통계 패턴을 벗어나는 현상은 또 있다. 바로 '쉬었음 인구'가 청년층에서 급증하고 있다는 점이다. 비경제활동인구 중에서도 '쉬었음 인구'는 아주 특수하게 정의된다. 비경제활동인구로 분류되는 사유는 매우 다양한데, 육아나 가사로 일을 하지 않는 경우, 학교 또는 대학원에 재학 중인 경우, 입시를 준비하는 경우, 심신의 장애가 있는 경우, 군 입대를 기다리고 있는 경우 등 여러가지 이유로 구직 활동을

경제활동인구조사 용어 해설[6]

경제활동인구: 만 15세 이상 인구 중 취업자와 실업자
취업자: ① 조사대상 주간 중 수입을 목적으로 1시간 이상 일한 자, ② 수입이 없더라도 가족이 경영하는 사업체의 일을 도운 가족종사자로서 주당 18시간 이상 일한 자(무급가족종사자), ③ 일시적인 질병, 휴가, 노동쟁의 등의 이유로 일하지 못한 일시휴직자
실업자: 조사대상 주간 중 수입 있는 일을 하지 않았고, 지난 4주간 적극적으로 구직활동을 했으며 일자리가 주어지면 즉시 취업이 가능한 사람
비경제활동인구: 조사대상 주간 중 취업자도 실업자도 아닌 만 15세 이상인 자(육아, 가사, 학교 재학, 입시 준비, 연로, 심신장애, 취업 준비, 군 입대 대기 등 포함)
잠재구직자: 비경제활동인구 중에서 지난 4주간 구직활동을 하지 않았지만 취업을 희망하고 취업이 가능한 사람
시간 관련 추가취업가능자: 취업 시간이 주 36시간 미만이면서 추가 취업을 희망하고 추가 취업이 가능한 사람
쉬었음 인구: 뚜렷한 이유 없이 쉬고 있는 사람

하지 않는 사례가 모두 해당된다. 그런데 '쉬었음 인구'는 이런 사례를 모두 제외하고도 구직 활동을 하지 않는 경우를 가리킨다. 다시 말해, 경제 활동 능력이 있는데도 뚜렷한 이유 없이 취업도 하지 않고 당장의 구직 의사도 없는 이들이 '쉬었음 인구'로 분류된다.

전통적으로 이 카테고리로 집계되는 이들은 명예퇴직이나 조기퇴직 이후 딱히 다른 직장을 찾지 않는 60대 노년층이었다. 그런데 코로나19의 충격파가 시작되었던 2020년 3월, 20대의 '쉬었음 인구'가 사상 최초로 40만명을 돌파하더니,[7] 그 이후로 매월 증가 추세를 보이며 2021년 1월에는 46만명으로 다시 최고치를 뛰어넘었다. 10대와 30대까지 합하면 경제 활동도 구직 활동도 없이 '쉬고 있는' 청년들의 수가 약 78만명이나 된다.[8] 경제 활동 능력이 있는데도 구직 활동조차 포기한 78만명의 사연은 그 숫자만큼 복잡하고 다양할 테지만 한가지는 분명하게 말할 수 있다. 이들이 실업자이든지 불완전 취업자이든지 그저 쉬고 있든지, 이 78만명의 청년들이 처한 현실이 오롯이 그들만의 책임에서 비롯된 것은 아니라는 점이다.

요즘 같은 치열한 경쟁 환경에서 청년들이 안정적인 일자리를 얻기 위해 투자하는 비용은 실제로 엄청나다. 한국고용정보원이 2020년에 발표한 대졸자 직업이동경로조사 자료에 따르면 '취준생'들은 시험 준비에 평균 1년 5개월을 투자했다. 이 기간 동안 취업 활동에 들어간 비용은 월평균 40만원이었다.[9] 청년들은 이른바 '하향 지원'을 했을 때의 초봉 격차와 이후의 임금 상승률, 사내 복지 정책을 포함한 대우 수준,

최초의 직장 이력이 추후 상향 이동에 미치는 부정적 영향 등을 고려해 안정성이 보장되는 공무원이나 대기업 정규직을 목표로 하는 '수험생'이 되기를 선택한다.

대기업과 중소기업, 정규직과 비정규직의 임금격차를 고려하면 당장의 취업을 유예하고 한칸이라도 더 높은 사다리에서 출발하고 싶어하는 마음을 이해하지 못할 것도 아니다. 실제로 2021년 10월 통계청이 발표한 경제활동인구조사 근로형태별 부가조사에 따르면 정규직과 비정규직 간의 임금격차는 월평균 156만 7,000원으로 통계를 집계한 2003년 이래 최대치를 기록했다. 그뿐만 아니라 비정규직 노동자 가운데 유급휴가 대상자와 상여금 수혜 대상자는 약 3명 중 1명에 불과했다.[10] 조기 취업했을 경우 받게 될 임금을 유예한 기회비용까지 '취준 비용'에 포함하면 실제로 청년들이 소모하는 금액은 월평균 300만원에 달한다.[11] 적극적으로 기술을 연마하고 사회에 기여해야 할 20대를 '취준생'으로 보내며 감수하는 시간 비용은 말할 것도 없다.

청년들의 자조와 냉소, 혹은 분노와 좌절이 담긴 '노오력'이라는 단어는 바로 이런 경험에서 나온다. 고도성장기에 청년 시절을 보내며 국가와 함께 동반 성장하는 경험을 했던 이들이 기억하는 20대와 오랜 저성장 사회에서 단 한번도 경제적 호황을 누려보지 못한 채 그저 일다운 일을 찾기 위해 계속 달려온 이들이 경험한 20대는 전혀 다른 세계다. 자신이 활용할 수 있는 최대한의 시간과 자원을 동원해 취업에 도전했음에도 불구하고 그 결과는 앞서 통계로 살펴보았듯 이미 구조적으로 크게 제한되어 있다. 노력한 만큼 보상받을 수 있다고 배웠지만 노력해도 안 되는 것이 실재한다. 그래서 청년들은 "노오력의 배신"이라고들 한다. 결국 답답한 마음, 억울한 마음, 손해보고 있는 것만 같은 마음이 하루하루 쌓여간다. '세상이 정말로 공정하다면 나한테 이럴 수는 없잖아?' 하는 마음이 된다.

불안정성에 대한 개별주의적 반격

세상이 불공정하다고 느껴질 때 이에 대응하는 방식에는 여러가지가 있을 수 있다. 사실 한국 사회가 불공정하다는 인식은 특정 세대나 계층에만 국한된 것은 아니다. 흔들리는 사회에서는 불안정 계급, 저소득층뿐만 아니라 전통적으로 기득권이라고 여겨졌던 계급도 박탈감과 불안감에 시달리게 된다. 당연히 나의 몫이라고 생각했던 보상이 돌아오지 않기 때문이다("내가 4년제 대학을 졸업한 군필자 남성인데 정규직 자리 하나를 안 준다고?"). 미국의 사회학자 마이클 키멀Michael Kimmel은 미국 사회가 최근 사회문화적·구조적으로 재편되는 과정에서 '밀려난' 백인 남성들이 '세상이 변하는 바람에 내가 억울하게 피해를 보고 있다'고 느낀다고 분석한다. 그는 이 같은 억울한 감정을 **피해 입은 특권**aggrieved entitlement이라고 명명했다.[12] 백인 남성들이 되레 피해자 정체성을 갖게 되는 것이다. 물론 그가 분석한 사회적 맥락은 지금의 한국 사회와 다소 차이가 있지만, 마땅히 기대해왔던 사회적·경제적 특권을 보장받지 못했다고 느끼는 이들의 억울함, 박탈감, 피해의식은 한국 사회에서도 관찰된다. 문제는 한국 정치가 이 같은 불안한 마음의 근본적 요인과 구조적 기원을 탐색하려 애쓰기보다 오히려 이런 심리를 적극 이용하면서 사회 갈등을 부추기고 있다는 점이다.

경기침체가 장기화되고, 산업 구조의 재편은 가속화되며, 코로나19 팬데믹과 같은 재난 상황이 다시 닥치지 않으리라는 보장이 없는 지금의 한국 사회에서 불안정 노동과 사회 갈등의 해법이 '공정 경쟁'일 수는 없다. 현대 사회, 특히 노동 시장에서 우리가 경험하는 불안은 **불안정 변동성**precarity이라고 지칭할 수 있는데, 이는 일반적으로 논의되는 고용 불안정성employment insecurity 및 직무 불안정성job insecurity과 긴밀하게 엮여 있기는 하지만 질적으로 다르다.[13] 고용의 개념은 점점 약화되는 반면 일시적·잠정적 일자리는 급증하면서, 평생직장은 고사하고 사람들은 기간제 또는 시간제의 형태로 여러개의 일을 하면서 생계를 유지하게 된다. 이는 사람들이 지속적으로 구직 중에 있다는 뜻이기도 하다. 즉 불안정 취약계층the precariat[14]은 언제나 잠정적으로 재직 중이며 동시에 구직 중이다. 따라서 끊임없이 아르바이트를 하면서 취업 준비를 병행하는 청년들은 "일하고 있는데 일이 고프다"고 느낄 수밖에 없다.[15] 불안정 취약계층이라는 개념을 발전시킨(흔히 알려진 것과 달리 개념을 최초로 제시한 사람은 아니다) 가이 스탠딩Guy Standing은 이 계층을 국가 및 시장과 안정적인 사회계약을 맺지 못한 사람들, 정당한 사회적 지위를 보장받지 못한 사람들, 존재론적 불안이 일상이 되어버린 사람들이라고 기술한다. 단순히 저임금 노동자 또는 단기 노동자를 지칭하는 개념이 아니라는 뜻이다.

만약 기적처럼 경기가 좋아지면, 노동 시장의 양극화와 불안정성이 해소되고 우리는 양질의 일자리를 되찾을 수 있을까? 불행히도 그렇지 않다. 다양한 이유로 산업 구조가 우리의 예상보다 빠른 속도로 재편될 수 있고, 따라서 근미래에 또다른 형태의 불확실성이 가중될 것이기 때문이다. 경제 불안과 노동 불안정의 요인에는 여러가지가 있겠지만 여기서는 특히 불확실성에 집중해서 두가지를 언급하고자 한다.

첫째, 디지털 경제와 포스트휴먼post-human 사회의 도래로 인해 광범위한 수준에서 인간의 노동력과 노동 가치가 재평가되며, 로봇과 인공지능AI이 인간의 직무를 대체하거나 또는 인간과 협업하게 된다. 이는 노동 자원으로서의 인간의 가치가 재조정되거나 무화됨을 뜻한다. 반복적 단순노동이나 육체노동만 기계에 의해 대체되는 것이 아니라, 지식노동(예: 거시경제학적 시뮬레이션을 인공지능이 수행)과 창의노동(예: 특정 기법을 응용한 시각예술 작품 창작)까지도 로봇과 인공지능이 개입할 것이다. 그 개입의 형태가 인간 노동력의 대체이든 인간과의 협업이든, 인간의 노동 가치를 산출하는 현재의 방식은 근본적 한계에 부딪히게 된다. 기존의 일자리가 사라지거나 그 성격이 변하고 한편으로는 새로운 일자리도 생겨나겠지만, 직무 불확실성job uncertainty은 전반적으로 높아질 수밖에 없으며 산업 구조도 달라질 것이다.

둘째, 기후위기에 대처하기 위해 탄소중립 목표를 실현하는 과정에서 산업 구조와 노동 시장이 인위적으로 재조정될 수 있다. 탄소중립 목표치를 달성하기 위해서는 당연히 탄소 산업의 비중을 줄여야 한다. 또한 그외의 산업 분야에서도 탄소배출을 감소시킴과 동시에 재생에너지 및 친환경 산업을 빠른 속도로 확장해야 한다. 실제로 전세계의 금융기관들은 화석연료 관련 산업에 대한 투자를 중단하는 추세다. 미국 바이든 행정부는 기후위기에 맞서고 환경정의environmental justice를 실현하기 위한 계획을 발표하면서 태양광 발전과 풍력 발전을 비롯한 친환경에너지 산업은 물론이고, 자동차 산업, 건설업, 기간산업, 농업 등을 아우르는 전방위적인 탄소중립 계획을 발표했다. 특히 2035년까지 탄소배출 없는 전기 생산을 실현하겠다는 야심찬 선언을 한 바 있다.[16]

그러나 전문가들은 각론을 논하면서 이런 식의 전환은 갑작스러운 대량 실직과 같은 고통스러운 재조정을 수반할 수밖에 없다는 점을 누누이 지적해왔다. 탄소배출 산업이 말 그대로 빠른 속도로 사라져야 하는 업종이 되어버렸기 때문이다. 실제로 덴마크의 한 정유업체는 정유사업부와 천연가스 사업부를 몇년 만에 통째로 정리한 후 세계 최대 규모의 풍력 발전 역량을 확보한 '클린 에너지 회사'로 거듭나는 놀라운 행보를 보이기도 했다.[17] 특정 사업 혹은 직군이 소위 '정리'될 수 있다는 가능성 때문인지 미국에서도 기후위기와 관련한 노동 대책을 논의할 때 공정 개념이 종종 언급되기도 한다. 시장과 사회에 미칠 파장을 고려하면 그만큼 세심한 정책적 접근이 필요한 영역이다.

이런 두가지 지점은 앞으로 우리가 마주하게 될 사회경제적 변화가 꽤 광범위하다는 점을 잘 보여준다. 불안정 취약계층은 이 같은 전방위적 변화에 더 큰 타격을 입을 수밖에 없다. 안정적인 일자리를 확보하는 것이 점점 더 힘들어지는 것이다. 나아가 어떤 이들은 불필요 계층 the unnecessariat, 즉 기계에 의해 전면 대체되어도 별문제 없는 '잉여 계층'으로 간주될 것이다.[18] 불안정 변동성은 먼 미래의 이야기처럼 들리지만 우리는 예기치 못한 팬데믹으로 인해 인간의 노동권과 노동 가치가 한순간에 사라질 수 있다는 사실을 피부로 이해하게 됐다. 신종 바이러스가 지속적으로 등장하고 통제가 어려워지면 자본의 논리 앞에서 인간은 생물학적 위험biohazard에 불과하다. 다시 말해 인간은 바이러스와 오염물질을 퍼뜨리고 불확실성을 증대시킨다.

특정 직군은 어떤 면에서 이미 '잉여 계층'이 되어가고 있는 듯하다. 미국에서 마트 계산원은 급격한 속도로 무인 계산대, 즉 기계로 대체되었다. 물류창고에서는 벌써 로봇이 인간보다 더 많은 일을 오류 없이 처리한다. 자율주행차의 개발 역시 가속화되었고, 이제는 배달 로봇이 거리를 달리고 있다. 내가 거주하고 있는 피닉스에서도 바퀴가 달린 상자의 모습을 한 미니 로봇이 피자 배달을 하며 돌아다닌다. 로봇으로 대체가 가능하다고 판단되면 대체하지 않을 이유가 없다. 내가 시간과 노력을 투자해 획득한 기술이나 자격증이 불과 몇년 뒤에 쓸모없어질지도 모를 일이다. 기계를 능가할 만한 뚜렷한 전문성이 없는 불필요 계층은 새로운 직업을 찾는다고 하더라도 그 역시 순차적으로 기계에 의해 대체되는 결말을 맞이할지 모른다. 내가 믿었던 '능력'이 더이상 능력이 아닌 것이다. 한국 사회에서 계층 이동과 부의 재분배를 가능하게 하는 정당하고 합리적인 통로로 여겨졌던 능력주의 모델은 결국 우리의 발목을 잡을 것이다.

고용 불안정, 직무 불안정, 불안정 변동성은 앞서 살펴본 것처럼 시급한 문제이기도 하면서 동시에 앞으로도 장기간 마주해야 하는 문제다. 그러나 안타깝게도 우리가 이 위기를 돌파할 수 있는 역량은 온전히 발휘되지 못하고 있다. 장기적 비전도, 구조적인 해결책도 없이 많은 이들이 공정 경쟁과 능력주의 실현이 마치 위기 해결을 위한 최선의 방안인 것처럼, 우리가 추구해야 할 핵심 가치인 것처럼 외쳐댈 뿐이다. 급격한 사회 변화나 구조적 제약에 대한 논의는 부재한 채로 '공정한 경쟁'을 통해 각자 알아서 살길을 찾으라고 한다. 불공정과 부당함의 근본적 원인은 외면한 채 시험을 통한 '줄 세우기'와 같은 일원적 경로를 모두에게 똑같이 적용하는 것만이 공정한 해법이라고 말한다.

이 같은 개별주의적individualistic 반격은 당연히 사회문제를 해결해주지 못한다. 앞서 살펴본 것처럼 우리가 안정적 일자리를 찾지 못한 이유는 경쟁이 부족해서, 시험이 공정하지 않아서, 정당한 평가를 받지 못해서가 아니다. 기본적인 삶의 조건조차 충족시키기 어려워 미래를 설계할 자신이 없는 것도 마찬가지다. 그러나 불완전 취업, 저임금 노동, 장기화된 '취준' 기간 등으로 대표되는 불안정 취약성의 경험은 역설적으로 많은 이들에게 "각자도생만이 살길"이라는 믿음을 심어주었다. 개별화된 불안정 노동만이 반복되는 삶은 협업 경험, 동료의식, 팀워크 감각, 공동체성을 훈련할 기회 등이 부재하거나 지연됨을 뜻하기도 한다. 반면 각자도생의 원리는 우리 모두에게 깊이 각인되어 있다. 어느 정치인은 "공정한 경쟁"을 시대정신으로 앞세우며 그의 저서에 이런 글을 남겼다. "모두가 자유로운 세상은 정글이다. 정글에는 나름의 법칙이 있다. 약육강식이다."[19] 그래서 이 불안한 삶을 탈출하기 위한 유일한 해법은 바로 적자생존인 것처럼, 그렇게 제로섬zero-sum 게임에서 승리하는 방법밖에 없는 것처럼 여겨진다.

각자도생과 식민화된 삶

각자도생의 교리는 지금 우리가 몸담고 있는 신자유주의 사회를 떠받치는 오랜 기반이다. 그리고 이 강력한 교리는 불확실성이 증가하고 편법이 난무하는 사회에서 "공정성을 확보해달라"는 외침과 결탁한 덕분에 이제 새로운 방식으로 정당성을 얻기까지 했다. 나는 기득권도, 자원도, 비빌 언덕도 없으니, 다같이 "계급장 떼고 붙어야" 한다. 각자 알아서 해결하는 것이 가장 공정하므로 남을 돕거나 지지할 필요도 없다. 타인의 고통과 연대하는 것은 사치다. 당장 나도 먹고살기가 힘들기 때문이다.

경쟁과 각자도생의 논리가 공정성으로 포장되는 것이 아주 드문 일은 아니다. 미국의 페미니스트 작가 록산 게이Roxane Gay는 보수 기득권자들이 공정성을 들먹이며 사회적 고통, 특히 청년 세대의 고통을 외면하는 현실을 비판하면서 "우리가 겨우 이 수준밖에 안 되는가"라고 한탄했던 적이 있다.[20] 당시 미국도 팬데믹의 장기화로 인해 취업난이 심화되고 있었고, 다양한 사회구제책과 피해보상책이 논의되는 가운데 젊은이들의 학자금 대출을 탕감해주자는 제안이 나오면서 전사회적으로 뜨거운 논쟁이 벌어지던 때였다.

미국에서 청년들의 학자금 부채는 생각보다 훨씬 더 심각한 사회문제다. 청년들의 3분의 1 정도가 학자금 대출로 인한 빚을 지고 있으며, 부채 규모는 국가 경제성장률보다 약 여섯배 빠른 속도로 증가하는 중이다.[21] 청년들의 학자금 부채는 2021년 9월 기준으로 평균 약 4만 달러이고, 학자금에는 보통 5% 수준의 이자와 1% 수준의 수수료가 붙는다. 물론 훨씬 더 높은 이자가 붙는 경우도 있다. 하지만 청년들이 졸업과 동시에 학자금을 바로 상환하는 것은 사실상 불가능하기 때문에 이자는 계속 불어나고 많은 청년들이 아주 오랜 시간에 걸쳐 빚을 갚는다. 믿기 어렵겠지만, 미국의 청년들이 학자금으로 진 빚을 완전히 갚는 데 소요되는 평균 기간은 20년이다. 40대가 되어도 여전히 밀린 학비를 갚고 있는 셈이다. 심지어 졸업 직후 5년 동안은 제대로 상환을 할 수 없어 대출금이 줄기는커녕 오히려 늘어나기도 한다.[22] 팬데믹이 청년들의 경제적 어려움을 악화시킨 것은 말할 것도 없기에 바이든 행정부가 들어서면서 청년들의 학자금 상환을 일정 기간 유예해주거나 정부가 그 빚을 일부 갚아주는 방안이 논의되었다.

하지만 놀랍게도 기성세대들, 특히 공화당 지지자들이 이런 청년 구제책에 극렬한 반대를 표하면서 학자금 문제는 사회 갈등의 핵으로 급부상하게 된다. 이때 반대 논리로 내세워진 것이 바로 공정성fairness이었다. 정부가 학생들의 빚을 대신 갚아주는 것은 "공정하지 않다"It's not fair는 것이다. 사람들의 입장은 다양한 듯 보였지만 사실 엇비슷했다. "나는 십수년간 죽도록 일해서 이 나이에 빚을 다 갚았는데 왜 청년들의 빚을 탕감해주나? 이것은 불공정하다!" 나는 지난 시간 힘들게 일했고 오래도록 고생해서 빚을 갚았으니 당연히 모두가 똑같이 고생해야 한다는 것이다. 록산 게이는 전지구적 재난 상황에서 오히려 안정적으로 자리를 잡은 세대들이 이 같은 경직된 반응을 보이는 것에 분노하면서 미국인들은 내가 못 가진 것을 남이 갖는다고 느낄 때만 공정성을 들먹인다고 썼다. 남이 못된다고 내가 잘되는 것은 아니라는 말도 덧붙이면서.

그는 공정성을 매개로 한 당시 미국의 사회적 담론을 세가지로 요약했다. 첫째 개인 책임individual responsibility("네가 진 빚은 네 책임이지."), 둘째 각자도생bootstrap mentality("나도 노력한 거야. 너도 노력하면 성공할 수 있어."), 셋째 고통 감내의 원칙sufferance doctrine("나 여기까지 오려고 죽도록 고생했어. 너도 고생 좀 해야지.")이다. 한국 사회의 공정 경쟁, 각자도생, 능력주의 논리와 놀랍도록 닮아 있지 않은가?

모두가 공정한, 즉 똑같은 기준으로 평가받아야 하며 따라서 내가 부당하게 손해보지 않아야 한다는(다시 말해, 똑같이 보상받거나 똑같이 당해야 한다는) 신념은 각자도생과 능력주의에 기반한 삶의 방식을 정당화한다.[23] 현재 한국 사회에서 반복적으로 거론되고 있는 공정성 모델은 구조적·역사적 불평등을 무화시키고, 개인의 노력만으로 설명될 수 없는 사회적 맥락의 효과를 지워버리는 원자화atomization 모델이다. "내가 노력한 만큼의 대가를 원한다"는 외침은 결국 "성공하고 싶으면 노력해라" "네가 가난한 것은 충분히 노력하지 않았기 때문이다"라고 말하는 것과 본질적으로 다른가? 어쩌면 동전의 양면에 불과한 것은 아닐까? '온전한 능력주의'에 대한 맹신은 우리 사회에 존재하는 구조적이고 체계적인 차별과 불평등을 외면하게 만든다. 모든 개인은 노력을 통해 성취해야 하며 그외의 경로는 부당하다. 나의 '노오력'은 내 미래를 배신해서는 안 되기 때문이다. 구조적 억압과 불평등을 조정하기 위한 적극적인 개입과 수정 조치는 나의 노력을 보장할 것 같지 않으니 일단 반대한다.

이 같은 논리와 마음가짐은 신자유주의적 주체성을 정당화하고, 또한 스스로 내면화하게 만든다.[24] 신자유주의적 각자도생의 원리에 충실한 삶의 방식은 기업가로서의 자기 자신, 혹은 기업가주의형 존재론the entrepreneurial self으로 설명할 수 있다.[25] 자기 자신을 인적 자원으로 간주하고 언제나 자기계발에 매진함으로써 스스로의 시장 가치를 끝없이 재조정하는 삶의 양식이다. 이런 라이프스타일에서는 일터에서의 삶과 사적인 삶의 구분이 더이상 의미가 없다. 집에서도, 개인적인 공간에서도 지속적으로 일을 생각하고 커리어를 개발하고 있기 때문이다. 개인은 독립된 기업형 주체로서 존재하고, 따라서 사회관계를 정의하는 핵심 원리는 경쟁과 차별화다. 신자유주의적 존재론에 따르면 자율적인 개인은 자신의 삶을 스스로 책임져야 하므로 구조적 요인으로 인한 실직과 같은 사회적 위험을 해결하는 것도 각자의 몫이다. 그러므로 사회 안전망 구축은 부차적인 것으로 치부된다. 풍요로운 삶을 살고 싶다면 사회 안전망에 기댈 것이 아니라 부단한 자기관리와 노력을 통해 성공해야 한다. 이처럼 일종의 기업 논리가 삶 전체에 침투하는 현상을 **기업 식민화**corporate colonization라고 부른다.[26]

> 기업 식민화
>
> 조직 커뮤니케이션 학자 스탠리 디츠(Stanley Deetz)가 제안한 개념. 현대인들은 하루 중 대부분의 시간을 일을 하며 보낸다. 그만큼 일과 직업은 우리의 삶과 일상과 정체성을 구성하는 데 큰 영향을 미친다. 디츠는 기업이 가족, 정부, 교회, 학교와 같은 다른 모든 제도보다 훨씬 더 압도적으로 우리의 정체성과 삶을 규정짓고 있다고 본다. 또한 기업 중심적 사고와 담론이 사회 전체에서 지배 원리로 통용되면서, 공적 영역에 속한 제도들 역시 기업화되고 있다고 지적한다. 예컨대 정부기관의 민영화, 대학의 시장화와 같은 현상이 그것이다. 개인들도 마찬가지로 생산성, 효율성, 자기계발, 시간 관리, 이윤 추구와 같은 기업적 가치를 최우선으로 놓고 자신의 일상을 계획하게 된다. 이런 현상을 통틀어 기업에 의한 삶의 식민화라고 볼 수 있다.

하지만 남들이 놀 때 열심히 자기계발을 하면 성공할 수 있다는 믿음은 파편적 진실만을 담고 있을 뿐이다. 우리는 기울어진 운동장 위에서 뛰고 있고, 앞서 살펴본 것처럼 시대가 요구하는 노동과 능력에 따라 누구든 잉여 계층이 될 수도, 혹은 불안정 취약계층이 될 수도 있기 때문이다. 공정성을 무기화하는 이들의 논리가 위험한 이유는 자신과 이해관계를 공유하지 않는 이들을 손쉽게 타자화 및 적대시하고, 그들의 생존 기반을 거부하며(예: 정규직이 되어서는 안 된다), 그들의 기여와 조력 없이도 우리 사회가 문제없이 돌아갈 것이라는 인식을 정당화하기 때문이다. 이 같은 **개별주의적 존재론**individualistic ontology은 한국 사회의 분열과 경쟁을 더욱 악화시킬 뿐 아니라 불평등을 정당화한다. 이런 존재론적 기반으로는 어떤 사회도 지속가능하지 않다. 우리는 경쟁, 불평등, 각자도생의 고리를 끊어낼 수 없을까? 이 질문에 함께 답하기 위해, 그리고 우리가 살고 싶은 세계를 다시 그리기 위해, '공정'을 넘어 새로운 대안 가치들을 탐색해보고자 한다.

2장

불공정한 '공정성 담론'을 해부하다

나도 인국공 정규직이 될 수 있을까

대한민국 청년들에게 공기업은 꿈의 직장으로 여겨진다. 고용 안정성을 보장해주는 양질의 일자리가 그만큼 다양하지 않다는 뜻일 것이다. 여러 공기업 중에서도 인천국제공항공사(이하 인국공)는 취준생들 사이에서 선호도가 매우 높은 편이다. '스펙'이 좋은 고학력자들이 인국공에 몰리고, 이른바 '스카이'SKY 출신들이 인국공에 입사하기 위해 재수를 넘어 삼수를 한다는 소문이 전혀 근거 없는 낭설은 아니다. 2020년 상반기 인국공 신입사원 채용 인원은 총 70명이었는데 지원자 수는 무려 5,390명이었다. 평균 경쟁률이 77 대 1이었던 셈이다. 지원자가 가장 많이 몰렸던 사무직군의 경우, 정원은 고작 12명이었지만 총 2,446명이 지원해 경쟁률 203.8 대 1이라는 엄청난 기록을 달성했다. 기술직군 역시 41명 정원에 2,538명이 지원해 최종 경쟁률 61.9 대 1로 집계됐다.[1] 당장 취업이 급하고 생계를 고민해야 하는 청년들에게는 그야말로 아득한 숫자다. 그런데 그간의 통계를 살펴보면 심지어 경쟁률이 이보다 더 높았던 시기도 있었기 때문에 어쩌면 체감 경쟁률은 더 높을지도 모른다. 그만큼 지난 수년 동안 인국공 취업 경쟁은 항상 치열했다. "저 숫자들을 제치고 뽑히는 사람은 대체 누구일까? 열심히 노력하면 나도 인국공 정규직이 될 수 있을까?"

안타깝게도 청년들이 마주해야 하는 현실은 이보다 더 가혹했다. 코로나19 팬데믹으로 인해 비행기가 뜨지 않고 인국공의 경영 상태가 크게 악화되면서, 2020년 하반기에는 신입사원 공채가 아예 없었기 때문이다.

그래서였을까. 2020년 6월, 인국공이 공항소방대원과 보안검색요원 등을 포함한 일부의 '자회사 소속 비정규직 노동자'를 '자사 직고용 정규직'으로 전환하겠다고 밝혔을 때, 정부가 미처 예상하지 못했던 깊은 울분이 사회 곳곳에서 터져 나왔다. 인국공 정규직 노동조합은 "비정규직 보안검색요원을 정규직으로 전환하는 것은 공정의 가치에 반하는 행위"라고 주장하면서 「대한민국의 공정한 사회를 바라는 호소문」을 청와대에 전달했다.[2] 정규직 노조의 반발은 여기서 그치지 않았다. 며칠 뒤 그들은 기자회견을 열어 감사원에 공익감사를 청구한다고 밝혔다. 노조는 인국공이 "불공정으로 점철된 직고용을 강행"하고 있다며, "이를 중단하지 않으면 공정의 가치가 크게 훼손되고, 다른 정규직 전환 사례와의 형평성 문제가 불거지는 등 사회 전반에 걸쳐 돌이킬 수 없는 혼란이 초래될 것"이라고 분노했다.[3]

청년들 역시 허탈감을 토로하고 나섰다. "비정규직이 운으로 정규직이 되는 것은 불공정"이며,[4] 그건 사실상 "무임승차"가 아니냐고 따져 물었다.[5] 만약 정부의 '비정규직 제로' 정책 기조 때문에 앞으로 계속 기존의 비정규직을 정규직으로 전환하면 결국 취준생인 내가 취업할 자리가 없어지는 것 아니냐는 불안감도 점점 확산되어갔다. 청년들 사이에 분노와 불만이 고조되면서 '노력하는 취준생 대 노력 없는 알바생'과 같은 대립 구도가 만들어졌고, '시험 잘 보려고 열심히 노력한 내가 호구' '이런 역차별이 정부가 생각하는 공정이냐' 같은 글들이 취준생 카페를 도배했다.[6]

물론 인국공 보안검색요원은 '노력 없는 알바생'이 아니다. 업무에 투입되기 위해서는 일정 기간의 교육을 수료해야 하고, 국토교통부의 인증 평가도 통과해야 한다. 강도 높은 노동이 요구되는 직종이어서 이직률이 높은 편이기도 하다. 그럼에도 불구하고 떠나지 않고 장기간 근속 중인 이들은 어느 정도 숙련도와 전문성, 직무 적합성을 확보한 경력직과 비슷하다고 볼 수 있다. 그뿐만 아니라 인국공이 밝힌 직고용 정규직 전환 대상은 공채로 선발되는 일반직과는 전혀 다른 직군으로, 정기 공채 선발 인원에는 아무런 영향도 미치지 않았다. 취준생의 밥그릇을 빼앗는 것도 아니었다는 얘기다. 당시 보안검색요원이 정규직으로 전환되면 연봉 5,000만원을 받게 된다는 출처 불명의 허위 뉴스도 유포되었는데 실제로 이들의 연봉은 공채로 채용되는 일반직보다 약 1,000만원가량 낮은 수준이었고, 더구나 이들은 결국 무기계약직으로 고용되었으므로 엄밀히 말해 정규직조차 아니었다.[7]

이런 구체적인 내용은 '인국공 불공정 시비'가 일어난 지 얼마 지나지 않았던 2020년 7월 1일에 공개되었지만 사회적 파장은 전혀 통제되지 않았다. 정부가 관련 정보를 충실히 전달하지 못했기 때문에 자세한 내막을 알기 위해서는 직접 하나하나 찾아봐야 했다. 관련 절차의 세부적인 내용과 그 영향에 대해 정부가 청년들과 소통하는 데 완전히 실패하면서 그 누구도 정확한 사실과 의미를 제대로 알지 못한 채 박탈감과 분노만 확산되어갔다.

정규직 전환에 대한 사람들의 반응을 앞서 살펴봤듯이, 인국공을 둘러싼 우리 사회의 담론은 고용 형태나 노동 조건에 대한 세밀한 논의 없이 "공정하지 않다"는 외침 하나로 수렴되었다. 공정은 마치 다른 모든 가치들에 우선하는 최우선 가치이자 시대정신이 된 것처럼 언급되었고, 지금까지도 공정을 향한 사회적 열망은 길게 이어지고 있다. '인국공 사태'에 이어 의과대학 정원 확대 및 공공의대 설립, 국민건강보험공단과 서울교통공사의 콜센터 노동자 직고용과 같은 비슷한 사례에서도 드러났듯이, '불공정'이라는 단어만 들먹이면 우리는 손쉽게 사람들의 역린을 건드릴 수 있게 되었다. 지금 한국 사회에서 '공정'은 정치인들의 언설, 언론 매체의 보도와 논평, 그리고 사회적 담론에서도 커다란 중력을 발휘하는 핵심 키워드다. 관련된 세부 논의들은 우리의 눈 밖으로 밀려나고, '이것이 공정인가'라는 질문만 남아 사람들의 감정을 압도적으로 자극한다. 이 막강한 중력파는 우리 사회의 담론장에 어떤 영향을 미치고 있을까?

로또취업방지법?

공정 담론의 파급력을 인지한 몇몇 정치인들이 보다 노골적으로 '공정의 수호자'를 자처하기 시작한 것도 이 무렵이다. 인국공 사태가 터진 후 불과 며칠 뒤, 하태경 당시 미래통합당 의원은 "인천공항의 '묻지마 정규직화'는 대한민국의 공정 기둥을 무너뜨렸다"면서 정부가 "청년 가슴에 대못을 박았다"고 젊은이들에게 호소했다. 이어서 그는 "공정한 룰을 정해서 인천공항 로또취업을 반드시 막겠다"고 선언한다.[8] 그렇게 그가 대표 발의한 법안이 언론에 대대적으로 보도되었던 일명 '로또취업방지법'이다.

인국공 사태가 터지자마자 미래통합당의 하태경, 이준석, 김웅 등은 "청년 분노 해결 정당"을 표방하며 '요즘것들연구소'(이하 요연)를 설립하고 2020년 6월 29일에 발대식을 열었다. 이 절묘한 타이밍을 타고 요연이 개최한 첫번째 공식 행사가 바로 '인국공 로또취업 성토대회'였다. 심지어 이 성토대회는 발대식을 하자마자 그날 바로 열렸다. 그리고 다음 날인 6월 30일, 요연은 연구소의 제1호 법안으로 로또취업방지법을 발의한다. 그야말로 속전속결이 아닐 수 없다. 이 법안은 공공기관운영법과 지방공기업법의 일부 개정 법률안으로 공기업 직원 채용에 대한 몇가지 방안을 짤막하게 제시한다. 예를 들어 "직원의 채용 절차와 방법 등에 관한 사항을 사전에 규정"해야 한다든가, "직원 채용 시 공고 등을 통하여 구체적인 절차와 방법 등을 공개"해야 한다든가, "직원을 채용하는 경우 공개경쟁 시험으로 채용하는 것을 원칙으로 한다"는 등의 내용을 담고 있다.[9]

법안의 내용을 다시 한번 찬찬히 읽어보길 바란다. '로또취업방지법'이라는 참신한 이름만큼 그 내용도 참신한가? 우리가 설마 지금까지 이런 정도의 법률도 없이 공기업 공채를 진행해왔을까? 수많은 사람들이 공채로 선발되는 것을 고려하면 상세한 법규가 마련되어 있어야 하는 것은 당연하다. 국가공무원법 제4장은 그 전체가 '임용과 시험'에 대한 내용이다. 그중 제28조는 신규 채용에 대한 항목으로 제1항은 이렇다. "공무원은 공개경쟁 채용시험으로 채용한다." 당연히 이미 해당 법률이 있으므로 우리가 공기업 공채를 진행할 수 있는 것이다. 이후 제2항부터는 로또취업방지법과는 비교할 수 없을 정도로 매우 상세하고 구체적인 채용 규정과 예외 조항이 나열되어 있다. 그뿐만 아니라 임용 규정과 관련한 전체 내용을 검토하려면 국가공무원법뿐만 아니라 대통령령, 정부조직법, 심지어 형법까지 확인해야 한다. 단 며칠 만에 개정안을 낼 수 있을 정도로 단순한 내용이 아니라는 말이다. 더욱 당혹스러운 점은, 로또취업방지법의 마지막이 바로 이렇게 끝난다는 것이다. "직원의 채용에 관하여는 국가공무원법 제4장의 임용과 시험에 관한 규정을 준용한다." 결국 이런 법이 이미 존재한다는 것을 그들은 알고 있었던 것이다.

이렇게 며칠 만에 찍어낸 로또취업방지법은 한마디로 말해서 졸속 법안이다. 그러나 공정 담론의 흐름에 발 빠르게 올라타기에는 최적의 시나리오였다. 인국공의 정규직 전환 정책에 절망했던 청년들은 어쩌면 '로또취업방지법'이라는 이름만으로도 크게 열광했을지 모른다. 아니면 정말로 구체적이고 실질적인 내용을 담았을 것이라고 믿었을 수도 있다. 저런 식으로 법안을 찍어낼 것이라고 누가 생각하겠는가. 청년들의 절망과 기대를 이용해 그들의 지지와 환호를 얻는 것이 과연 '공정한' 일인지 묻고 싶다. 뻔한 이야기를 '공정'의 이름으로 과대 포장한 법안으로 청년들의 환심을 사고 불공정에 대한 억울함, 비정규직 노동자에 대한 반감, '을들의 대립'만 계속 증폭시키는 정치가 어떻게 청년들의 삶을 개선할 수 있을까. '인국공 정규직이라는 자격'이 청년들에게 왜 그토록 중요해졌는지 근본적인 문제를 들여다볼 생각은 해봤을까? 공채의 과열 경쟁, 자회사 형태의 민간기업 위탁, 정규직 전환 절차에서 고려해야 할 사항들, 시험 제도 개선 등에 대해 이 법안이 새롭게 이야기하는 것은 과연 무엇일까? 더 나아가 이 법안이 청년들이 처한 현실과 관련이 있기는 했을까?

인국공 로또취업 성토대회와 로또취업방지법은 한국 사회의 공정성 담론이 어떻게 악순환을 거듭하는지를 보여주는 하나의 사례에 불과하다. 하태경 의원은 법안을 발의하면서 청년들의 노력이 헛되지 않게 취업 공정성이 훼손되는 것을 막겠다고 밝혔지만,[10] 그 법안이나 성토대회가 과연 공정성 훼손을 막는 일에 실질적으로 기여했을까? 우리 사회의 구조도, 법제도, 청년들의 삶도 바뀌지 않았다. 오히려 인국공 사태를 초래한 구체적인 원인 분석을 불가능하게 하고, 생산적인 논의를 방해하고, 해결 방안을 모색하기 위한 쪽으로 에너지를 쏟는 일을 어렵게 만들었다. 단지 청년들의 분노를 확대 재생산하며 반복적으로 공정성을 들먹였을 뿐이다.

정치인들은 제각기 자기 이름을 걸고 "○○○표 공정"을 내세우며 공정의 의미를 재정의하려 들지만, 한국 사회에서 공정의 의미는 확장되기보다 더욱 빈곤해지고 있다. 그들이 "공정하지 않다"고 말하는 순간, 본질을 차분히 들여다보는 건설적인 논의는 불가능해진다. 이런 담론장을 어떻게 이해하면 좋을까? 그리고 공정이라는 개념은 지금까지 대한민국의 사회적 담론을 어떻게 제약해왔을까?

'공정'이라는 폐쇄 담론

어떤 말이든 발화자를 떠나는 순간 본래 의도와 다른 해석, 오해, 왜곡의 가능성을 마주하게 된다. 나는 내 생각만 옳다고 말하려 했던 것은 아닌데, 여러가지 이유로 상대방이 그렇게 받아들이는 바람에 충돌이 더 커지는 경우도 있다. 충분히 부연 설명을 하지 않았다가 그저 단어 하나 때문에 오해를 사는 상황도 생겨날 수 있다. 개개인의 관계를 넘어 사회 전체의 담론장을 들여다봐도 비슷한 현상이 관찰된다. 누군가가 모호한 발언을 해서 그 '진의'를 파악하려는 기사들이 쏟아져 나오기도 하고, 그저 단순히 단어 뜻을 잘못 알고 사용했다가 서둘러 해명하는 정치인들도 있다. 맥락에 맞지 않는 엉뚱한 단어를 사용하는 바람에 사람들마다 해석이 엇갈려 우리를 새로운 종류의 혼란에 빠뜨리는 정치인들은 또 얼마나 많은가. 어쩌면 이런 혼란은 그저 무지에 기인한 것일 수도 있고, 전혀 의도하지 않았던 것일 수도 있다.

그러나 어떤 종류의 왜곡은 체계적으로 이루어지고 시스템에 의해 뒷받침된다. 표면적으로는 적극적으로 소통에 뛰어드는 것처럼 보이지만 실제로는 자신의 이해관계를 관철시키기 위해 열린 토론을 막는 방식이다. 예를 들어, '공정'뿐만 아니라 분명히 '평등'이나 '정의'와 같은 다른 가치체계로 접근하는 것도 가능한데 오직 공정성만 적합한 프레임인 것처럼 여겨지고 이와 다른 목소리는 주류 담론장에 아예 끼어들지도 못하게 된다. 결국 생산적 갈등, 다양한 의견의 교환, 새로운 의미의 생산은 불가능해진다.

이처럼 특정 집단에 의해 의미의 체계적 왜곡systemic distortion이 일어나는 현상을 **담론적 폐쇄**discursive closure라고 한다.[11] 여기서 특정 집단은 해당 사안의 이해관계를 고려했을 때 주로 기득권을 선점하고 있는 집단을 뜻한다. 예컨대 '비정규직의 정규직 전환' 논쟁에서는 이미 정규직을 확보한 사람들, '공공의대 설립' 논쟁에서는 이미 의사 국가시험에 합격해 의사 면허를 갖고 있는 사람들이 여기에 속한다. 이들은 자신의 이해관계에 반하는 결과를 '불공정하다'는 프레임으로 공격함으로써 다른 대항 담론의 형성을 지연시키거나 방해할 수 있다. 이를 통해 결과적으로 자신의 이익을 보호하는 데 유리한 담론적 지위를 더 쉽게 확보하게 된다. 스탠리 디츠는 폐쇄 담론은 일종의 자기참조체계self-referential system라고 이야기한 바 있다. 특정 기표signifier의 의미가 고정됨으로써 기존의 조직, 이해관계, 권력 그 자체를 스스로 재생산하는 데 기여한다는 의미에서 그렇다. 이 같은 폐쇄 담론은 갈등의 실체를 은폐하고 해당 맥락에서 기득권을 차지하고 있는 이들의 의견을 효과적으로 부각시키는 형태로 형성된다. 결과적으로 폐쇄 담론은 사회문제 해결을 더욱 어렵게 만든다.

담론적 폐쇄 개념은 한국의 공정성 담론이 왜 계속 제자리걸음인지, 즉 공정성 담론은 왜 몇년이 지나도록 생산적인 논의로 이어지지 못하고 반복적으로 실패하는지를 설명하는 데 큰 도움을 준다. 그렇다면 담론적 폐쇄는 어떻게 일어날까? 이런 현상이 단순한 오해로 인한 것이 아니라 체계적으로 이루어지고 구조적으로 확대 재생산된다고 설명하는 이유는 무엇일까? 담론적 폐쇄를 가능하게 하는 메커니즘은 여러가지가 있으나 한국에서 공정성 담론이 확대 재생산되는 과정과 관련해서는 특히 다음의 메커니즘을 생각해보는 것이 유용하다.

첫번째는 **자격박탈**disqualification이다. 특정 집단이 '공정'을 언급하며 어떤 사안에 대해 부당함을 제기할 때, 그와 다른 입장에 있는 이들은 이미 처음부터 '불공정의 수혜'를 입은 자들이 되어 논의에 참여할 자격을 박탈당한다. 앞서 언급한 인국공 사태에서 만들어졌던 '노력하는 취준생'과 '노력 없는 알바생'의 대립 구도 역시 자격박탈 메커니즘으로 쉽게 설명할 수 있다. 비정규직이었다가 "하루아침에" "운이 좋아서" 정규직으로 전환된 이들은 이미 불공정한 혜택을 받은 것으로 간주되기 때문에 논의에 참여할 자격이 없으며 대화의 상대도 아닌 것이다.

그러나 인국공의 비정규직 노동자들은 하루아침에 정규직이 되지 않았다. 그들은 길게는 10년에 이를 만큼 오랜 시간 동안 관련 업무를 수행해왔고 따라서 장기간에 걸쳐 직무 전문성을 획득했다고 볼 수 있지만, 그럼에도 불구하고 연 단위로 계약을 갱신해야 하는 불안정한 상황에 놓인 채 일하고 있었다. 실은 이와 같은 계약 형태야말로 우리 사회의 노동 환경이 갖고 있는 불공정함을 보여준다. 인국공의 발표 이후 이들은 기존 연봉을 똑같이 유지한 채로 계약 형태만 무기계약직으로 전환되었으므로 뒤늦게나마 고용 안정성을 얻게 되었을 뿐이었다. 하지만 그들의 직무 경험은 제대로 알려지거나 논의되지도 못한 채로 정규직 전환 대상자들은 부당한 특혜를 누리며 '불공정'의 편에 서 있는 것으로 묘사되었다. 그들에게는 마이크조차 주어지지 않았지만, 기회가 있다 한들 조직적 분노 앞에서 섣불리 의견을 내는 것도 어려웠을 것이다. 마치 '공정'을 외치는 이들만이 정당한 요구를 할 수 있는 자격을 갖춘 것처럼 여겨졌기 때문이다.

두번째는 **자연화**naturalization이다. 특정 사안을 바라보는 한가지 관점(주로 지배적 관점)이 자연적이고 당연한 것으로 제시되고 동시에 다양한 집단들 사이의 불평등한 관계는 바로잡을 필요가 없는 당연한 것으로 여겨진다. 다시 말해 기존의 사회관계는 자연스러운 것으로 받아들여지고, 그대로 지켜지는 것이 오히려 정당하다고 평가된다. 기득권 혹은 현재의 권력관계가 깨져서는 안 되기 때문이다.

2020년 의사 파업 당시 대한의사협회 의료정책연구소가 발행했던 카드뉴스를 지금도 기억하는 사람들이 많을 것이다. 그들은 이런 물음을 던졌다. "당신의 생사를 판가름 지을 중요한 진단을 받아야 할 때, 의사를 고를 수 있다면 둘 중 누구를 선택하겠습니까?" 그들이 제시한 선택지는 다음과 같았다. "매년 전교 1등을 놓치지 않기 위해 학창 시절 공부에 매진한 의사" 대 "성적은 한참 모자라지만 그래도 의사가 되고 싶어 추천제로 입학한 공공의대 의사". 이들은 오직 전교 1등을 다투는 엘리트만이 진짜 의사이고, 공공의대 출신은 마치 성적이 한참 모자란 사람일 것처럼 묘사한다. 이들의 세계관에 따르면 시험을 통해 서열화되는 관계는 그저 자연스럽고 온당하다. 나아가 오직 이와 같은 경로만이 공정하다. 의사들이 사상 초유의 파업까지 했던 이유 역시 시험이 아니라 추천제로 입학하는 공공의대 설립은 불공정하다는 것이었다.

하지만 당시 정부가 추진하던 공공의대 설립은 그렇게 단순한 문제가 아니었다. 선호도가 낮은 감염내과 전문의와 역학조사관을 양성하고, 의료 인력이 턱없이 부족한 지역에 어떻게든 필수 인력을 확충해야 하는 시급한 문제를 해결하기 위한 방안이었다. 애초에 많은 의사들이 인기 전공이나 수도권 지역이 아니면 지원조차 하지 않으니 공공의료

인력을 확보하기가 어려웠던 것이다. 하지만 의사들은 의과대학 정원을 늘리는 것도, 국가고시가 아닌 다른 방식으로 공공의료 인력을 양성하는 것도 반대했다. 그들이 누려왔던 자연스럽고도 당연한 권력의 균형이 깨지기 때문이었다.

세번째는 **가치중립화**neutralization이다. 첨예한 이해관계를 반영하는 사안인데도 '공정'이 논쟁의 핵심이 되는 바람에 마치 정말로 공정과 불공정이 싸우는 것처럼 담론이 형성되면서 오히려 이해관계가 숨어버리는 것은 너무나 아이러니한 일이다. 기득권 집단의 주장은 실제로는 그들의 이익을 옹호하는 논리임에도 불구하고, 각종 수사를 동원해 공정성을 앞세워 마치 이해관계로부터 독립적인 요구인 것처럼 포장한다. 자신들의 주장이 자신들의 이익과는 전적으로 무관한, 사회 안정을 위한 것이라고 주장하기도 한다.

이와 같은 담론은 그들의 주장이 이해충돌로부터 벗어난 것으로 묘사된다는 점에서 가치중립화 메커니즘을 따른다고 볼 수 있다. 대학이든 전문 직종이든, 단지 정원만 늘린다고 해도 공정하지 않다며 당사자들이 즉각 반발하는 경우는 흔히 찾아볼 수 있다. 이런 반발은 자신들의 경제적 이익("의사 자격증을 가진 사람들이 지금보다 더 늘어나면 내가 앞으로 개원해서 먹고살기가 힘들어지겠지.")이나 사회적 지위("엄청난 경쟁률을 뚫고 겨우 정규직 자리를 잡았는데 아무나 이런 자격을 쉽게 가져가서는 안 되지.")를 걱정하는 움직임일 때가 많지만, 당연히 이런 이야기를 밖으로 꺼내지는 않는다. 그저 공정성을 잃을까 우려된다고 호소하는 방식으로 자신의 주장이 이해관계와는 아무런 상관이 없는 것처럼 가치중립화하는 언설을 동원한다. 한국의 공정성 담론에서 매우 두드러지는 현상이기도 하다.

네번째는 **주제회피**topical avoidance이다. 공정성 담론이 우리 사회에 해로운 영향을 끼친 이유 중의 하나는 바로 '공정' '불공정'이라는 표현이 나오는 순간, 구체적 사안에 대한 실질적 논의가 차단되기 때문이다. 우리는 왜 공공의대를 설립하고 지방의 의료 시설을 확충하는 정책에 대해서 '불공정' 이외의 다른 주제를 더 많이 논하지 못했을까? 지역 주민들의 의료 접근권이 얼마나 낮은지에 대해 사람들은 어느 정도나 알고 있을까? 공정과 불공정을 따지기 전에, 정책의 맥락과 배경에 대해 우리 사회에 정말로 필요한 이야기를 할 수는 없었을까?

많은 사람들이 한국의 의료 서비스가 세계 최고 수준이라고 믿고 있지만, 이것은 어디까지나 수도권에 거주하는 중산층 이상의 사람들에게만 해당되는 이야기다. 보건복지부 자료에 따르면 전체 병상 중에서 공공병원 병상의 비중은 2020년 기준으로 9.7%에 불과해 OECD 국가들 중 최하위권이다. 보건의료 체계의 민간 의존율이 매우 높은 미국의 21.4%와 비교해도 한참 낮은 수치다.[12] 그뿐만 아니라 지방 환자들은 진료를 받기 위해 서울이나 경기도까지 이동해야 하는 경우도 많다. 국민건강보험공단의 자료에 따르면, 지방 환자의 수도권 의료기관 이용 인원은 지난 몇년간 감소하는 것이 아니라 오히려 증가하고 있다. 전체적으로 지방 환자 수가 감소 추세임에도 불구하고 그렇다. 특히 강원도나

충청남도의 경우에는 2020년을 기준으로 전체 환자의 4분의 1 정도가 수도권을 방문해서 진료를 받았다.[13] 이 같은 '수도권 쏠림 현상'을 개선하기 위해 정부가 보다 적극적인 투자를 해야 하지만 이익집단의 반발 속에 실질적인 논의가 이뤄지지 못하고 있는 현실이다.

공공의대 설립, 비정규직의 정규직 전환 등 일련의 사건들은 모두 구조적 맥락, 정책적 고려 사항, 지역 사회에 미칠 영향 등 세부 사안에 대한 논의가 뒷받침되어야 하지만, '불공정하다'는 반발 속에 핵심 의제에 대해 논하는 것이 쉽지 않았다. '공정' 이외의 다른 주제는 무시되거나 회피되면서 이 논의를 지켜보는 외부인들은 그저 "공정한가, 불공정한가"와 같은 추상적인 질문 이상의 이야기를 듣지 못하게 된다.

마지막으로 **정당화**legitimization이다. 개별 사안을 추상적 가치 혹은 거대 담론과 즉각적으로 연결시킴으로써 해당 주장을 옳은 것으로 정당화하고 대항 담론의 형성을 억제하는 전략이다. 정당화는 한국 사회에서 꽤 익숙하게 동원되는 메커니즘이기도 하다. 오랫동안 우리 사회에서는 '반공과 애국' '성장과 발전' 같은 목표들이 '최상위 절대 가치'grander master values로 제시되곤 했다. 가령 성장이 최우선이기 때문에 다른 가치들이 뒷전으로 밀리는 것을 당연하게 여긴다. 이 같은 '거대한' 가치와 관념들은 정책 기조를 정당화하고 사회 담론을 일방적으로 형성하기 위해 동원되었다고 볼 수 있다.

공정성 담론도 엇비슷하다. 요즘 한국 사회에서 '공정'은 '객관적 당위'로 제시되며, 어떤 이들은 심지어 자기가 말하는 공정이 곧 '시대정신'이라고 강조한다. 여기에 반발하면 반대 입장이 '불공정'이라도 되는 것 같은 구도가 형성되기 때문에 반론을 펼쳐도 그 뜻이 왜곡되어버린다. 의사 파업도, 정규직 전환 반대 노선도 공정성이라는 절대 가치의 이름으로 정당화되곤 했다. 정당화 메커니즘은 특히 기득권 계층이 사용하기에 훨씬 더 용이한 전략이다. 기득권 계층은 미디어를 적극적으로 활용하면서 자신들의 입장을 적법하고 정당한 가치로 포장할 수 있지만, 약자와 소수자 들은 애초에 조직되어 있는 당사자 집단이 없거나 이미 담론적으로 수세적인 위치에서 출발하는 경우가 많기 때문이다. 정당화는 보수 미디어의 힘을 활용한 담론적 폐쇄 메커니즘으로 가장 흔히 관찰되는 전략이라고 볼 수 있다.

닫힌 세계의 해로움

지금까지 살펴본 것처럼 우리 사회에서 공정성의 의미는 체계적으로 왜곡되어왔다. 공정성 담론은 서로 다른 입장을 가진 이들이 동등하게 대화할 수 있는 기회를 효과적으로 차단해왔고, 따라서 관련 논의는 오랜 시간이 지난 지금도 여전히 피상적인 수준에 머물러 있다. 실은 오히려 해로운 수준이라고 말하는 것이 더 정확할 것이다. 한국의 공정성 담론은, 첫째 왜곡된 의미와 기존의 권력관계를 자기복제하고, 둘째 이해관계와 갈등을 은폐하고, 셋째 매사안마다 같은 방식으로 (즉 불공정의 논리로) 논의를 종결시키려 한다는 점에서 폐쇄 담론이다.

이와 같은 체계적 왜곡이 극단적인 형태로 표출되고 특정 집단이나 목표를 향해 영향을 미치게 될 때 이를 해당 용어 혹은 담론이 무기화weaponization되었다고 표현한다.[14] 한국의 공정성 담론의 경우, 일단 공정성이라는 가치 자체가 이해관계를 은폐하거나 진정한 논의와 합의의 가능성을 억제하는 수단으로 쓰이기 때문에 담론적 무기로써 기능한다고 설명할 수 있다. 자신의 주장을 합리화하고 상대방의 반론을 억압하는 수단으로 '공정에 대한 요구'를 무기화하는 것이다. 하지만 특정 담론이 무기화될 때 그 효과와 파급력은 단순히 사회 갈등이나 이해관계를 감추는 수준을 넘어서게 된다. '불공정하다'는 외침을 담론적 무기로 사용할 때, 이는 단순히 잘못된 정보만을 전파하는 것이 아니라 사람들의 감정적 반응도 쉽게 이끌어내기 때문이다. 반감, 분노, 억울함 같은 정서를 동원하는 것이다. 한편 사람들은 자신들의 반감, 분노, 억울함을 뒷받침해주는 정보를 (그것이 허위 정보라고 할지라도) 더욱 적극적으로 찾고 소비하게 된다. 예를 들어 인국공의 정규직 전환이 불공정하다고 '느끼는' 사람들은 같은 편에 선 사람들의 주장에 훨씬 더 즉각적으로 동조할 수 있다. 실체적 진실에는 그다지 관심이 없다. 사람들의 감정을 자극하고 동원한다는 점에서 담론적 무기의 힘은 매우 강력하다. 사람들이 스스로 움직이게 만들기 때문이다.

무기화 전략은 다음의 양상을 따르는 경우가 많다. 첫째 허위 정보나 왜곡된 서사 또는 음모론 생산, 둘째 이해관계에 기반한 그러나 공정성과 같은 중립적인 상위 가치로 이를 은폐하는 담론 구도, 셋째 소셜미디어를 이용한 산발적·대중적 유통, 넷째 매스미디어의 확대 재생산이다. 이런 전략을 통해 자신의 이해관계를 관철시키거나 반대로 특정 집단의 이해관계를 좌절시킨다. 공정성 담론의 경우에는 앞서 살펴본 의사 파업의 사례를 생각해볼 수 있다. 대한의사협회는 기존의 전문의들만이 "정당한 경쟁과 입시 전형"을 통해 의사가 되었다고 주장하고, 공공의대 학생들은 마치 성적이 한참 모자라는데 불공정한 추천제로 입학하게 될 것처럼 거짓 대립항을 만들었다. 그뿐만 아니라 이런 주장을 접근성이 높은 카드뉴스 형태로 만들어 소셜미디어를 통해 적극적으로 유포했는데, 이는 공정성 개념을 무기로 한 여론 형성을 시도한 것이라고 볼 수 있다. 다행히도 이들의 전략은 실패했지만, 만약 이 같은 시도가 국민들의 지지를 얻었다면 민주적인 참여와 토론은 더욱 어려웠을 것이다.

무기화 전략은 애초에 토론과 합의에 관심이 없다는 점에서 병리적 현상이며, 민주적인 시민 참여를 확보하는 공론장의 형성을 막는다.[15] 여기서 병리적 현상이라는 개념은 비유로 읽을 수도 있겠지만, 실은 비유가 아니기도 하다. 폐쇄 담론은 '닫힌 시스템'closed system으로 설명되는데, 시스템 이론systems theory에 따르면 닫힌 시스템은 결국 병들어 죽을 수밖에 없기 때문이다. 우리가 생존하기 위해서는 끊임없이 외부의 공기를 들이마시고, 영양분을 받아들이고, 반대로 바깥 환경으로 숨을 내쉬기도 해야 한다. 이것이 열린 시스템open system이다. 하지만 외부 세계와의 접촉을 잃고 호흡하지 못하는 유기체, 즉 닫힌 시스템은 생명을 잃고 서서히 부패하는 결말을 맞는다.

담론도 마찬가지로 하나의 시스템이다. 다양한 집단 및 외부 환경과 적극적으로 소통하지 않고 자원을 교환하지 않는 시스템은 자연히 생명력을 잃고 죽어가게 된다. 담론적 폐쇄는 의견 교환과 열린 소통을 가로막고 담론의 성장을 저해하기 때문에 담론의 생명력 측면에서 보자면 문자 그대로 병리성의 징후인 것이다.

폐쇄 담론은 우리가 막연하게 생각하는 것보다 우리 사회에, 또 우리 자신에게 무척 해로운 영향을 미칠 수 있다. '공정' '성장' '반공'과 같은 절대 가치들이 때때로 한국 사회에 어두운 그늘을 남겼다는 점을 부인하기는 어렵다. 최근의 사례들 중에서 또 하나의 안타까운 담론적 폐쇄의 일례로는 어떤 것들이 있을까? 여러가지를 언급할 수 있겠지만, 우리 모두에게 커다란 영향을 미쳤던 사례로 코로나19 발생 초기의 '방역' 담론을 떠올리지 않을 수 없다. 어쩌면 'K-방역'이라고 하는 것이 정확할 것이다. 다른 국가에서는 이런 일이 발생하지 않았으니까.

2020년 초반의 코로나19를 둘러싼 사회적

시스템 이론

시스템 이론은 본래 자연과학에서 비롯되었지만, 많은 사회과학자들이 시스템 이론을 응용해 조직과 사회를 분석하는 유용한 관점을 제공해왔다. 일반 시스템 이론(general systems theory)[16]은 특히 이 세계에 존재하는 모든 것들이 서로 연결되어 있고, 동시에 깊이 상호의존하고 있음을 강조한다. 또한 이 같은 상호연결성을 고려한다면 인간과 자연을 모두 포함해서 그 어떤 것도 도구적으로 이용되어서는 안 된다고 제안한다. 따라서 관계와 소통은 사회 조직을 지속가능하게 하는 필수 원리다. 여기서 중요한 것은 그 어떤 조직도 외부와 차단된 상태로 성장하거나 생존할 수는 없다는 점이다. 컬트(cult)나 비밀종교 집단이 오래가지 못하고 자멸하는 이유다. 시스템 이론에 따르면, 다른 조직과 교류를 지속하는 열린 시스템만이 스스로 혼란에 빠지거나 붕괴하는 것을 막고 계속 성장할 수 있다.
커뮤니케이션 학자들은 시스템 이론을 조직 연구는 물론이고 그외의 다양한 분야에 적용해왔는데 열린 담론(혹은 민주적 담론)과 폐쇄 담론에 관한 논의도 시스템 이론을 응용한 사례들 중 하나다.

담론을 찬찬히 돌이켜보면 당시의 방역 담론이 갖고 있던 획일성, 폐쇄성, 폭력성에 새삼 놀라게 된다. 왜 우리는 그토록 방역을 앞세워 사람들을 몰아세웠을까? '1번 확진자'부터 '17번 확진자'까지, 그 사람들의 사생활과 개인정보를 전국민에게 공개하는 것이 왜 정당하다고 여겨졌을까? 그들 중 많은 이들이 죄인처럼 손가락질을 받았고, 결국 삶의 터전을 버리고 이사를 가야만 했다. 그 이후에도 심지어 '확진자 동선 공개'가 충분히 상세하지 않다며 민원을 제기하는 시민들이 많아 공무원들이 힘들 정도였다고 한다. 누가 언제 어디에 있었는지 정확한 일시와 장소가 공개되었고, 단지 함께 있었다는 이유로 불륜 관계가 틀림없을 것이라는 억측을 받기도 했다. 방역이라는 절대 가치가 옳은 것으로 정당화되면서 개인정보 보호와 같은 충돌하는 다른 가치들은 아예 논의조차 할 수 없었다. 또한 '확진자'라는 낙인이 찍힌 사람들은 자신들이 겪는 부당한 고통에 대해 말할 자격을 박탈당한 채 숨어 지내야만 했다.

더 나아가 방역과 공중보건이라는 이름으로, 집회에 참석했던 5만여 명의 위치정보를 통신사로부터 일괄적으로 제공받는 것은 과연 옳은 일이었을까? 단지 이태원이라는 이유만으로, 그 지역을 방문했던 1만여 명의 개인정보를 방역 당국에 제출하는 것은 정당한 일이었을까? 코로나19가 등장한 이래로 일일 최대 40만명이라는 확진자 폭증 시기를 거쳐 이제 차차 일상을 회복하고 있는 지금, 더이상 그 누구도 감염자를 죄인 취급하지 않는다. 감염자 개인정보와 시간대별 동선을 공개했다는 사실조차 아득하게 느껴진다. 이제 우리는 나도 언제든 감염될 수 있다는 것을 당연하게 여긴다. 우리는 왜 방역 담론의 폭력성을 좀더 일찍 성찰하지 못했을까? 당시 방역 담론의 위험성을 경고하며 문제를 제기했던 이들의 호소는 왜 그렇게 쉽게 묻히고 말았을까?

앞서 살펴본 담론적 폐쇄의 메커니즘은 한국 사회의 다른 사건들에도 어렵지 않게 적용해볼 수 있다. 그만큼 한국 사회는 상대적으로 폐쇄 담론이 쉽게 만들어지고 증폭되는 사회다. 한가지 지배적인 논리가 앞세워지면 많은 이들이 그 논리에 동조한다. 여전히 다양성을 받아들이지 못하고, 획일화된 사고방식이 강요되고, 일원화된 삶의 양식이 보편인 것처럼 받아들여진다. 남과 다른 목소리를 섣불리 내기가 두렵다. 약자와 소수자라면 더욱 그렇다. 하지만 이렇게 일방적인 소통 구조는 결국 우리 스스로가 성장할 수 있는 자양분을 잃어버리게 만든다. 마치 닫힌 시스템처럼 변화에 능동적으로 유연하게 대처하는 능력을 기를 수 없게 된다. 공정성 담론과 같은 폐쇄 담론은 이미 우리에게 닫힌 세계의 해로움을 충분히 보여주었다. 이제 공정 이야기를 반복하는 악순환에서 벗어나 좀더 열린 소통을 지향하고 대안적 가치를 적극적으로 담론의 장으로 초대해야 할 때가 아닐까. 이를 위해 이 책의 2부에서는 우리 사회에 필요한 다른 가치들을 함께 논의하고 숙고해보고자 한다.

3장

"능력주의는 허구"라고 말한다는 것의 의미

시험은 누구에게나 공정하잖아요

나는 한국에서 청년들과 직접 대화를 나누기 전까지, '인국공 정규직'이라는 타이틀이 공무원 시험을 준비하는 취준생들에게 정확히 무엇을 의미하는지 실은 잘 알지 못했다. 그것은 마치 고3 수험생들 사이에서 "야, 너 소식 들었어? 걔 서울대 붙었대"와 비슷한 의미라는 걸. 취준생이라면 모두가 아는 표준화된 시험의 승자. 객관성과 일관성이 보장되며, 노력의 결과를 명확히 수치로 계량화할 수 있고, 모두가 동일한 절차를 거쳐 응시하는 시험을 통과했으므로 정당한 '자격'을 갖춘 사람. 국가직무능력표준NCS 시험과 대학수학능력시험에서 상위권을 차지한 사람들을 우리 모두가 이론의 여지 없이 '능력자'로 인정하는 이유다.

사람들은 시험만큼 정직한 건 없다고 한다. 지난 제20대 대선에서 한 대선후보가 사법고시 부활을 검토하겠다며 운을 떼자마자 온라인 공간에 이런 댓글이 올라오기 시작했다. “사시만큼 공정한 시험은 없다. 경비원 자식도, 청소부 자식도, 사시만 통과하면 법조인이 될 수 있다.” 시험이야말로 개천에서 용이 나올 수 있는 가장 확실한 방법이라는 것이다. 대부분의 사람들은 시험이 “입력한 만큼 출력”시켜주는 시스템이라고, 다시 말해서 ‘노력 대비 결과’를 가장 객관적이고 정확하게 보여준다고 믿는다. 출신에 상관없이 누구의 능력이든 공정하게 측정하는 기제가 바로 시험이며 따라서 내 노력을 배반하지 않을 것이기에 결과도 어느 정도 예측 가능하다고 생각한다. 이 같은 능력주의에 대한 깊은 신뢰는 한국 사회에서 특히 표준화된 시험에 대한 전폭적인 지지로 표출되고 있다.

사실 시험을 통해 측정할 수 있는 역량은 매우 협소하다. 단 한번의 시험으로 나의 온전한 재능과 자질을 설명할 수는 없다는 것을, 더 나아가 나의 향후 업무 성취도를 규정지을 수도 없다는 것을 어쩌면 다들 알고 있을지도 모른다. 하지만 왜 우리는 차라리 다시 시험으로 회귀하자고 외치는 것일까? 어째서 수많은 청년들은 획일화와 서열화의 잣대에 기꺼이 그들의 삶을 내어주고자 할까? 이준석 당시 국민의힘 대표가 자신의 중학생 시절을 회고하며 “오직 공부로 서열이 매겨진 무한 경쟁”, 그것이 바로 “완벽하게 공정한 경쟁”이라고 말했을 때,[1] 실제로 많은 청년들이 공감을 표했다. 우리는 정말로 공부 잘하는 학생이 모든 면에서 승자인 것처럼 여겨졌던, 일률적인 가치로 통제된 중학교 교실 같은 사회를 원하는 것일까?

내가 살고 있는 이 세상이 차라리 중학교 교실 같았으면 좋겠다는 마음, 시간을 거꾸로 돌리고 싶은 청년들의 이런 바람은 그들의 짧은 생애 기간 동안 빼곡히 쌓여온 무거운 좌절감과 맞닿아 있다. 지금의 20대는 "부모 잘 만난 것도 능력"이라는 정유라의 발언에 울컥했던, 그래서 2016년 촛불집회 때 교복을 입은 채 거리로 쏟아져 나왔던 세대이기도 하다. 당시 촛불을 들었던 청소년들은 "열심히 노력하면 정당한 결과를 얻을 수 있는 사회라고 생각"했는데, "열심히 해도 나는 권력 계층의 발밑에 있을 뿐"이라며 "희망이 보이지 않아 화가 난다"고 했다.[2] 대학입시가 삶의 전부와 같았던 학생들에게 손쉽게 부정입학을 하고도 대수롭지 않다는 듯 반응했던 정유라의 모습은 깊은 좌절감과 허탈감을 안겼다.

그런데 수년이 흘러 이들이 대학생이 되고 취준생이 된 이후, 또 하나의 대형 입시비리가 터졌다. 조국 전 장관의 딸 조민의 입시에 활용되었던 이른바 '7대 허위 스펙'이 1심과 2심, 대법원에서 모두 유죄 판정을 받은 것이다. 청년들은 촛불로 세상이 바뀔 줄 알았는데 변한 것이 아무것도 없다며 배신감을 토로했다. 나는 그들과 달리 '번듯한 스펙'도 없고 '부모 찬스'도 없기 때문에 결국 원하던 학과에 진학하지 못했다는 분노, 박탈감, 억울함은 이 사건을 대하는 청년들이 느꼈던 지배적인 감정이었다. 한국 사회를 뒤흔든 이 스캔들은 결국 대학입시와 공정성 담론을 견고하게 결합시키는 촉매 역할을 했다. 외부적 요인과 무관하게 오직 내 능력만을 공정하게 측정해달라는 것이다. 대학입시뿐만 아니라 취업이나 승진 절차에서도 불공정과 비리가 만연할 것이라는 불신은 청년들 사이에서 꽤 뚜렷하다. 스물세살의 한 청년은 언론 인터뷰에서 "모두가 선망하는 일자리에 뽑힌 사람들"을 들여다보면 결국 "채용비리 사건을 통해 낙하산으로 밝혀지는 게 현실 아니냐"고 물었다.[3]

기계적이고 형식적인 공정으로서의 시험에 대한 절대적 지지는 결코 한순간에 만들어진 것이 아니다. 밥그릇 싸움이라고 비하할 수 있는 사안도 아니다. 나는 가진 것도 없고 '부모 찬스'도 없으니까 차라리 '계급장' 떼고 공정하고 평등하게 붙어보자는 이 요구는 10대 시절부터 축적된 경험에서 비롯된 것이기도 하고, 강력한 정동affect이자 생존본능이기도 하면서, 동시에 한국 사회의 구조적 불평등과 역사적 맥락을 반영하고 있다.

청년들에게 시험은 기득권과 불공정의 대척점에 서 있다. 즉 시험은 평등과 공정의 상징이자 현실적 대안이다. 경비원의 아들도, 환경미화원의 딸도, 인턴십 증명서나 표창장 따위 없이 점수만으로 공정하게 평가받는 것이 바로 시험이기 때문이다. 이준석 전 대표 역시 공직자 자격시험을 도입해 지방선거에 출마할 후보들을 사상 최초로 시험으로 뽑겠다고 공언했고, 실제 2022년 6월 지방선거를 앞두고 '공직후보자 기초자격평가'라는 시험이 치러졌다. 많은 정책들이 이런 방향으로 진행된다면 대한민국은 지금보다 더욱 심각한 '시험 공화국'이 될 것이다. 그런데, 모든 평가에 시험을 도입하면 우리는 정말 공정한 보상을 받게 되는 걸까?

능력주의의 승자라면 인정합니다

'공정한 보상'이라는 문구가 이토록 매일같이 언론 지면을 장식하는 나라가 과연 몇이나 될지 모르겠다. '능력 대비 보상' '노력 대비 보상'이라는 슬로건은 마치 전국민의 희망 사항처럼 보인다. 윤석열 대통령은 대선후보 시절 "윤석열표 공정"과 "공정이 상식이 되는 나라"를 약속하면서 이렇게 선언했다. "일한 만큼 보상을 받고, 기여한 만큼 대우를 받는 공정한 세상을 만들겠습니다."[4] 지자체장들도 같은 논리로 호소하기는 매한가지다. 오세훈 서울시장은 취임사에서 "서울의 청년 가운데 '사회가 공정하다'고 생각하는 사람은 14.3%에 불과"하다고 발표한 서울연구원의 조사 결과를 인용하면서 "공정과 상생을 바탕으로 2030 청년세대가 희망을 가지는 '청년 서울'을 만들겠습니다"라고 외쳤다. 그가 말하는 '청년 서울'이란 바로 "공정한 기회로 정당한 보답을 받을 수 있는 서울"[5]이었다. 이제 공정하게 보상받게 해주겠다는 약속을 하지 않고서는 출마 선언도 불가능하고, 국민들의 지지를 호소하기도 어려운 모양이다.

공정이라는 가치가 실제로는 보다 상위 개념임에도 불구하고, '능력 대비 보상' '노력 대비 보상'과 치환 가능한 개념으로 통용되거나, '공정 경쟁'과 같은 식으로 경쟁과 직결되어 논의되는 것은 한국 사회의 특징이다. 여기서 우리가 얘기하는 '공정'은 분배의 3대 기본 원칙 중 하나인 좁은 의미의 형평에 가깝다.[6] 분배 원칙에서 형평의 원리가 바로 노력input에 비례해서 결과outcome를 제공해야 한다는 원칙을 뜻하기 때문이다. 다시 말하면 한국 사회에서 이야기되는 '공정'은 내가 투입한 땀에 비례해서 보상을 받아야 한다는 등가교환의 원칙이자, 준거집단에 비추어봤을 때 그 비례가 공정해야 한다는 비교의 원칙이다. 따라서 내가 다른 사람보다 입사 성적이 더 좋다면, 초봉도 그에 비례해서 더 높아야 한다.[7]

능력만큼 정확히 보상받아야 한다는 주장은 이상적 능력주의에 대한 우리 사회의 단단한 믿음을 잘 보여준다. 실력에 비례해서 정확하게 대가를 지급하는 것이 공정이라며 1등부터 100등까지 정확하게 줄 세우라고 요구했던 한 강남 엄마의 목소리,[8] 매년 언론을 장식하는 수능 만점자 인터뷰와 그를 향한 부러운 시선, 그리고 누구나 알 만한 유명 대기업에 다니는 사람이라면 주저 없이 내밀 수 있는 명함. 능력주의의 승자라면 인정받는 사회. 사람들은 엘리

분배의 3원칙[9]

(1) 형평(equity): 분배를 계획할 때 가장 널리 사용되는 원리다. 나의 '노력 대비 결과'의 수준과 비교 대상 혹은 준거집단(예를 들어, 비슷한 직급과 경력을 가진 회사 동료)의 수준을 비교했을 때, 그 결과값이 어느 정도 비슷해야 한다는 원칙이다.

$$\frac{Outcome_1}{Input_1} = \frac{Outcome_2}{Input_2}$$

(2) 평등(equality): 모두에게 동일한 보상 또는 혜택을 제공해야 한다는 원리를 뜻한다. 예를 들어, 직원이라면 누구나 구내식당을 동일한 조건으로 이용할 수 있어야 한다. 만약 성과에 비례해서 구내식당 입장 일수가 제한되거나 음식 메뉴가 달라진다면 어떨까? 이것이 논리적으로 타당하다고 가정하더라도 사람들은 당연히 부당하다고 느낄 것이다. 구성원 모두에게 반드시 동등하게 분배해야 할 자원도 있는 법이다.

$$Outcome_1 = Outcome_2$$

(3) 필요(need): 다른 사람보다 필요 수준이 더욱 절실한 사람에게 우선적으로 분배해야 한다는 원칙이다. 예를 들어, 모든 구성원들이 재택근무를 원하지만 회사 사

트에 대한 불신과 반감을 표출하지만, 정작 엘리트주의 그 자체에는 도전하지 않는다. 능력에 따른 차별과 서열화는 사실 한국 사회에서 정당하다고 인식되기 때문이다.

이 같은 인식은 여러 지표를 통해 확연히 드러난다. 사회조사기관 에스티아이STI가 2021년 9월 전국의 20대 520명을 대상으로 설문조사한 결과에 따르면, 동일한 직무를 수행하는데도 정규직과 하청 노동자의 월급 격차가 200만원인 상황에 대해 절반 이상인 55.5%가 공정하다고 답변했다. 심지어 해당 설문에는 둘의 업무가 동일하고 하청 노동자가 5년 경력의 소유자라는 내용까지 포함되어 있었는데도 월 200만원의 임금격차가 당연하다고 본 것이다. 청년들은 정규직과 비정규직 간의 입사 조건 차이, 입사 시험 난이도, 자격증 소지 여부, 대졸 여부 등의 가능성을 거론하며 정규직이라면 더 많은 월급을 받는 것이 정당하다고 설명했다. 같은 조사에서 청년들은 능력주의라는 단어가 주는 느낌에 대해 43.8%가 긍정적, 18.9%가 부정적이라고 답변하기도 했다.[10] 능력에 따른 차등 대우를 대체로 좋게 평가하고 있는 것이다. 또한 2021년 3월에 출판된 우명숙·남은영의 연구에 따르면 사람들은 한국 사회에서 '노력 대비 보상'을 제대로 받기 어렵다고 평가했고, 이 문제를 해소하는 것은 개인 책임이며, 제대로 된 보상을 위해 오히려 소득 격차가 더 필요하다고 보는 가치관이 응답자들 사이에서 지

정으로 그것이 불가능할 때 누구에게 이 기회를 먼저 분배해야 할까? 어떤 직원에게 여섯살짜리 딸이 있는데 코로나19로 유치원이 문을 닫아서 아이를 맡길 곳이 없다면, 해당 직원이 당분간 재택근무를 하면서 육아를 병행하도록 지원할 수 있을 것이다. 다른 경우에 비해 재택의 필요성과 긴급성이 높기 때문이다.

$$Outcome_1 > Outcome_2$$

배적이었다.[11]

이처럼 능력주의에 따른 임금격차, 차별, 서열화를 사람들이 당연한 듯 수용하는 현상의 대표적인 예로 마이클 샌델Michael Sandel은 **학력주의**credentialism를 제시하기도 했다.[12] 어떤 사람의 최종 학력이 그를 평가하는 전부가 아님에도 불구하고, '인서울' 대학 혹은 '스카이' 출신이라면 모든 면에서 긍정적 평가를 받고 다른 사람보다 우수할 것이라고 여겨진다. 단 한차례의 수능시험으로 모두를 줄 세우는 것이 가능하고 수능 만점자가 기자회견을 하는 한국 사회에서 '공부 잘하는 사람'에 대한 전사회적 인정은 엄청나다. 어떤 부모가 길을 지나가는 환경미화원을 가리키며 "공부 못하면 저렇게 되는 거야"라고 자신의 자녀에게 말했다는 도시 전설은 가장 천박하고 비인간적인, 그러나 우리 곁에 가까이 있는 능력주의 이데올로기의 민낯을 그대로 보여준다.

명문대 졸업장, 의사 자격증, 변호사 자격증이 상징하듯이 능력주의 시스템에서 성공했다는 것, 남들과의 경쟁에서 우위를 점했다는 것은 곧 당연한 듯 사회 지도층으로 대우받는다는 것을 뜻한다. 이준석은 실제로 '능력 있는 소수가 세상을 바꾼다. 나는 엘리트주의가 맞다. 평범한 사람들이 누리는 풍요는 엘리트들이 가져다준 것'이라고 했다.[13] 샌델은 능력주의적 엘리트 집단이 국회를 장악한 미국의 현실을 한탄하기도 했는데 한국도 마찬가지로 명문대, 특히 서울대 출신 정치인이 많다. 그런데 시험 성적과 정치인으로서의 자질 사이에 어떤 상관관계가 있는가?

시험으로 누군가의 능력을 재단할 수 있는 영역, 다시 말해 능력주의 신화가 공고하게 작동하는 영역은 우리가 살고 있는 사회의 극히 일부에 불과하다. 그러나 능력주의 신화는 시험의 승자들이 스스로를 남들보다 우월하다고 믿는 것을 정당화한다. 반대로 세속적인 기준으로 '실패했다'고 간주되는 이들은 '능력이 없어서' '노력하지 않아서' 그 자리에 머물러 있는 것처럼 여겨진다. 잘 알려져 있듯이 샌델은 자만과 굴욕이라는 두개의 키워드로 능력주의를 설명했으니, 박탈감과 모멸감이 쉽게 발현되는 한국과 같은 경쟁 사회에서 그의 인기가 많은 것은 당연한 일인지도 모른다. 물론 능력주의 사회에서 사람들이 하버드 대학 교수에게 열광하는 현상 역시 그다지 놀랍지 않다.

샌델이 한국의 능력주의 논쟁에서 오랫동안 지배적 위치를 차지해왔다는 점을 부인하기는 힘들 것이다. 베스트셀러인 그의 저서, 수많은 인터뷰와 인용 기사, 여러차례의 초청 강연 등 다양한 경로를 통해 그는 능력주의의 부작용으로서 자만과 굴욕을 이야기해왔다. 하지만 샌델은 능력주의를 비판하면서도 그 뿌리는 건드리지 않는 길을 택한다. 사회구조와 물질적·문화적 조건을 혁신하는 방법에 대한 치열한 논쟁은 피해간다는 얘기다. 능력주의는 구조적 불평등, 차별, 행운이 미치는 영향을 은폐하고 우리의 위치를 '순수한 개인적 성취'로 포장하는 효과를 낳는다. 그런데 샌델은 이 중에서도 특히 운에 방점을 둔다. 일례로 명문대에 합격한 것은 남들보다 운이 좋았던 영향도 있는데 정작 사람들은 행운과 신의 은총을 간과한다는 것이다.

따라서 샌델이 제시하는 능력주의의 해결책은 추첨이다. 이를테면 대학입시에서 일정 기준을 넘은 지원자를 추려낸 후 제비뽑기로 최종 신입생을 선발하자는 식이다. 샌델은 또한 능력주의의 불평등을 인지한다면 자신의 행운을 인정하고, 겸허한 태도를 유지하며, 이를 바탕으로 다른 사람들과 열린 마음으로 소통해야 한다고 말한다. 그러나 이는 능력주의의 본질적 문제를 회피하는 해결책이다. 오히려 이 같은 개인화된 해결책은 구조적 문제를 개별적 마음가짐과 자세의 문제로 치환시킨다. 능력주의가 불평등과 차별을 바탕으로 유지되고 동시에 이를 재생산한다는 다른 연구나 담론과 비교할 때, 샌델의 주장은 단순히 온건한 것이 아니라 능력주의 비판 담론의 보수화와 개인화를 가져왔다. 이는 그동안 국내외의 수많은 지식인들이 발전시켜온 능력주의 비판과도 크게 배치된다.[14]

이제는 마이클 샌델의 한계를 직시해야 할 때다. "운의 영향을 인정하고 겸허해지자"는 샌델의 제안은 우리가 구조적 개혁을 모색하고 적극적으로 대안을 추진하는 것을 어렵게 한다. 보다 근본적인 해결책을 찾기 위해 능력주의에 길들여진 우리의 생각을 다시 한번 점검해보면 어떨까. 능력주의가 그 본래의 이상에 맞게 제대로 작동하기만 한다면, 예컨대 시험을 통해 객관적 측정과 계량화를 뒷받침한다면, 정말 우리는 노력에 비례해서 공정한 보상을 받게 될까? 단 하나의 거름망으로 사람들을 줄 세우는 모델이 공정하다면, 그 거름망은 실제로 객관적이고 일관되고 정확한 수치화를 보증할까? 그래서 시험의 승자는 인생의 승자여도 정당한가? 능력주의 신화에 대한 우리의 믿음과 달리, 능력주의는 우리의 노력과 능력을 있는 그대로 증명하지 않는다. 이 장에서는 먼저 구조적 불평등의 문제를 다루고, 다음 장에서는 차별의 문제를 다룰 것이다.

마이클 샌델을 넘어서: 구조적 불평등의 문제

교육열이 높기로 유명한 한국에서는 대학입시 못지않게 이른바 '영재학교' 입시 경쟁도 치열하다. 영재학교는 경기과학고, 서울과학고 등 과학영재학교 여섯군데와 과학예술영재학교 두군데를 통칭하는 이름이다. 영재학교 수험생들은 1단계 서류 전형을 거쳐 2단계에서 영재성과 문제해결력을 측정하는 시험을 보게 된다. 일부 기출문제들이 공개되어 있기도 한데, 짐작하다시피 상당히 어렵다. 그래서인지 영재학교 입학을 목표로 하는 아이들은 초등학교 때부터 준비를 시작한다고 한다.

어떤 아이들이 이토록 어려운 시험을 통과할까? 능력주의의 원리를 따라 열심히 노력한다면 누구나 그만큼 좋은 성적을 거두고 영재학교에 합격할 수 있게 될까? 사교육 업계에 따르면 2021학년도 영재학교 최종 합격자 명단을 분석한 결과는 다음과 같다. 서울과학고 정원 120명 중 절반 이상인 66명이 대치동 A학원 출신, 경기과학고 정원 120명 중 절반 이상인 61명이 대치동 A학원 출신, 한국과학영재학교 정원 120명 중 절반 이상인 64명이 대치동 A학원 출신, 대전과학고는 정원 90명 중에서 절반에 살짝 못 미치는 41명이 대치동 A학원 출신이다.[15] 합격자의 상당수가 전부 대치동에 있는 같은 학원을 다닌 것이다.

이 결과를 어떻게 능력주의로 설명할 수 있을까. 중학생들의 능력과 노력은 대치동 A학원에 몰려 있나? 다른 중학생들은 노력을 하지 않았던 걸까? 복잡한 설명을 들이밀지 않아도 아마 우리 모두가 직관적으로 이해할 것이다. 아무리 밤잠을 자지 않고 공부해도, 그리고 뛰어난 수학적 재능을 가졌더라도, 학원은커녕 학교마저 폐교 위기에 처한 어촌 지역에서 태어났다면 영재학교 시험에 떨어졌으리라는 것을. 실은 그 마을의 누구도 그 아이가 수학적 재능이 있는지조차 알아채지 못할 것이다. 이것이 바로 구조적 격차이자 불평등이다. 비수도권 지역 혹은 저소득층 가정에서 태어난 경우 경제력과 정보력의 차이를 더이상 극복할 수가 없다. 물론 공교육 시스템을 통해 영재교육을 제공하고는 있으나 그마저도 질적 차이가 너무 커서 현장에서는 "서울 영재와 지방 영재는 수준 차이가 난다"는 말까지 나온다고 한다.

당연한 얘기지만 영재학교 수험생들이 교육만으로 승부를 보는 것도 아니다. 대치동 A학원으로 상징될 만한 영재학교 사교육비는 수학올림피아드 준비까지 병행할 경우 총 1억원가량이라고 한다.[16] 고소득층과 저소득층 가구 사이의 사교육비 격차는 매우 뚜렷하다. 2020년에는 코로나19 팬데믹과 경제 불황으로 사교육비 지출이 다소 감소했음에도 불구하고(특히 대면 접촉이 필요한 예체능 과목의 사교육비 감소가 영향을 미쳤다), 소득에 따른 사교육 격차는 여전했다. 통계청이 공개한 「2020년 초중고 사교육비 조사 결과」에 따르면 월평균 소득 800만원 이상인 가구의 경우 자녀 1인당 매월 50만 4,000원의 사교육비를 지출한 반면, 소득 200만원 미만인 가구는 자녀 1인당 매월 9만 9,000원의 사교육비를 지출했다.[17]

대부분의 사교육은 시험 성적 향상과 입시 성공에 목표를 둔 투자다. 실제로 대치동의 입시 학원들을 비롯해 유명 학원이나 스타 강사들이 집중하는 것은 기출문제 분석인데, 말하자면 학생들이 대놓고 "시나공(시험에 나오는 것만 공부)"하게 만드는 것이다. 토익TOEIC 수험생들 사이에서 인기가 높은 어떤 '족집게 스타 강사'는 기출문제 패턴 분석을 제공하면서 유명세를 탔다. 예를 들면, 그는 "토익에 그림이 제시된 문제가 나올 경우, 사람의 상반신이 나오면 동사가 중요하고 사람의 전신이 나오면 주변 상황이 중요하다"는 문제풀이 비법을 전수해준다.[18] 그런데 이것이 영어 실력인가? 아니면 단기간에 시험 점수를 높이는 기술인가? 아마도 기출문제 유형이나 최신 동향에 익숙한 사람들은 정해진 시간 내에 더 많은 문제에 답할 수 있을 것이다. 하지만 이것이 곧 실제로 유창한 영어 실력을 갖고 있다는 뜻은 아니다. 고소득층 가정의 수험생들도 마찬가지다. 사교육으로 얻은 각종 인맥과 정보, 기출문제은행, 최신 문제 유형 및 경향 분석을 동원해 시험 성적을 올리고 경쟁에서 우위를 점할 수 있다. 경제적 불평등과 사교육 투자 수준의 차이는 자연히 시험 성적과 학력의 격차로 이어진다.

시험과 능력주의는 절대로 구조적 불평등과 무관하지 않다. 실제로 '스카이'로 통칭되는 서울대, 고려대, 연세대 신입생 중 고소득층 자녀의 비율이 점차 증가하는 추세다. 한국장학재단은 전국의 대학생으로부터 장학금 신청을 받아 부모의 소득 및 자산 수준에 따라 장학금을 지급하는데 최상위 고소득층에 해당하는 9구간(월소득 949만 8,348원 이상)과 10구간(월소득 1,424만 7,522원 이상)에 속한 가구의 자녀들에게는 장학금을 지급하지 않는다. 한국장학재단이 2020년에 공개한 「전국 대학 신입생 장학금 신청자 소득 구간」 자료에 따르면, 스카이 대학 신입생 장학금 신청자의 절반 이상인 55.1%가 9구간과 10구간 출신이었다. 이 비율은 2017년 41.1%, 2018년 51.4%, 2019년 53.3%로 매년 꾸준히 증가하고 있다. 의대 신입생의 고소득 편중 현상은 이보다 더 심각하다. 소득 9구간과 10구간에 해당하는 신입생의 비율이 2017년에는 47.6%였는데 2020년에는 무려 58.2%에 달했다.[19] 그런데 고소득층 자녀들의 경우에는 국가 장학금을 굳이 신청하지 않는 경우도 있기 때문에 실제 고소득층 출신 신입생 비율은 이보다 더 높을 가능성이 크다. 경제적으로 여유가 있는 가정의 자녀일수록 대학입시라는 게임에서 승자가 될 확률이 높은 것이다.

그렇다면 미국 대학은 어떨까? 미국에서 상위 24개 대학에 진학할 수 있는 '안정권'에 들기 위해서는 대학입학시험인 SAT의 두 영역을 합산한 성적을 기준으로 했을 때 1400~1600점 수준을 취득해야 한다(각 영역별로 만점이 800점이다). 2021년에 발표된 연구에 따르면, 가구 소득과 SAT 총점은 정비례할 뿐 아니라 연평균 소득 10만 달러 이상 가구의 자녀가 '안정권'에 진입할 확률이 연평균 소득 5만 달러 미만 가구의 자녀보다 두배 이상 높았다.[20] 또한 2020년도 SAT 응시생들의 인적 구성 통계를 들여다보면, 응시생 부모의 최종 학력과 SAT 평균 점수 역시 정비례했다. 부모가 대학원 학위 소지자인 수험생의 평균 점수는 1186점, 학사 학위 소지자인 경우는 1114점, 전문대졸의 경우는 1019점, 고졸 부모를 가진 경우는 981점, 중졸 혹은 그 이하인 경우는 919점이었다.[21] 미국 국세청의 발주로 국가경제연구소가 수행한 연구는 더욱 적나라하고 정확한 연구 결과를 보여준다. 아이비리그Ivy League 대학을 포함한 열두곳의 명문대에 진학한 학생들의 가구 소득을 분석한 결과, 최상위 1% 소득 구간에 속한 학생이 명문대에 합격할 확률은 최하위 1% 소득 구간에 속한 학생의 77배에 달했다.[22] 이처럼 경제적 불평등과 대학입시 성적의 상관관계는 미국에서 매우 광범위하게 연구되어왔다. 부wealth와 시험 성적이 긴밀하게 관련되어 있다는 것은 분명하다.

질문을 다시 한번 던져보자. 시험은 누구에게나 공정한가? 시험은 우리에게 '노력 대비 공정한 보상'을 가져다줄까? 물론 노력하지 않으면 점수가 올라가지 않는다. 그러나 핵심은 나의 노력의 양, 질, 효과가 구조적 불평등의 영향을 받는다는 것이다.[23] 내가 1시간 동안 혼자 공부에서 올릴 수 있는 점수와 부유층 수험생이 1시간 과외를 받아서 올릴 수 있는 점수에는 차이가 있다. 대학입시로 대표되는 능력주의 게임은 우리가 진정한 능력을 개발하고 추구하도록 돕기보다는 특정한 방식으로 측정되는 점수 경쟁을 가속화한다.

대니얼 마코비츠Daniel Markovits는 이를 두고 능력주의는 탁월함excellence

대신 우월함superiority을 추구하게 만든다고 비판했다.[24] 일의 가치와 의미에 중심을 두고 역량을 기르기보다는 경쟁과 시험에서 우위를 점하는 것이 목표가 되었다는 것이다. 예를 들어, 한국에서는 시험 성적을 높여서 의과대학에 합격하는 것이 공부에 재능이 있다고 여겨지는 학생들의 목표다. 왜 의사가 되고 싶은지에 대해서는 묻지 않는다. 물론 앞으로의 삶에서 실현하고 싶은 가치가 무엇인가에 대해 물어볼 시간은 더더욱 없을 것이다. 한편 미국에서는 공부를 잘하는 학생들이 금융학과finance로 몰려든다. 월스트리트에 진출해서 '큰돈'을 만져야 하기 때문이다. 결국 집안의 경제력, 시험 성적, 출신 대학, 졸업 후 임금의 경로를 따라 능력주의는 특권층을 형성하고 불평등을 재생산한다.

능력주의적 불평등 (meritocratic inequality)[25]

대니얼 마코비츠는 능력주의와 불평등의 상관관계를 논하는 것을 넘어, 아예 '능력주의적 불평등'이라는 개념을 제안한다. 엘리트 계급(기득권 계층)은 이른바 좋은 대학과 직업을 선점하고, 그들의 부와 자원을 동원해 자녀들 역시 좋은 대학과 직업을 선점하도록 돕는다. 이런 주기가 장기간 이어지면서 부의 불평등은 세대를 넘어 재생산되며 따라서 사회 이동성(social mobility)은 급격하게 감소하게 된다. 특히 그는 능력주의적 불평등으로 인해 단지 저소득층만 배제되는 것이 아니라 중산층도 이 게임에 끼어들 수 없다고 설명한다. 그는 능력주의가 최상위 계급에게 절대적으로 유리한 시스템이라고 본다.

한국에서 수행된 각종 인식 조사를 분석해보면 사실 사람들은 경제적 계급이 개인의 성공에 영향을 미친다는 점을 뚜렷하게 인식하고 있다. 이는 시험과 능력주의에 대한 열광적 맹신과는 모순되는 결과다. 김희삼은 2017년 한국, 중국, 미국, 일본에서 비교설문조사를 실시하면서 각국의 대학생들에게 청년들의 성공에 가장 중요한 요인이 무엇인지 물었다. 미국의 대학생들은 청년의 성공 요인 1순위로 노력을 꼽았고, 중국과 일본의 대학생들은 재능이 가장 중요하다고 답했다. 그런데 한국 대학생들은 가장 중요한 성공 요인이 부모의 재력이라고 응답했다. 더구나 절반 정도인 50.5%가 선택해 압도적인 1위였다(반면 일본에서는 6.7%, 미국과 중국에서는 약 12%의 응답자들만 부모의 재력을 선택했다).[26] 부모의 재력이 답이라면 앞으로 성공할 사람은 이미 정해져 있다는 것일까? 이런 결과는 우리 사회에 널리 퍼져 있는 통속 이론인 '수저계급론'과 맥을 같이하니 그다지 놀랍지 않을지도 모른다. 하지만 진취적으로 미래를 기획해야 할 20대 초반의 청년 세대가 이렇게 대답하게 된 뼈아픈 현실에 대해 우리 모두 진지하게 성찰해볼 필요가 있다. 우리가 굳게 믿고 있는 학력주의와 능력주의가 오히려 부의 대물림과 불평등을 더욱 공고하게 만들고 있는 것은 아닐까?

지금 우리에게 필요한 능력주의 비판

우리는 뚜렷한 불평등을 인지하고 있으면서도 이를 개선하기 위한 구조적 개입이나 경제적 재분배는 그다지 요구하지 않는 편이다. 오히려 더 큰 소득 격차가 필요하다고 응답하거나, 입시와 취업 성적에 따른 차등 대우를 지지하는 목소리가 나오곤 한다. 2021년 OECD가 발간한 「불평등은 중요한가?」Does inequality matter?라는 제목의 보고서에서도 한국인들은 부모의 소득과 학력이 불평등에 큰 영향을 미친다고 인식하면서도 정작 재분배의 필요성에 대해서는 보통 수준의 지지를 보였다.[27] 앞서 여러 논의를 통해 살펴본 것처럼, 우리는 구조적 불평등을 '불공정한 보상'이라는 개념으로 인식하면서 그에 대한 해결책을 (시험으로 상징되는) 개인적 노력과 능력주의라고 생각하고 있는 것 같다.

그러나 능력주의는 공정하지 않으며 불평등을 해소해주지도 않는다. 모든 '개인적 성취'는 순수한 의미의 개인적 성취가 아니며, 기득권 계층이 확보한 '그들의 몫'에는 개인적 노력과 재능만으로 설명되지 않는 구조적 기여가 분명히 존재한다. 예컨대 우리에게도 잘 알려진 일론 머스크Elon Musk의 순자산은 2021년 12월 기준으로 약 2,970억 달러, 한화로 약 348조원이다(참고로 대한민국 정부의 2021년도 예산은 558조원이었다[28]). 그 어떤 개인도 오직 자신의 노력만으로 348조원을 벌어들일 수는 없다. 이는 구조적 불평등과 차별적 혜택이 장기적으로 뒷받침 되지 않고서는 불가능하다. 따라서 극단적인 부익부 빈익빈 문제를 해결하기 위해서는 노동 정책 개선이나 세제 개편과 같은 구조적 개혁 및 수정 조치가 반드시 수반되어야 한다.

"능력주의는 허구다"라고 말한다는 것은 결국 당당하게 부의 재분배를 요구하는 것이다. '능력 대비 보상'이라는 저울은 이미 기울어져 있으며, 따라서 우리는 보상 시스템의 보완과 재조정을 기획해야 한다. 여기에는 기울어진 운동장에서 누군가가 이미 벼랑 끝에 있다면 그들을 붙잡아서 올려주는 것, 불평등을 해소하기 위해 사회가 반드시 책임을 지게 만드는 것, 기계적인 절차적 공정에 대한 요구를 넘어서 적극적으로 저울을 재조정하는 것 등이 포함된다. 기득권 계층은 당연히 구조의 수혜자임을 인정하고 재분배에 동참해야 한다. 기업 규모 및 고용 형태에 따른 임금격차 해결, 노동 조건 개선, 복지 제도의 확장, 세제 개편, 공공 부문 확장과 같은 정책적 논의도 더욱 활발해져야 한다.

동시에 정치인들은 우리 사회의 문제를 시험으로 모두 해결할 수 있는 것처럼 이야기해서는 안 된다. 이것은 진지한 고민이 결여된 대중적 영합이자, 오히려 근본 원인에 대한 우리의 판단을 흐리게 하는 처사다. 우리에게는 소모적 경쟁과 줄 세우기 없이도 스스로의 자리와 일의 의미를 찾을 수 있게 해주는 공동체가 필요하다. 높은 시험 성적과 등수가 아니라 가치와 탁월함을 추구하도록 돕는 교육 현장과 사회 환경을 만들기 위해 정책 입안자들부터 앞장서야 한다. 그뿐만 아니라 비수도권 또는 저소득층 가정에서 태어났다고 할지라도 잠재력을 실현할 기회를 박탈당하지 않도록 교육 기회를 적극적으로 재분배해야 한다(교육 기회의 재분배에 대해서는 다음 장에서 좀더 살펴볼 것이다).

더 나아가, 우리는 획일적인 잣대로 모두를 줄 세우기보다는 다원적 가치와 능력을 받아들이고 존중하는 공동체를 만들기 위해 노력해야 한다. 단지 시험 성적이 좋아서 의대에 가거나 금융업계에 진출하는 이들은 자신의 재능을 온전히 발휘하고 있는 것일까? 그리고 이런 결정을 반드시 시험 점수에 기반해서 내려야만 할까? 능력주의에 대한 비판을 할 때마다 항상 같은 질문을 듣는다. “그럼 시험 없이 어떻게 사람을 뽑습니까?” 마치 우리에게 그 어떤 대안도 없는 것처럼 말이다. 그런데 시험 없이 누군가를 선발한다는 것, 혹은 시험 점수를 보지 않고 누군가를 평가하는 것은 불가능한가?

한국에는 잘 알려지지 않았지만 2020년에 캘리포니아 대학 계열 University of California에 속한 모든 대학들이 SAT 점수 없이 신입생을 선발하겠다고 발표해서 큰 화제가 되었다(한국에도 잘 알려진 UC 계열 대학으로는 UCLA, UC어바인UC Irvine 등이 있다). 그리고 1년 정도의 숙의 과정을 거쳐 2021년 11월, 이 결정은 최종 확정되었다. 어떤 이들은 SAT가 없더라도 이를 대체할 만한 다른 시험을 선정할 것이라고 추측하기도 했지만, 그 모든 예상들은 빗나갔다. 이 학교들은 모두 그 어떤 표준화된 시험standardized tests 없이, 지원자들에 대한 보다 통합적인 심사를 통해 신입생을 뽑겠다고 했다. 그뿐만 아니라 선택 사항으로 시험 성적을 제출하는 것조차 금지될 예정이다. 현재까지는 고등학교 때의 활동에 대한 전반적인 평가, 사회 활동 심사, 다양한 주제를 다루는 에세이 심사 등이 논의되고 있다. 아마 앞으로 시행착오도 있을 테고, 보다 정교한 논의가 요구될 것이고, 구체적으로 정책을 다듬기까지는 예상보다 더 많은 에너지와 아이디어가 필요할 수도 있다. 그러나 가보지 않은 길이라고 해서 갈 수 없는 길은 아니다. 게다가 미국 대학의 76% 이상은 이미 SAT와 같은 표준화된 시험을 입시 전형에 더이상 활용하지 않거나 선택 사항으로 두고 있다.[29] 한국의 많은 대기업들도 정기 공채를 전면 폐지한 지 오래다. 사기업들 중에서는 현재 서너곳 정도의 대기업만 공채를 유지하고 있다.

시험을 없애는 것이 현실적으로 불가능하다는 주장은 사실이 아니다. 능력주의에 의존하는 것은 어쩔 수 없다는 무력한 답변도, 시험을 공정하게 시행하면 되지 않겠냐는 반문도, 우리에게 발본적인 해법을 주지 못한다. 사회를 안정적으로 운영하기 위해 서열화와 지위 격차는 필요악이라는 답변도 마찬가지다. 우리는 더 많은, 더욱 다원화된 이상과 비전을 상상할 수 있다. 대안적 운영 원리도 충분히 생각해볼 수 있다. 우리에게는 다만 정치적 의지political will가 부족할 뿐이다. 새로운 모델은 어떤 지역의 작은 주민 자치 공동체에서 출발할 수도 있고 협동조합에서 탄생할 수도 있으며 느슨한 네트워크에서 시작된 실험이 퍼져나가는 형태가 될 수도 있다. 반대로 신념 있는 정책 입안자의 오랜 구상에서 비롯될 수도 있고 대의와 공동체를 우선시하는 정치인의 끊임없는 소통과 협력을 통해 추진력을 얻을 수도 있다. 능력주의 비판은 이미 충분히 반복되어왔다. 이제 이 비판을 정치적 의지로 바꿔낼 때다.

4장

가진 자들의 사회: '공정'에 가려진 차별과 혐오

'공정'의 이름으로 할당제를 폐지하라

2021년 4월, 서울의 한 편의점에서 채용 공고를 냈다. 주말 근무가 가능한 아르바이트생을 모집하는 온라인 광고였는데, 지원 자격으로 제시된 요건은 다음과 같았다. 만 20세 이상, 강하고 성실한 분, 그리고 "페미니스트가 아니한 자", 심지어 이에 덧붙여 "오또케오또케하는 분"은 지원하지 말라는 추가 요건까지 명시되어 있었다. 이 공고는 성차별적 채용 사례로 큰 화제가 되어 언론에 수차례 보도되었고, 결국 해당 편의점 본사는 공고를 즉각 삭제해줄 것을 점주에게 요청했다며 "당사 이미지 손상에 대한 강한 제재 조치를 검토할 예정"이라고 급히 수습에 나섰다.[1]

하지만 더욱 놀라운 것은 이 구인 광고를 두고 며칠에 걸쳐 치열한 갑론을박이 벌어졌다는 점이었다. 대체 이 광고가 무엇이 문제인지 모르겠다거나, 점주가 이번 일로 불이익을 받아서는 안 된다거나, "페미 사상 검증"은 당연히 필요하다는 분노의 댓글이 기사마다 달렸다. 소수 의견이 인터넷 댓글로 과대 대표된 것일까? 페미니스트는 언제부터 이렇게 혐오와 반감의 대상이 되었을까? 마침 이 논란 이후 얼마 지나지 않아 KBS에서 '세대인식 집중조사'를 실시하면서 청년 세대(만 20~34세)와 50대 1,200명을 대상으로 이 사건에 대한 의견을 물었다. 설문 결과는 충격적이었다. 청년 남성의 절반에 가까운 47.3%가 "페미니스트 채용 거부는 공정하다"고 답한 것이다. 반면 청년 여성은 9.1%, 50대 여성은 5.4%, 50대 남성은 11.5%가 공정하다고 답했으니 인식 격차가 엄청난 셈이다.[2] 이 시대를 살아가는 청년 남성들에게 여성, 페미니즘, 그리고 공정은 어떤 연결고리로 묶여 있기에 페미니스트라는 이유로 편의점 일자리에 지원할 수 없는 상황이 공정하다고 평가받는 것일까?

KBS의 세대인식 집중조사는 청년 남성들, 이른바 '이대남'의 답변에서 유독 뚜렷하게 나타났던 경향성 때문에 더욱 주목을 받았다. 젠더 문제와 관련된 답변에서도 일관된 인식 격차가 나타났다. 예컨대 "성평등 정책을 강화해야 한다"는 문항에 대해서 청년 남성의 49.5%가 반대 의사를 표했다. 이대남의 절반은 성평등 정책에 반대하는 것이다. 반면 청년 여성은 8% 정도만 반대한다고 답했다. 포괄적 차별금지법에 가장 반대하는 집단 역시 청년 남성으로 반대의 비율이 약 41%에 달했다. 청년 여성 중 반대한다고 답한 경우는 16%에 불과했다. 조사 항목 중에는 법과 정책뿐만 아니라 생업이나 일상생활과 직결된 문항들도 있었는데 그중 임금격차에 대한 의견은 조사 결과가 믿기지 않을 정도다. 청년 남성들 중 무려 52.7%가 "남녀 간의 임금격차는 공정하다"고 답변했다. 그들은 남자라는 이유로 임금을 더 많이 받는 것을 당연하다고 여기고 있었다. 반면 청년 여성은 17.8%가 공정하다고 답했다.[3] 설문 내용이 보도된 이후 모든 항목에서 이대남의 답변이 '너무 튀는' 바람에 조사가 잘못된 것 아니냐는 섣부른 항의까지 나올 정도였다. 물론 '이대남의 보수화'에 대한 논쟁 역시 더욱 달아올랐다.

2019년 『시사IN』이 보도했던 사회 조사를 계기로 '이대남 논쟁'이 본격화된 이후, 이른바 '이대남 현상'은 꽤 오랫동안 한국 사회를 들썩이게 했으며 지금까지도 진통은 계속 이어지고 있다. 당시 『시사IN』의 설문조사에서 청년 남성들은 "페미니즘은 여성우월주의다"라는 문장에 59%가 매우 동의, 19.9%가 약간 동의한다고 밝혔다. 둘을 합하면 동의한다는 의견이 약 80%다.[4] 이대남들 중에서도 특히 반페미니즘 정서가 강한 이들만 따로 떼어서 보면, 이들의 91.3%는 '여성 할당제'에 전혀 동의하지 않는다고 응답했고, 나머지 8.7%는 별로 동의하지 않는다고 했다. 둘을 합하면 정확히 100%다. 결국 할당제에 동의한 사람이 아무도 없었던 것이다. 천관율은 이를 두고 이대남에게 여성 할당제는 불공정의 상징이 되었다고 분석했다.[5] 그들은 성차별은 이미 종식된 지 오래고 남자든 여자든 생활하는 데 아무런 차이가 없는데 우리 사회가 여전히 여성만 배려하면서 남성을 역차별한다고 주장한다.

이런 결과는 여러 조사에 걸쳐 반복적으로 나타나 더이상 부인하기 어려운 선명한 사회적 흐름으로 인식되고 있다. 2021년 6월 『한국일보』가 의뢰한 조사에서도 20대 남성의 78.9%는 "남성 차별이 심각하다"고 답했다.[6] 성평등 정치를 주제로 한 국가인권위원회의 연구에서도 국회의원 여성 할당제가 필요하다고 생각하는 20대 남성은 29%에 불과했다. 특히 65%는 의원 할당제가 남성에 대한 역차별이라고 답했다.[7]

젠더와 관계없이 오직 능력만 보고 채용해야 하는데, 페미니스트는 채용해서는 안 되고 남녀 간 임금은 차등 지급해야 한다는 의견은 모순덩어리다. 물론 그렇다고 해서 교집합이 전혀 없는 것은 아니다. 이 장에서는 능력주의 논리가 차별과 혐오로 확장되면서 생성된 이 단단한 교집합을 여러 각도에서 들여다볼 것이다. 이대남의 전폭적인 지지를 받고 있는 이준석은 단지 "시대정신은 실력주의"라고 말한 것만은 아니다. 그는 한걸음 더 나아가 "약자에게 이런저런 구실을 만들어 정치적으로 경제적인 보증을 해주려는" 정책을 비난해왔다.[8] 우리가 그렇게까지 "열심히 구실을 만들면서" 소수자와 약자를 경제적으로 뒷받침하기 위해 노력해온 나라였던가?

미국에서 남녀 간 임금격차를 얘기할 때 흔히 사용하는 농담이 있다. "너희들 1달러 낼 때, 우리는 80센트만 낼게!" 미국도 남녀 간 임금격차가 여전해서 동일한 노동 시간을 기준으로 할 때 여성은 남성의 80% 수준의 임금을 받고 있기 때문이다. 다시 말해서 남성의 임금을 시간당

1달러로 환산하면 여성은 시간당 80센트를 받는다는 것이다. 다행이라고 해야 할지 모르겠지만 최근 몇년에 걸쳐 이 차이는 서서히 좁혀져서 2019년에는 여성들이 82센트를 받을 수 있었고, 2020년에는 84센트를 받게 되었다.[9]

한국은 어떨까? 미국식 농담을 그대로 가져와서 표현해보면 이렇다. “너희들 1만원 낼 때, 우리는 6,400원만 낼게!” 한국 여성으로서 너무 암담하다고 느낄 수밖에 없는 금액이지만 옛날 이야기가 아니다. 2021년 9월 여성가족부가 발표한 2020년 최신 통계다.[10] 즉 남성이 100만원을 받는다고 가정하면 여성은 64만원을 받는다는 뜻이다. 한국의 남녀 임금격차는 다른 OECD 국가들과 비교할 때 언제나 부동의 1위다. 사실 북유럽 국가들에 비하면 미국도 격차가 큰 편이지만 한국처럼 여성의 노동 가치를 남성의 64% 정도로 취급하는 OECD 회원국은 없다. 한국에 이어 항상 2, 3위를 다투는 일본과 이스라엘도 77% 수준이다. 덴마크나 노르웨이와 같은 북유럽 국가들은 약 95%로 남녀 간 임금 수준에 거의 차이가 없다.[11] 남성 100만원과 여성 64만원의 간격은 너무나 멀지 않은가? 그런데도 남녀 간의 임금격차는 ‘공정’한가?

한국은 해외에서 이른바 ‘선진국’으로 알려져 있어 성별 임금격차가 이 정도로 클 것이라고 아무도 예상하지 않기 때문에 한국 사례는 외국의 유명 경제학자들이 대중 강연에서 언급하는 단골 소재이기도 하다. 불평등에 대한 강의를 하면서 성별 임금격차를 지적할 때 유일하게 한국을 예로 드는 것이다. 시간 관계상 모든 국가를 언급할 수는 없고, 핵심을 강조하려면 '파격적인' 사례를 제시해야 하니 당연히 한국 통계를 보여준다. 한국의 문제가 너무 심각해서 그다음 나라를 언급해봤자 '충격효과'가 없기 때문에 한국 얘기만 하고 지나간다. 솔직히 속이 쓰리다.

우리의 협소한 경험과 무관하게 차별은 실재한다. 내 옆에 있는 여성이 소수자처럼 보이지 않는다고 해서 성차별이 종식되었다는 뜻은 아니다. '순수하게' 능력에 따라 채용하고 '공정하게' 실력에 따라 연봉을 산정하라고 하지만, 우리가 알아채지 못하는 차별과 혐오는 항상 존재하며 능력주의는 언제나 소수자에게 더 가혹하다.

그런데 어떤 이들은 모두에게 기계적으로 똑같은 절차와 잣대를 사용할 것을 강조하면서 소수자 배려 정책affirmative action이나 수정 조치가 역차별이라고 말한다. 심지어 남성이, 고학력자가, 명문대 출신이 더 좋은 대우를 받는 것을 자연스럽게 받아들이고 그런 상황이 뒤집히게 되면 참지 못한다. 1장에서 '피해 입은 특권'에 대해 살펴봤듯이, 그들은 이 사회가 오히려 남성들을 차별하고 있다며 억울함을 호소한다. 그들의 박탈감은 특히 여성과 소수자를 향해 표출되는데 그럴 때마다 능력주의 논리가 손쉽게 동원된다. "능력도 안 되는데 소수자 정체성 때문에 뽑혔다"는 것이다. 그러므로 "오직 정체성에 기반해" 약자와 소수자를 배려하는 것은 불공정이라고 주장한다. 물론 틀린 말이다. 3장에서 논의했듯이 능력은 경제적 계급과 구조적 불평등의 영향을 받는다. 그뿐만 아니라 이 장에서는 능력과 능력주의가 정체성과도 얽혀 있다는 점, 다시 말해서 소수자와 약자에게 차별적으로 적용되고 있다는 점을 밝힐 것이다.

누군가는 우리가 "여성도 소수자도 더이상 차별받지 않는 세상"에 살고 있다고 주장하지만 색안경을 걷어내고 조금만 더 들여다보면 평등한 사회는 아직 도래하지 않았다는 점을 분명히 알 수 있다. 물론 사람들은 이 문제를 굳이 주의 깊게 보려고 하지 않고, 좀더 알아보려는 노력도 하지 않는다. 주변에 있는 여성들이 나보다 더 일찍 성공할 것만 같아 불안하다. 취업 시장에서 자꾸 고배를 마시는 이들은 특히 더 그렇다. 자신의 믿음에 반하는 이야기는 듣고 싶지 않아 외면하고, 나에게 더 호의적인 가설을 뒷받침해주는 이야기에 쉽게 설득된다. 이대남 사이에 만연한 여성들을 향한 반감과 원망, 그리고 페미니스트에 대한 혐오 역시 당분간 수그러들 것 같지 않다. 바야흐로 무지와 백래시backlash의 시대다.

백래시와 무지의 결탁

앎에 대한 학문을 에피스테몰로지epistemology, 즉 인식론이라고 한다. 간단히 설명하자면 지식이 어떻게 만들어지고 유지되는가에 대한 학문이다. 반대로 무지無知가 어떻게 형성되고 유지되는지에 대한 학문은 애그노톨로지agnotology라고 하는데 우리말로 무지학無知學이라고 옮겨도 좋을 듯하다. 무지에 대한 관심은 최근 크게 증가하여 관련 연구도 급격히 늘어나는 추세다. 음모론과 가짜뉴스가 판치는 시대에 '사람들은 왜 무지한가'에 대한 연구가 활발한 것은 당연하지 않을까? 백신을 믿지 않고 접종을 거부하는 사람들, 개표 결과는 조작이고 트럼프가 다시 집권해야 한다고 믿는 미국인들, 기후위기는 거대한 사기극이라고 주장하는 사람들. 어떤 이들은 정말로 알려고 하지 않는다. 더 나아가 적극적으로 정보를 조작하고 거짓 이론을 생산, 유포한다.

애그노톨로지라는 용어의 창시자인 로버트 프록터Robert Proctor는 무지를 크게 세종류로 구분했다.[12] 원초적 무지, 선택적 무지, 전략적 무지가 바로 그것이다.

첫째, **원초적 무지**naive state는 문자 그대로 순수하게 알지 못하는 상태, 즉 지식을 습득하지 못한 상황을 뜻한다. 사전적 의미의 무지에 가장 가깝다고 볼 수 있다. 예컨대 1940년대에 여성으로 태어나 정규 교육을 받을 수 없었던 할머니들을 생각해보자. 이들은 한국어를 구사하는 데에는 아무 문제가 없지만 철자나 맞춤법을 정확히 알지 못할 수 있다. 하지만 이런 종류의 무지는 반드시 부정적이거나 해로운 것은 아니며 비난받을 일도 아니다. 모르면 배우면 되고, 때로는 굳이 배워야 할 필요조차 없을 수 있다. 일반적으로 무지는 마치 해소해야 할 문제인 것처럼 생각되지만 늘 그런 것은 아니어서 오히려 그런 '도움의 손길'조차 그저 일방적인 개입일 수 있다.

둘째, **선택적 무지**selective choice는 특정 영역에 대해 선택적으로 무지의 상태가 유지되는 것을 뜻하는데, 다른 표현으로는 '수동적으로 형성되는 무지'라고도 한다. 우리는 어떤 자극에 반응하는가? 반대로 어떤 신호를 무시하는가? 사람들은 알면서도 의도적으로 모른 척할 수 있고, 또는 겉으로 드러난 의도가 없더라도 굳이 배우려 하지 않거나 주의를 기울이지 않을 수 있다. 특히 지배 규범이나 '정상 이데올로기' 바깥을 보고 싶어하지 않는 경우가 그렇다. 예컨대 약자들의 삶과 언어에 관심이 없는 사람들은 애써 그들의 고통에 눈길을 주지 않는다. 윤석열 대통령은 그가 대선후보이던 시기에 장애인들과 마주친 자리에서 "정상인과 똑같이"라고 발언해서 큰 비판을 받았다. 그런데 바로 며칠 뒤, 그는 장애인 정책을 논하는 행사에서 "우리 장애우"라는 표현을 썼다. 반복해서 지적을 받았고 언론의 비판도 이어졌지만, 그는 배울 마음도 없고 고칠 의지도 없어 보인다. 왜 어떤 사람들은 차별적인 언어를 쓰지 않기 위해 늘 공부하며 의견을 묻는데, 반대로 어떤 사람들은 아무리 호소해도 신경을 쓰지 않을까? 평생을 "선택적 무지"의 상태로 살아도 사는 데 아무 지장이 없는, 무지와 무감이 타인에게 폭력이 될 수 있다는 사실조차 모를 정도로 기득권의 덫에 빠져 있는 사람들은 우리 사회에 얼마나 많을까?

마지막 무지의 형태는 **전략적 무지**strategic ploy, 즉 '적극적으로 형성하는 무지'다. 사람들의 의심, 정보의 부족이나 불확실성, 허위 정보를 이용해서 무지 혹은 거짓을 적극적으로 구성, 조작, 유지하는 것이다. 백신 음모론이 이와 같은 전략적 기획의 대표적인 사례다. 백신 음모론은 전 세계적으로 꽤 많은 사람들을 설득하는 데 성공했지만 모든 경우가 성공하는 것은 물론 아니다. 그럼에도 불구하고 많은 사람들이 전략적 무지를 생산하기 위해 거리낌 없이 뛰어든다. 예컨대 차별금지법 제정 운동은 전략적 무지를 상대로 한 기나긴 싸움과도 같았다. 개신교 교회를 중심으로 거짓 정보가 광범위하게 유통되었고, 이들은 차별금지법이 가족과 사회를 붕괴시킬 것이라고 위협했다.

또한 성차별 및 성폭력과 관련해서도 매우 적극적으로 거짓을 생산해내는 집단이 많다. 국민의힘은 'N번방 방지법'을 막겠다면서 "귀여운 고양이, 사랑하는 가족의 동영상도 검열의 대상이 된다면 그런 나라가 어떻게 자유의 나라"일 수 있겠냐는 주장을 폈다. 당연히 고양이 사진을 게재할 수 없다는 말은 사실이 아니다. 그뿐만 아니라 국민의힘은 외국 서비스는 모두 'N번방 방지법' 적용 대상이 아니어서 법안의 실효성이 없는 것처럼, 그리고 사적인 대화방까지 정보통신 기관이 직접 들여다보는 것처럼 허위 정보를 흘리며 "절대 다수의 선량한 시민들에게 검열의 공포를 안겨"주는 법은 용납할 수 없다고 반발했다.[13] 이처럼 다양한 채널을 통해 허위 정보를 유통하고 서로의 거짓 주장을 확대 재생산하면서 사람들의 무지를 굳혀가는 것이 바로 전략적 무지다.

선택적 무지와 전략적 무지는 백래시가 꺼지지 않도록 끊임없이 공급되는 산소와 같다. 이 둘은 독자적으로 기능하기보다는 함께 시너지를 내는 경우가 많으며, 현실 부정과 백래시의 '논거'를 계속해서 조달해준다. "여성과 소수자에 대한 차별은 더이상 존재하지 않는다"는 선택적 무지, "오직 능력만으로 누구나 성공할 수 있다"는 논리를 설파하는 전략적 무지는 능력주의에 대한 맹신을 더욱 강화시키고 있다. 이와 같은 담론을 확대하는 데 핵심적으로 기여해온 이준석은 "2030 여성들이 소설과 영화 등을 통해 본인들이 차별받고 있다는 근거 없는 피해의식"을 갖게 되었다고 말한다.[14] 또한 그는 반복적으로 할당제를 불공정과 연결시켜왔다. 1985년생 여성이 변호사가 되는 시대에 여성들이 무슨 차별을 받고 있냐고 묻고,[15] 국민의힘 최고위원 선거에서 여성의원 세명이 '자력'으로 당선된 것을 보니 할당제는 필요없다고 한다. 그는 "메시지와 공약, 정책으로 승부하는 선거 환경이 마련됐더니 여성 정치인도 어떤 불리함 없이 전당대회에서 좋은 성과를 거둘 수 있었다"면서 "제가 체험한 것은 오히려 이랬다"고 설명한다.[16] 이 같은 단 하나의 사례로 대다수의 여성 정치인들이 고군분투하는 모습을 설명할 수 있을까?

제21대 국회의원 중 여성의원의 비율은 고작 19%에 불과해, 국제의원연맹 회원국들 중 121위에 해당한다. 대한민국 바로 위에 과테말라와 조지아가 자리잡고 있다.[17] 그런데도 여성 비율 19%는 대한민국 헌정 역사상 최고 기록이다. 마찬가지로 여성 변호사 수가 최근 증가했음에도 불구하고, 여전히 주요 법무법인의 여성 변호사 비율은 겨우 24.5%일 뿐 아니라, 파트너 변호사 중 여성 비율은 9.6%, 심지어 임원 변호사 중 여성 비율은 5%에 불과하다.[18] 이런 현실에 대해 '무지'한 채로 젠더 정책을 세우는 것은 옳은 일일까?

정책과 법안을 만드는 사람은 특별한 성공 사례가 아니라 평범한 대다수의 사람들을 위한 답을 찾아야 한다. 성차별이 없다고 주장하기에 앞서 충분히 자세한 정보를 찾아볼 수도 있고 다른 목소리에도 귀를 기울여볼 수 있음에도 현실을 부정하고 싶은 이들은 선택적 무지를 택한다. 게다가 반대 논리를 적극적으로 만들어내며 전략적 무지에 기여한다. 자신의 경험을 내세우며 "내가 해봐서 아는데…"로 시작하는 이른바 '라떼론'은 유아론唯我論에 불과하다. 그리고 유아론은 무지의 일종이다.

정치적 의제 앞에서 무지는 순진무구가 아니라 폭력이다. 약자와 소수자의 삶에 실제적 영향을 미치기 때문이다. '공정'을 볼모로 앞세워 무지와 백래시가 결탁해 만들어낸 폭력은 우리 사회에 실재하는 차별과 혐오를 덮어버리고 있다. 백래시는 우리가 좀더 평등하고 정의로운 사회로 나아가는 것을 어렵고 복잡하게 만든다. 수전 팔루디Susan Faludi가 오래전에 말했듯, 백래시가 조직적 운동이 아니라고 해서 파괴력이 약한 것은 아니다. 오히려 산발적으로 출몰하는 탓에 더 대항하기 어려울 수 있다.[19] 요즘 우리가 목도하는 여성과 소수자를 향한 백래시는 '공정'과 능력주의의 얼굴을 하고 있어 더욱 그렇다. 능력주의 시스템은 '정상성'의 규범이자 표준으로 간주되는 남성, 이성애자, 비장애인을 중심으로 작동한다. 능력주의는 애초에 장애 유무, 출산과 육아로 인한 경력 단절, 성소수자가 받는 차별을 염두에 두지 않는다. 능력을 '공정하게' 평가하는 과정에서 차별이 작동하는 것은 물론이다. 하지만 사람들은 정작 자신이 차별하고 있다는 점조차 알아차리지 못한다.

능력주의가 공정하지 않다는 것을 밝혀낸 실험 연구, 더 정확히 말해 능력주의가 소수자에게 차별적으로 작동한다는 연구는 헤아릴 수 없이 많다. 심리학자 매들린 하일먼Madeline Heilman은 특히 남성 중심 사회에서 여성의 성공이 얼마나 어려운지, 더 나아가 성공한 이후에도 여성들이 어떤 차별을 겪는지를 규명하는 데 집중했다.[20] 이를테면 채용 심사나 승진 심사는 어떨까? 업무 고과에 대한 평가는? 우리는 이력서나 업무 실적 같은 '객관적인' 자료를 바탕으로 '공정하게' 누군가의 능력을 평가할 수 있을까? 적어도 나는 '공정하게' 심사했다고 굳게 믿는 이들은 정말로 공정했을까?

하일먼은 여러해에 걸쳐 일련의 실험을 진행했는데 이 연구의 기본 설계는 매우 간단하다. 가상의 인물 프로필을 만든 후 토씨 하나 다르지 않은 똑같은 프로필에 오직 이름만 바꿔 붙이는 것이다. 예를 들어, 연구팀은 항공기 제조업체 전무이사의 프로필을 만들어 연구 참여자들에게 평가를 부탁했다. 전무이사는 항공기 부품에 대한 전문 지식을 갖추어야 했고, 고객 관리, 시장 개척, 판매 실적 등을 총괄하는 위치에 있었다. 프로필에는 이와 같은 직무 설명은 기본이고, 출생지, 학력, 학점, 재직 기간 등의 정보를 망라한 매우 상세한 이력서가 첨부되었다. 누군가를 평가하기에 충분한 정보였다. 이 동일한 프로필에 단 하나의 차이가 있다면 한 프로필에는 여자 이름, 다른 프로필에는 남자 이름이 붙어 있었다는 점뿐이었다.

첫번째 실험에서는 성별만 다른 동일한 프로필에 한가지 조건을 달았다. "해당 전무이사는 아직 금년도 인사 평가를 받지 않았기 때문에 현재의 실적이나 업무 능력에 대한 정보는 알 수 없다"는 내용이었다. 연구진은 사람들에게 프로필을 보여주면서 전무이사들이 얼마나 유능한지 평가해달라고 했다. 결과는 어땠을까? 연구 참여자들은 완전히 동일한 이력서인데도 일관되게 남성이 더 유능하다고 답했다. 다른 항목에서 차이가 날 만한 근거는 전혀 없었으므로, 단지 남자 이름이 붙어 있다는 이유로 사람들은 자기도 모르게 그 사람의 능력이 더 뛰어나다고 평가한 것이다. 이는 젠더에 기반한 편견을 잘 보여주는 사례이기 때문에 이것만으로도 충분히 문제적이고 분노할 만하다. 여성들은 이력서를 내는 순간부터 불리한 게임을 해야 한다는 점이 통계로 입증되었기 때문이다. 하지만 하일먼의 연구는 여기서 멈추지 않았다.

두번째 실험에서 이번에는 프로필에 다른 조건을 넣었다. "해당 전무이사는 금년도 인사 평가를 성공적으로 마쳤으며, 모든 면에서 업무 성과가 우수해서 실적이 상위 5% 안에 드는 우리 회사의 떠오르는 샛별"이라는 설명이 들어갔다. 누가 봐도 업무 능력이 뛰어나고 범접할 수 없는 '스펙'을 갖고 있어서 딱히 흠잡을 만한 구석이 없었다. 그래서였을까? 연구 참여자들은 남성이든 여성이든 모두 유능하다고 답했고 통계적으로도 유의미한 차이가 없었다. 하지만 다른 항목에서 충격적인 결과가 나타난다. 여성 전무이사들에 대한 사람들의 호감도가 급격하게 떨어진 것이다. '잘나가는' 여성 전무이사는 이른바 '비호감'이었다. 그뿐만 아니라 사람들은 여성 전무이사들이 적대적 성향을 보인다고 평가했는데, 해당 항목은 '까칠하다' '이기적이다' '강요하려 든다'와 같은 내용이었다. 다시 한번 강조하지만, 토씨 하나 다르지 않은 동일한 프로필이었다. 사람들은 어디에서 이런 성향을 읽어낸 것일까? 참여자들이 받은 정보는 그가 '감히 여성'인 주제에 '잘나가는 전무이사'라는 점 하나

뿐이었다. 이 여성들은 왜 '비호감'이 되었을까? 그리고 이들은 일상 속에서 어떤 백래시를 마주하고 있을까? 이들은 남성 동료들과 함께 커리어의 다음 단계로 나아갈 수 있을까?

능력주의의 한계는 단지 계급과 구조적 불평등만으로 설명되지 않는다. 다시 말해, 정체성에 기반한 차별과 혐오를 생략한 채로 능력주의의 문제를 논할 수는 없다. 앞에서 언급한 일련의 연구들은 여성혐오가 능력주의 시스템에 어떻게 침투해왔는지를 숫자로 증명한다. 하일먼은 이를 두고 "여자들은 성공한 죄로 벌을 받는다"고 표현하기도 했다.[21] 실제로 성공한 여성들에 대한 반감은 한국 사회에서도 쉽게 발견되고, 신입사원 중 여성 비율이 높다고 하더라도 전문직·고위직으로 갈수록 여성은 줄어든다. 하지만 하일먼의 연구에 참여했던 이들 중 그 누구도 자신이 평가 과정에서 성차별을 했다거나 여성혐오를 표출했다고 깨닫지는 못했을 것이다. 그저 서류를 보고 자기도 모르게 반사적으로 점수를 매긴 것뿐이니까. 저들을 비난하기 전에 우리는 정상 규범을 학습하며 자란 모든 이들이 차별의 영향권 아래 있다는 사실을 자각해야 한다. 이제부터는 본격적으로 능력주의뿐만 아니라 능력 그 자체가 차별에 기반해 구성된 허구라는 점을 짚어보자.

능력과 능력주의, 차별의 공모자

능력은 순수하지 않다. 현대인들이 생각하는 '능력'의 개념은 진공관

속에서 만들어진 것이 아니라 자본주의, 가부장제, 이성애중심주의, 인종주의racism와 같은 지배 논리의 영향을 받아 만들어졌다. 마이클 샌델조차도 소위 '인기 스포츠' 종목의 선수들만 '능력 있는' 선수로 인정받는 현실을 지적한 바 있다.[22] 만약 당신이 뛰어난 남성 축구 선수라면, 한국과 외국 다수의 구단으로부터 입단 제의가 들어오고 엄청난 연봉을 받을 것이다. 선천적으로 재능을 타고났으며, 후천적으로도 열심히 노력했고, 타의 추종을 불허하는 불굴의 의지를 가졌다면서 '능력자'로서 모두의 주목을 받게 된다. 그렇다면 한국 최고의 여성 핸드볼 선수는 어떨까? 세계 최강의 남성 봅슬레이 선수팀은? 최적의 신체 조건을 타고났고, 훈련장도 없이 이곳저곳을 전전하며 누구보다 힘들게 노력해서 세계 랭킹 1위를 차지했는데 왜 연봉과 인지도 모두 차이가 날까? 핸드볼 선수는 축구 선수보다 능력이 덜한 것일까? 답은 간단하다. 일반적으로 능력은 '돈이 되는', 그러니까 '시장에서 요구하는' 종목에 부합해야 하기 때문이다. 사람들이 믿는 대로 순수하게 본인이 투자한 노력만으로 '정당한' 보상을 받는 시스템은 찾기 어렵다.

스포츠가 아닌 다른 분야도 마찬가지다. 왜 '인문학의 위기'인가? 이른바 '문·사·철'은 쓸데없는 학문이고, 철학자는 경영학자보다 능력이 부족한가? 당연히 그렇지 않다. 앞서 말했듯 '능력'은 자본주의 논리에 의해 구성되며 그 논리에 따라 경제적 보상과 사회적 인정의 격차가 생겨난다. 학자들 사이에서도 시기에 따라 '인기 있는' 연구 주제가 변한다. 물론 시대적으로 시급하고 필요한 연구는 존재한다. 그러나 재단이나 기업의 연구 후원금 역시 해당 시점에 '돈이 되는' 분야에 몰리는 경우가 많다. 말하자면 '돈을 많이 따오는' 학자가 언제나 남들보다 능력과 재능이 뛰어난 것은 아니다. 사학자보다는 공학자가 대체로 연구를 수주할 기회가 더 많지 않은가? 다시 한번 강조하지만 '능력'의 개념과 속성 자체가 절대로 경제 논리로부터 자유롭지 않다. 이를 두고 로널드 잭슨Ronald Jackson은 "능력의 레토릭rhetoric은 곧 시장의 레토릭"이라고 했다.[23]

누군가는 "아무리 그래도 학자들의 연구 성과는 객관적인 지표로 측정하고 있지 않냐"고 반문할지도 모르겠다. 나 역시 SSCI Social Sciences Citation Index를 기준으로 영향력 지수가 높은 학술지에 논문이 실리거나, 내 논문의 인용 횟수가 높으면 대학에서 더욱 좋은 평가를 받는다. 그러나 가장 객관적이고 과학적이라고 여겨지는 인용지수조차도 능력주의의 공정성을 담보해주지 못하며, 더 정확히 말하면 차별을 재생산한다. 실제로 인용의 불균등한 배분에 대한 연구는 수십년에 걸쳐 진행되어왔다. 비슷한 내용의 연구를 출판했거나 연구에 대한 기여도가 같아도 사회적 지위와 인지도가 높은 사람이 우선적으로 인용된다(아예 의도적으로 그럴 수도 있고, '자기도 모르게' 유명한 사람의 논문만 인용하고 지나칠 수도 있다). 20세기 초반까지 여성 과학자들은 인용되기는커녕 역사에도 기록되지 않았고 오랜 시간이 흐른 지금에서야 사람들이 그들을 새롭게 '발견'해내고 있다. 이 같은 불균등한 인정과 관심의 배분으로 인해 이미 기득권을 차지하고 있던 사람이 미래에도 더욱 많은 자원을 얻고 연구를 더 활발하게 할 수 있게 된다.[24] 이미 유명한 사람이 이익을 선점해 더 유명해지는 현상을 **매튜 효과**Matthew effect라고 하는데,[25] 쉽게 표현하자면 "부익부 빈익빈"과 비슷하다.

인용의 불평등한 배분은 매튜 효과의 전형적인 사례로 오랫동안 연구되어왔다. 하지만 인용 시스템이 차별에 어떻게 공모하는가, 즉 남성 중심성 및 백인 중심성에 어떻게 기여하는가에 대한 본격적인 탐색이 시작된 것은 비교적 최근이다. 내가 속한 커뮤니케이션 분과에서도 학계 내의 인종주의가 인용을 통해 재생산되고 있음을 보여주는 연구가 지속적으로 출판되고 있다. 간단히 말해서 백인의 연구가 더 많이 인용되며, 백인의 연구가 더 많이 출판되고, 학술지 편집위원 역시 백인의 비중이 높다.[26] 발음하기도 어려운 이름을 가진 아시아권 학자들이나 누가 봐도 아프리카계 이름을 가진 흑인 학자보다는, 같은 내용의 연구라면 백인 남성 학자의 이름이 더 공신력을 갖고 많이 인용된다. '마이클' 같은 표준적인 이름을 떠올려보면 된다. 인용의 세계에서 인종분리segregation는 여전하며,[27] 인용 시스템은 인지도와 가치의 위계와 같다.[28] 인종화된, 그리고 성별화된 인용 시스템을 고려하지 않고 인용지수를 액면가 그대로 받아들인다면 학계 역시 기존의 차별을 반영하면서 동시에 강화할 수밖에 없다.

남성 학자의 권위가 우선시되거나 남성들만 모여 패널 토의를 기획하는 관행도 마찬가지로 남성 중심적 매튜 효과를 가져온다(다른 성별의 발표자가 단 한명도 없이 남성만으로 구성된 패널panel을 '매널'manel

이라고 한다. 용례로는 "매널은 보이콧해야지!" 같은 표현을 들 수 있겠다). 학계의 기득권 중심성을 깨뜨리려는 의식적인 성찰과 노력이 수반되지 않는다면 학계의 실적 평가 역시 다른 능력주의 시스템과 마찬가지로 차별의 논리를 유지하는 데 기여할 것이다.

자본주의와 남성중심주의가 복합적으로 작동하면서 여성의 능력과 노력이 저평가되는 젠더화된gendered 노동의 영역도 있다. 여성화된 노동의 경우 대표적으로 돌봄노동이 그렇다. 주지하다시피 돌봄노동은 능력주의 사회에서 그 가치를 제대로 평가받지 못한다. 돌봄은 경제적 부가가치를 '직접적으로' 생산해내지 못할 뿐 아니라, 마치 여성이라면 돌봄의 재능을 생물학적으로 타고난 것처럼 여겨지기 때문이다. 돌봄은 여성에게 적합하며 여성의 천성을 고려할 때 자연히 잘할 수 있는 일이고, 따라서 전문성은 필요없다는 것이다. 그러나 태어나면서부터 돌봄노동에 익숙한 사람은 없다. 오히려 많은 훈련과 배움을 필요로 한다. 또한 돌봄의 사회적 기여 역시 간과되는 경우가 많다. 팬데믹 이후 돌봄노동의 필요성과 중대성에 대한 논의가 확대된 것은 사실이지만, 여전히 돌봄 노동자들은 심각한 번아웃burnout에 노출되어 있으면서도 제대로 보상받지 못하고 있다.

반대로 남성화된 노동도 있다. 의사와 같은 전문직, 특히 외과의사들 사이에는 지금까지도 보이지 않는 차별이 널리 퍼져 있다. 2021년 12월 대한외과학회 회원을 상대로 실시한 설문조사에 따르면, 여성 외과의사의 46%는 "성별 때문에 수술에 적합하지 않다"는 말을 들었다고 한다.

반면 남성들 중 이런 말을 들어본 의사의 비율은 1%에 그쳤다. 또한 "같은 평가를 받기 위해 여성 외과의사들은 더 큰 성과를 내야 한다"는 항목에 여성 응답자의 79.4%가 동의했다. 남성은 19.1%만 수긍했다. 그뿐만 아니라 여성 외과의사들이 경험하는 성차별에 대해 57.3%의 남성 의사들은 "여성과 남성 간 신체 능력과 활동성 차이"가 성차별의 주요 요인이라고 답하기까지 했다. 놀랍게도 남성들은 차별적 인식을 갖고 있는 것에 더해 그 생각을 '사실'이라고 믿고 있는 것이다. 이런 장벽 때문에 여성 외과의사들은 실제로 "남성보다 더 잘해야만 했다."(63.6%)[29] 이처럼 표면적으로는 업무 고과를 평가하는 시스템이 객관적인 것처럼 보일지라도 능력주의는 누구에게나 똑같이 작동하지 않으며 특정 노동은 과소평가되거나 과대평가된다.

이 같은 능력주의에 내재한 차별의 문제를 해소하기 위해 흔히 두가지 대안이 활용되어왔다. 하나는 한국에서 흔히 '블라인드 채용'이라고 불리는 제도다. 만약 차별의 요소가 될 수 있는 젠더, 인종, 지역, 학력 등 정체성에 대한 정보를 숨기면 실제로 평가 결과가 달라질까? 다른 하나는 앞서 언급한 소수자 배려 정책 및 수정 조치다. 정확한 표현은 아니지만 우리가 흔히 '할당제'라고 부르는 제도다. 그렇다면 소수자 배려 조치는 능력주의적 차별의 문제를 해소해줄 수 있을까? 아니면 최근 더욱 거세지고 있는 백래시가 시사하듯이 할당제는 지나치게 급진적인 정책이며 오히려 역차별을 불러오게 될까?

블라인드 채용 따위는 필요없을 것이라고 생각될 정도로 전세계적으로 엄격한 채용 심사를 실시해왔던 곳이 있다. 다들 이름을 들어봤을 만큼 유명한 곳이다. 미국의 5대 관현악단 중 가장 오래된 곳, 바로 1842년에 설립된 뉴욕 필하모닉 오케스트라다. 엄정한 오디션을 거쳐 최고의 연주자들만 합격할 수 있으며 심사위원도 여러명이다. 더구나 단 한번의 시험으로 입단할 수 있는 것도 아니다. 세 단계의 오디션을 거쳐 쟁쟁한 경쟁자들을 물리치고 '파이널'을 통과해야 입단 제의를 받게 된다. 물론 다른 유명 오케스트라들의 선발 시스템도 이와 동일하다. 당연히 뉴욕 필하모닉 단원들은 스스로의 위치를 명예롭게 여길 뿐 아니라 일단 입단하면 그만두는 경우도 거의 없다. 요즘 시대에 얼마 남지 않은 '평생직장'이다.

뉴욕 필하모닉의 성비는 어떨까? 사실 클래식 연주자, 작곡가, 지휘자를 떠올려보면 보통 남성이 연상된다. 전통적으로 유명한 클래식 음악가들 중 남성이 많았던 것도 사실이고, 유명 경연대회의 이름은 모두 쇼팽이나 차이콥스키와 같은 남성 음악가의 이름을 따르고 있다(아주 오랫동안 여성들이 기본적인 경제 활동조차 할 수 없었다는 점을 떠올려보면 여성 예술가의 등장이 어려웠던 이유를 쉽게 짐작할 수 있다). 오케스트라 단원들 역시 대부분 남성인데, 뉴욕 필하모닉은 특히 남성 중심이었다. 여성 비율은 1970년까지 거의 0%로 여성은 한두명씩 잠깐 선발되었다가 사라지는 수준이었다. 안타깝게도 다른 오케스트라의 사정이 그다지 나았던 것도 아니다. 보스턴 필하모닉이나 시카고 필하모닉의 경우 여성 비율이 5% 수준이었으니까.[30] 하지만 어쩌겠는가? 분명히 공정한 오디션을 통과한 사람들이고 역시나 클래식은 남자들이 뛰어난 것을?

그런데 1969년 두명의 흑인 음악가들이 인종 때문에 심사 과정에서 차별을 받았다며 뉴욕 필하모닉을 상대로 소송을 제기한 이후,[31] 1970년대에 이르러 단원 선발 과정에 한가지 절차가 추가된다. 바로 오디션장에 장막을 치는 것이었다. 심사위원들과 연주자 사이에 장막을 쳐서 누가 들어오고 나가는지, 누가 연주하는지 아예 볼 수 없게 만들어 그저 음악만 듣고 평가하게 한 것이다. 문자 그대로 '블라인드 채용'이었다. 그 결과 설마 단원 성비가 바뀌었을까? 애초에 뛰어난 여성 클래식 연주자는 찾기 어려웠던 것이 아니었을까?

결과는 놀라웠다. 1970년까지 여성 비율이 0%였던 뉴욕 필하모닉은 1980년에 여성 비율이 12%를 넘어서고, 1990년에는 25%를 넘어섰다.[32] 기존 연주자들이 입단 후 떠나지 않고 그대로 남아 있다는 점을 고려하면 이것은 신입 단원 중 여성의 비율이 급격히 증가했음을 뜻한다. 그리고 지금은 성비가 어떨까? 뉴욕 필하모닉의 남녀 비율은 현재 약 50 대 50이다.[33] 검은 정장을 입은 남성들만 가득한 풍경이 이제는 옛날 이야기라니! 이런 변화가 있기 전까지 사람들은 오케스트라 오디션은 엄격하고 공정하다고 믿었고, 연주자들은 피나는 노력으로 경쟁을 통과해 '월드 클래스'에 선발되었다고 믿었고, 그러므로 여전히 클래식 영역에서는 남성이 여성보다 월등히 뛰어나다는 고정관념이 옳다고 확신했다. 그러나 고작 커튼 하나로 그 신화가 완전히 깨진 것이다. 이 역사적

인 드라마는 실제로 능력주의의 허구성을 증명하는 사례로 언급되기도 한다.[34]

한국에서도 공공기관에서 블라인드 채용을 도입한 이후 여성, 비수도권 출신, 비명문대 출신 합격자의 비율이 모두 증가했다고 한다.[35] 어쩌면 당연한 결과인지도 모른다. 우리 모두 무의식적으로 선입견을 가지고 누군가를 평가할 수 있기 때문이다. 그리고 블라인드 채용은 심사 과정에서 우리의 편견과 차별과 혐오가 작동하는 것을 어느 정도 방지할 수 있다. 하지만 블라인드 채용만으로 기울어진 능력주의를 온전히 바로잡을 수 있는 것은 아니다. 오케스트라 이야기를 다시 한번 찬찬히 되짚어보자. 앞서 언급했듯이 오케스트라의 채용 절차가 획기적으로 바뀌게 된 것은 흑인 음악가들의 법정 싸움 덕분이었다. 그런데 정작 흑인 비율은 어떨까? 그동안 비백인non-white 단원들의 비중은 증가했을까?

슬프게도 여전히 그렇다고 답할 수가 없다. 오케스트라는 미국에서 가장 백인 중심적인 조직으로 남아 있어서 그 뿌리 깊은 차별과 불평등을 쉽사리 바꾸기가 어렵다. 1969년 두명의 흑인 연주자가 소송을 시작했을 당시 뉴욕 필하모닉의 흑인 단원은 단 한명이었다. 그리고 그가 흑인 최초의 뉴욕 필하모닉 연주자였다. 흑인들이 합격의 관문을 통과하기가 얼마나 힘들었을지 가히 짐작할 만하다. 동시에 홀로 백인들 사이에 앉아 있어야 했을 그의 말 못할 어려움도. 오랜 시간이 흐른 지금, 2020년의 공식 명단을 기준으로 총 106명의 뉴욕 필하모닉 정규 단원 중 흑인은 몇명일까? 놀랍게도 여전히 한명이다.[36]

어떻게 된 것일까? 블라인드 채용은 젠더 차별에만 효과가 있고, 인종 차별에는 아무 의미가 없는 것일까? 물론 그렇지 않다. 그렇다면 뉴욕 필하모닉에 소속된 흑인이나 라틴계Latina/o/x 연주자들이 여전히 1~2%의 비율에 불과한 이유는 무엇일까? 그것은 단순히 시험 제도나 평가 절차를 새롭게 뒤집는 것만으로는 뿌리 깊은 불평등과 차별을 극복할 수 없기 때문이다. 백인 여성들은 경제적 자원과 인맥을 활용해 백인 남성과의 격차를 따라잡고 뉴욕 필하모닉 합격선을 통과할 수 있었지만, 흑인과 라틴 인종이 경험하는 차별과 불평등은 백인 남성은 말할 것도 없고 백인 여성을 따라잡기에도 역부족이었던 것이다.

우리 모두는 클래식 교육에 얼마나 많은 정보와 재원을 투자해야 하는지 알고 있다. '클래식 영재교육'은 아기 때부터 시작된다. 대를 이어 물려받는 음악 취향, 정보 접근성, 부모의 연봉과 인맥, 또래 집단 내에서의 관심 수준, 명문 음악학교 입시 준비. 이 모든 것들은 시험 제도가 바뀌었다고 해서 자동으로 따라오는 것이 아니다. 저소득층 흑인 가정에서 태어나 뒤늦게 클래식을 좋아하게 된 아이가 대체 어떻게 서양의 유구한 '귀족 전통'을 가진 왕립음악원The Royal Conservatory 입시를 통과할 수 있을까?

바로 여기에서 소수자 배려 정책, 즉 사람들이 흔히 말하는 할당제의 필요성이 제기된다. 시험과 채용 절차를 계속 변경해봤자 가장 빠르게 적응하는 이들이 바로 고소득층 백인 기득권들이기 때문이다. 비백인 인종이 사회 전분야에 걸친 격차를 극복하려면 오랜 시간이 걸리고 기반infrastructure 투자가 있어야 하지만, 우리가 알다시피 재원도 정책도 약자들을 위해 쉽사리 움직이지 않는다. 따라서 소수자 배려 조치를 통해 보다 의식적으로 사다리 끝에 매달린 이들을 붙잡아줄 필요가 있다. 미국 오케스트라의 인종 차별 문제에 관해서도 최근 유사한 주장이 대두되기 시작했다. 블라인드 채용만으로는 불충분하다는 것이다. 오히려 뛰어난 비백인 연주자를 우선 채용하자는 의미에서 "블라인드를 없애자"는 표현을 쓰기도 한다.[37]

이런 움직임은 매우 중요하다. 예컨대 흑인 단원이 지금처럼 겨우 한 명인 경우, 오케스트라 내부의 지식이나 정보, 문화를 어떻게 다른 흑인들에게 전수할 수 있을까? 이런 내부 정보들은 오래도록 '백인들만의 클럽'에서 돌고 돌 뿐이다. 그러나 비백인 연주자들이 늘어나면 그들도 드디어 오케스트라의 문화에 친밀해지게 된다. 소수 인종의 클래식 전공자들도 '역할 모델'role models을 갖고 꿈을 키울 수 있게 되고, 정보와 지식을 전수받게 되고, 오케스트라 출신 멘토로부터 훈련도 받을 수 있게 된다. 지금은 뉴욕 필하모닉 출신이라고 할 수 있는 흑인 멘토가 사실상 전무한 상태지만, 만약 백인과 엇비슷한 비율로 흑인 단원이 활동하고 있다면 어떨까? 아마 클래식 음악계의 지형도가 바뀔 것이다. 하지만 인종 차별은 여전히 현실이어서 흑인들은 백인들 사이에 '끼어들기' 어렵다. 뉴욕 필하모닉도 이 문제를 인식하고 있기 때문에 "인종주의와 싸우고 변화를 이룩하겠다"는 내용의 입장문을 발표한 바 있다.[38] 과연 실질적인 변화가 생겨날지 지켜볼 일이다.

지금까지 살펴본 클래식 음악계의 경우처럼 어떤 분야에서는 적극적인 소수자 배려 정책이 필수적이다. 여성, 저소득층, 비수도권 지역이 과소 대표된 영역이 있다면 할당제와 같은 수정 조치가 도입되어야 차별과 불평등을 조금이라도 해소할 수 있다. 한국에서도 지역균형선발 전형, 기회균등 전형과 같은 정책이 입시 제도에 도입되어 농어촌 지역과 저소득층 가구의 청소년들이 입시 과정의 어려움을 어느 정도 극복할 수 있었다. 그러나 여기에서 만족해서는 안 된다. 소수자 배려 조치 역시 어디까지나 잠정적이고 일시적인 것으로 결코 충분하지 않다. 우리는 한걸음 더 나아가 차별과 불평등을 발본적으로 깨뜨릴 수 있는 방안을 모색해야 한다. 3장에서 논의한 부의 재분배와 함께 인정의 재분배도 우리가 추구해야 할 목표 중 하나다.

차별과 혐오를 넘어: 인정의 재분배

몇몇 사람들이 주장하는 것처럼 할당제는 지나치게 급진적인 정책도 아니고, 역차별은 더더욱 아니다. 오히려 할당제는 미완의 제도로서, 재분배가 완수되지 않았기 때문에 그 차선책으로 사용되는 제도라고 보는 것이 옳다. 입시와 채용 절차에서 관문을 열어주는 것만으로 구조적 개혁이 일어나는 것도 아니고 차별이 사라지는 것도 아니기 때문이다. 소수자 배려 조치가 도리어 차별을 강화하기도 한다. 이 복잡하고 미묘한 문제에 대해서는 낸시 프레이저Nancy Fraser와 그의 동료들이 수차례에 걸

쳐 논쟁한 바 있다.[39]

첫째, 소수자 배려 정책은 불평등한 구조는 혁신하지 못한 채 일시적으로 약자들에게 기회만 제공할 뿐이다. 물론 장기적으로는 점진적인 변화가 일어날 수 있다. 오랜 시간에 걸쳐 입시와 채용의 관문을 통과하는 소수자들이 증가하면 해당 정체성 집단의 사회 자본social capital이 확대될 수 있고, 이들이 성공함으로써 또다른 변화를 나비 효과처럼 불러일으킬 수도 있기 때문이다. 그러나 이 같은 일부의 성공이 곧 불평등한 구조를 혁신해내거나 부의 재분배를 가능하게 하는 것은 아니다. 오히려 불평등한 구조는 전혀 건드리지 않은 채, 소수자를 그 구조에 동참하게 하는 결과를 낳을 수 있다.

예컨대 명문대에 입학해 부와 성공을 획득한 소수자들이 '학벌 사회' 그 자체를 사라지게 만드는 것은 아니다. 다소 모순적이지만, 여러 수정조치를 통해 "소수자도 명문대에 보내자" "약자도 명문대에 갈 수 있다"고 선언하는 것은 결국 대학의 서열화를 공고하게 만드는 데 기여할 수밖에 없다. 실제로 각종 특별 전형을 만들 수 있을 정도로 학생을 가려서 뽑을 수 있는 곳은 명문대학들뿐이다. 한국은 정원조차 채우지 못하는 대학이 최근 급격하게 늘어나고 있고, 미국 역시 상위권 대학을 제외하면 지원하는 학생들을 대부분 다 받아준다. 결국 소수자 배려 정책은 엘리트 대학을 위한 것이다. 할당제는 개개인들에게 기회의 문을 산발적이고 일시적으로 열어줄 수는 있지만 부의 불평등을 해소하는 것도, 계급을 타파하는 것도, 대학 서열화와 학벌 사회를 혁신하는 것도 아니다.

둘째, 소수자 배려 정책은 사회의 약자들에게 기회를 제공함으로써 자원은 재분배redistribution할 수 있었지만, 반대로 사회적 인정recognition의 획득은 오히려 어렵게 한다. 진짜로 역설적인 문제는 바로 이것이다. 이를테면 지역균형선발 전형으로 '인서울' 대학에 진학한 '지역 인재'가 있다고 가정해보자. 이들은 명문대 재학생으로서 여러가지 혜택을 받을 수 있고, 농어촌 가구의 자녀로서 장학금을 받을 가능성도 높다. 게다가 명문대 졸업장은 한국 사회에서 매우 유용한 자원이다. 그러나 학교에서 이들이 지역균형선발 전형 출신이라는 점이 알려지는 순간 이들은 다른 재학생들로부터 '지균충'으로 불리며 모멸적인 취급을 당한다. 이와 비슷하게 기회균등 전형 출신은 '기균충'이라고 불린다고 한다. 특별전형을 통해 입학했다는 이유로 놀림을 당하는 것이다. 이런 일상적인 차별 속에서 이 학생들이 학교 공동체의 일부로서 소속감을 느끼며 활동할 수 있을까? 친구들과 자유롭게 어울릴 수는 있을까? 단순히 기회를 준다고 해서 개인의 역량을 온전히 발휘할 수 있는 것은 아니다.

미국에서도 이른바 '다양성 채용'diversity hire으로 뽑힌 직원들은 입사와 동시에 모욕과 차별의 대상이 되곤 했다. "이번에 들어온 신입사원, 흑인이라서 뽑혔다며?" "너 흑인이라서 운 좋게 우리 회사 들어온 거 알아?" 이런 말을 공개적으로 들으며 일해야 하는 것이다. 따라서 할당제라는 꼬리표는 소수자들이 자신이 진입한 조직 내에서 인정받는 것을 더욱 어렵게 만들 수 있다. 그들은 소수자 배려 조치를 통해 일정 정도

물질적 자원을 획득하고 사다리를 한 계단 올라서는 데 성공할 수 있지만, 바로 그 점 때문에 차별과 반감의 대상이 되어 사회문화적 지위를 되찾기 위해 다방면의 노력을 해야 한다.

여러 분야에서 다양한 유형의 소수자 배려 정책이 고안되었음에도 불구하고 이것들은 사실상 과도기적 정책이다. 부의 재분배도, 인정의 재분배도 직접적으로 추진하는 정책이 아니며 오히려 소수자들을 백래시에 더 쉽게 노출되게 만들기 때문이다. 최근 낸시 프레이저는 '다양성 전형'이나 '다양성 채용'의 뚜렷한 한계를 다시 한번 한탄한 바 있다. "우리 회사는 다양한 재능을 가진 인재를 선호한다"며 소수자의 지원을 격려하는 이 새로운 유행은 다양성이라는 명목으로 소수자들을 능력주의적 경쟁에 뛰어들게 하는 것에 지나지 않는다는 것이다.[40] 이 같은 진보적 신자유주의progressive neoliberalism의 물결은 기존의 시스템만 더욱 굳건하게 만들 뿐이다.

그래서 우리는 재분배에 보다 전폭적인 힘을 쏟아야 한다. 특히 교육 영역은 더욱 중요하다. 교육은 부의 재분배와 인정의 재분배 모두를 가장 효과적으로 가능하게 하는 영역일 뿐 아니라, 사회 구성원의 생애 주기에 걸쳐 지속적으로 영향을 미친다. 따라서 교육 기회의 재분배는 당연히 할당제 이상으로 추진되어야 한다(물론 염두에 두어야 할 것은 부의 재분배와 인정의 재분배가 완전히 상호배타적인 것은 아니라는 점이다. 분석적 측면에서는 둘을 분리해서 논하는 것이 유용할 때도 있지만, 사실 이 둘은 긴밀하게 얽혀 있고 서로 영향을 미친다). 한국 사회에서 교육 기회는 사회적 지위status와도 직결되기 때문에 교육 기회의 재분배는 사회적 지위의 재분배를 가져올 수 있다. 물론 이때 교육은 단순히 좋은 학교에 진학하기 위한 입시 중심 교육이 아니어야 한다.

사회적 지위는 역사적으로 축적된 존경이나 가치 평가를 기반으로 생성된 사회적 위계서열 안에 마련된 위치라고 정의할 수 있다.[42] 간단히 말하면 특정 시스템 안에서의 상대적 입지relative social standing를 뜻한다. 사회적 지위 개념은 한국 사회에서 특히 유용하다. 방금 나는 사회적 지위를 역사적으로 생성된 특정 가치 평가 시스템 안에서의 상대적 입지라고 정의했는데, 이는 사실 시공간적으로 한정된 맥락을 염두에 둔 것이다. 예컨대 한 조직 안에서의 직급의 차이 같은 것이다. 반면 한국은 전국민의 서열화가 가능하다는 믿음이 깊이 뿌리내린 사회다. 이를 단적으로 보여주는 것이 학벌에 따른 차별이다. 수능 점수 배치표에 따라 전국민이 배열되고, 명문대졸부터 고졸, 중졸에 이르기까지 최종 학력에 따라 미래의 직업, 고용 형태, 연봉이 판가름나기 때문이다.

이가 집단
(bivalent collectivities)[41]

구조적 불평등과 문화적 차별은 언제나 선명하게 분리되는 개념은 아니다. 계급과 정체성이 항상 별도로 작동하는 것도 아니다(이 책에서는 분석적 유용함을 위해 3장은 계급에 좀더 집중했고, 4장은 정체성에 좀더 집중했다). 낸시 프레이저는 부의 재분배와 인정의 재분배 모두를 연결하는 개념으로서 사회적 지위를 제시한 바 있다. 물질의 불평등한 배분과 가치의 불평등한 배분을 모두 적용할 수 있는 개념으로서, 이를 이가 집단이라고 부른다. 예컨대 젠더 역시 이가 집단으로 볼 수 있다.
프레이저의 지위 개념은 추후 많은 논쟁을 불러일으켰고 비판을 받기도 했지만 정치경제적(political-economic) 관점에서의 불평등과 문화가치적(cultural-valuational) 관점에서의 불평등이라는 이중의 종속관계를 모두 아우르는 개념으로서 한국 사회를 분석하는 데 유용하기도 하다.

사회적 지위는 (타인을 향해 느끼는 존경심과 달리) 무한하게 나눠 가질 수 없는 유한 자원이다. 그런 면에서 한국 사회는 인정의 중앙 집중과 위계화가 극심하다. 다른 표현으로 말하자면, 인정의 재분배가 시급하다. 고작 몇개의 잣대로 모두를 줄 세울 수 있다고 믿는 사람들이 많고 사회적 지위에 따른 무시와 차별도 여전하기 때문이다. 지위 불안 status anxiety[43]이라는 개념이 시사하듯이 사람들은 자신의 학력이나 직업을 이유로 남들에게 무시당할까봐 걱정하고 불안해한다.

다행히 많은 사람들이 학력 차별과 학벌 중심적 사고를 타파하기 위해 부단히 노력해왔다. 학벌에 비례하는 사회적 인정과 지위의 불균등한 배분을 해결하기 위해서는 교육 기반의 쇄신이 필수적이다. 가장 기본적으로는 비수도권 지역 학교 및 공교육에 대한 물적 투자를 과감하게 늘려야 한다. 물론 학교 제도 바깥도 중요하다. 어느 동네에서 어린 시절의 경험을 쌓는지에 따라 아이들의 초기 학습 경험이나 문화적 체험의 수준이 크게 달라지기 때문이다. 대도시에 거주하지 않더라도 풍요로운 문화적 기회에 접근할 수 있도록 다양한 시설을 마련하고, 교육적 가치를 보장하는 여러 행사들을 지역 사회에 유치할 수 있도록 재정적·정책적 지원을 하는 것도 필요하다. 교육 자원과 문화 자원이 서울에 편중된 탓에 발생하는 격차가 매우 뚜렷하므로 자원 확충을 통해 비수도권 지역의 학생들도 조금이나마 동등한 출발선에 가까워질 수 있어야 한다. 앞서 말했듯 시험의 유형을 바꾸면 가장 빨리 적응하는 이들은 기득권층이다. 입시 제도의 개혁도 중요하지만 장기적 시각으로 기반 투자를 늘리는 것이 더 중요하다. 그뿐만 아니라 최근 대학 서열화를 탈피하기 위한 대안으로 국립대를 평준화하거나, 서울대를 다른 지역으로 이전하는 방안 등이 제안된 바 있다.[44] 물론 각론을 위해서는 많은 논의가 필요하고 논쟁적인 지점도 있지만, 학벌을 중심으로 형성되는 사회적 지위의 불평등한 구조를 바꾸기 위해 더 많은 정책적 아이디어가 교환되어야 함은 분명하다.

스스로 '부와 인정의 주변부'에 놓여 있다고 느끼는 이들이 존재하는 한 "불공정하다"는 외침도, 타자와의 차별화 전략도, 혐오와 무시의 레토릭도 계속 반복될 것이다. 지금처럼 단편적이고 획일적인 기준으로 사람들의 지위가 매겨지고 인정이 배분되는 사회가 아닌, 다원적 가치와 기회를 추구할 수 있는 사회가 되어야 한다. 새로운 방식으로 삶과 직업을 의미화하고 진학과 취직의 경로를 다변화함으로써, 사회적 지위에 대한 기존의 일방적인 인식체계를 낙후시켜야 한다.

내가 사랑하는 사람들, 그리고 나와 함께 일하는 사람들 모두가 더이상 정체성이나 출신 성분 때문에 차별당하지 않는 세상은 불가능할까? 매우 장기적인 과업이겠지만, 모든 이들의 인간적 존엄과 삶의 질을 확보하기 위해 우리 모두 조금씩 힘을 더할 수 있었으면 한다. 나도 모르게 차별과 혐오에 동참하고 있지는 않은지, 겉모습만으로 누군가를 판단하고 있지는 않은지 항상 성찰하는 훈련도 필요하다. 각자의 고유한 가치로 인정과 존중을 받는 사회, 그래서 '소수자'라는 표현을 사용할 필요조차 없는 사회를 상상해본다.

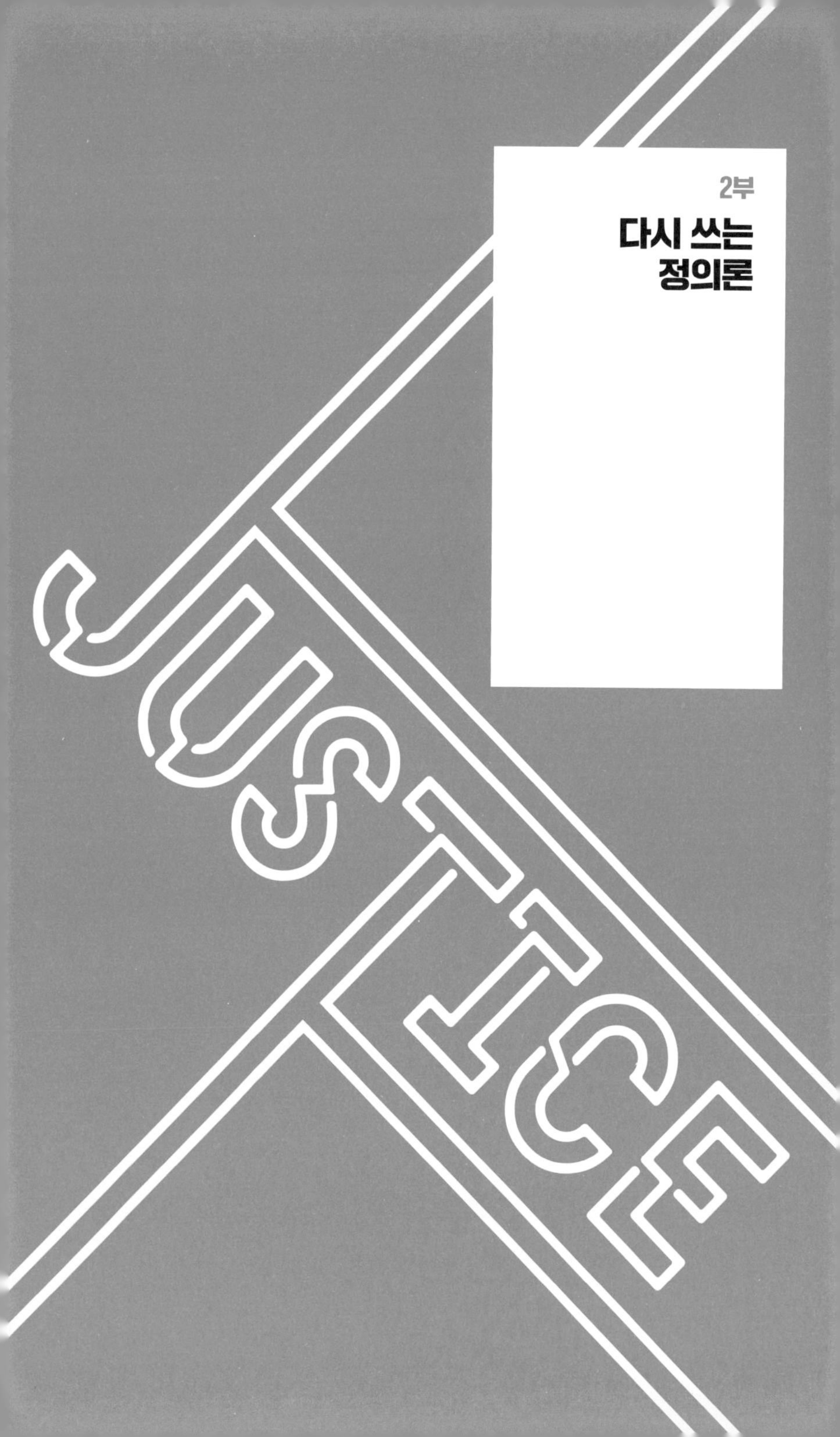

2부

다시 쓰는 정의론

5장

모두를 위한 돌봄: 두려움 없이 연대하는 나 그리고 우리

번아웃이라고 느껴질 때

"아파도 꾹 참고 일해본 적 있나요?"

언젠가 미국의 다른 대학에서 일하는 친구가 자신의 소셜미디어에 올렸던 글이다. 그는 연구 참여자를 모집하는 중이었다. 아픈데도 병가를 내지 못하고 출근했던 사람들, 몸도 마음도 지쳤지만 쉴 수가 없어 계속 일해야 했던 사람들을 인터뷰할 계획이라고 했다. 그는 직장인들의 일 경험과 조직 문화를 연구하는 백인 여성이자, 미국에서 '번아웃 세대'burnout generation[1]라고 불리는 밀레니얼 세대이기도 했다. 그를 비롯해 많은 미국인 친구들은 아파도 어쩔 수 없이 일해야 한다는 강박감,

쉼을 허락하지 않는 사회문화적 압력, 그래서 남들이 일할 때 쉬고 있으면 죄책감이 들게 만드는 분위기가 바로 '미국적인 것'을 상징한다며 분노하곤 했다. 그런데 과연 미국만 그럴까?

"나는 너무 지쳤고 이대로는 더이상 못 가겠어"라고 느끼는데도 계속 발걸음을 옮겨야 하는 삶은 미국에만 있지 않다. 아마도 친구들이 언급했던 '미국적인 것'은 미국에 국한된 이야기가 아니라 인간을 도구화하는 자본주의와 신자유주의가 극단화된 곳이라면 어디에나 있을 것이다. 나 역시 누군가가 손가락으로 '툭' 하고 건드리면 바로 터져버릴 것처럼 지쳐 있었지만 그 아픔을 조금도 내색하지 못하고 묵묵히 스스로를 밀어붙였던 시간들이 있다. 그리고 이 글은 그 누구에게도 더이상 이런 순간이 찾아와서는 안 된다는 다짐으로 쓰는 글이다.

번아웃은 단지 과로와 일중독의 문제가 아니다. 반드시 신체적 질병이 있어야만 하는 것도 아니다. 실은 업무량이 그다지 많지 않아도 우리는 일에 대한 의욕을 상실하고 번아웃인 것처럼 느낄 수 있다. 그럴 때면 이유를 알 수 없어서 더 괴로워진다. '딱히 밤샘하면서 일하는 것도 아닌데 나는 왜 이렇게 아침마다 피곤하고 회사에 가기가 싫을까' '맡은 일에 도저히 집중할 수가 없는데 아무래도 내가 문제인 것은 아닐까' 자꾸만 이런 생각이 든다면 그 이유는 무엇일까? 물론 실제로 업무량이 막중한 탓에 축적된 피로에서 회복할 수 없는 경우도 있을 것이다. 하지만 번아웃의 원인은 그보다 훨씬 복합적인 경우가 많다. 열심히 일했는데 팀원들이 나의 기여도를 인정해주지 않는다거나, 직장 상사의 '갑질'

을 오랜 기간 견뎌왔다거나, 회사가 요구하는 부당한 지시를 도저히 이해할 수 없는 경우에도 우리는 번아웃을 경험하게 된다. 주지하다시피 무조건 일이 적다고 행복한 것도 아니고 무조건 일이 많아서 힘겨운 것도 아니다. 따라서 우리가 겪고 있는 번아웃의 근본적 원인을 찾아내는 것이 중요하다. 회복을 위한 준비는 여기서부터 시작되기 때문이다.

어떤 이들은 "아프고 지쳐 있으면서도 계속 일하는 현상"으로 번아웃을 개념화하기도 하지만 번아웃의 학문적 정의는 이와는 조금 다르다. 번아웃 연구는 1980년대부터 본격적으로 확대되기 시작했는데, 특히 초기 연구가 고객센터 상담사나 간호사를 대상으로 하면서 비약적으로 발전했다는 점은 우리에게 시사하는 바가 크다. 사람들과 일상적으로 접촉하며 감정노동을 수행해야 하는 직업군에서 번아웃이 가장 빈번하게 관찰되었던 것이다. 즉 번아웃의 원인은 단순히 육체적 피로의 문제에만 있지 않다. 오히려 많은 경우 번아웃은 우리가 직장에서 경험하는 대인관계에서 기인하기도 한다. 분명한 것은 번아웃은 복합적 증상이어서 여러가지 양상으로 나타날 수 있고 그 원인도 다양하다는 점이다.

번아웃은 일과 관련된 만성적 스트레스 요인에 장기간 노출되었을 때 나타나는 반응으로 다양한 증상을 포괄하는 용어다. 학파에 따라 개념 정의에 차이가 있지만 공통적으로 포함되는 가장 기본적인 증상은 **탈진**exhaustion이다. 탈진은 신체적, 정서적, 인지적인 영역 모두에서 극도의 피로와 압박을 느끼는 상태를 뜻한다. 몸과 마음의 에너지가 고갈될 정도로 오랫동안 부담 요소에 노출되었을 때 나타나는 증상인데, 우리가 흔히 말하는 "소진된 상태"라고 생각하면 된다.

하지만 그외에도 다른 중요한 번아웃 증상들이 있다. 어떤 학자들은 탈진과 함께 **분리**disengagement를 번아웃의 2대 요소로 정의한다. 분리는 문자 그대로 우리가 우리의 일로부터 멀어지는 것을 뜻한다. 내게 주어진 일의 목표에 나 자신을 동일시하기 어렵고 일의 내용에도 예전만큼 마음이 가지 않는다면, 또는 내가 이 일을 앞으로도 계속하고 싶은지 자꾸만 스스로에게 묻게 된다면 우리는 분리를 경험하고 있다고 볼 수 있다.[2]

또다른 학자들은 번아웃의 3대 요소로 탈진과 함께 **냉소**cynicism와 **효능감 상실**inefficacy을 꼽는다. 냉소는 자신의 일에 대해 무관심해지거나, 부정적 감정을 갖거나, 업무로부터 심리적·정서적으로 멀어지는 것을 뜻한다. 앞서 언급한 분리와 겹쳐지는 개념으로, 내 일이지만 별로 내 색깔을 넣고 싶지 않을 정도로 일에 대한 흥미를 잃어버리는 것이다. 효능감 상실은 직업적 성취를 느끼지 못하는 상태를 가리키는데 업무 수행뿐만 아니라 직장 내 대인관계나 소통 과정에서 성취도가 낮아지는 것도 포함된다.[3] 이 같은 번아웃의 구성 요소들은 긴밀하게 엮여 있으며 서로 영향을 미친다. 비록 번아웃의 세부적인 정의는 조금씩 다르더라도 그간의 연구를 들여다보면 본질적으로는 교집합이 더 많다. 실제로 두 학파는 함께 교류하고 비판하면서 동반 성장해왔다.

아마 이 개념들 중 한두가지는 나에게도 적용된다고 느끼는 사람들이 있을 것이다. 어쩌면 꽤 오랫동안 탈진과 분리의 상황에 놓여 있는 이들도 있을지 모르겠다. 우리에게 번아웃의 증상을 자각하는 것보다 더 중요한 것은, 우리가 탈진 상태이거나 일에 대한 냉소에 빠져 있다거나 직장생활로부터 그 어떤 효능감을 느끼지 못하더라도 그 상황이 오로지 나의 잘못은 아니라는 점을 이해하는 것이다.

예전에 나는 우연히 "완벽주의자들은 번아웃 증후군에 빠질 확률이 높다"는 내용의 기사를 접하고 깜짝 놀란 적이 있었다. 혹시나 하는 마음에 포털 사이트에서 '번아웃'과 '완벽주의'를 키워드로 넣고 검색을 해보니 언론 보도, 심리테스트, 각종 블로그 글들이 쏟아져 나왔다. 완벽주의 성향을 가진 사람들은 실수를 견디지 못하며, 타인을 의식하고, 심지어 경쟁심도 강하기 때문에 번아웃에 매우 취약하다는 것이다. 따라서 완벽주의적 사고를 고치려고 노력해야 하며 즐거움과 여유를 추구하라는 조언이 넘쳐난다. 이런 유사과학 수준의 담론은 어디서든 포착되지만 한국에서는 이것이 번아웃과 관련한 지배 담론이며 특히 정신건강의학과 광고와 맞물려 포털 사이트를 잠식하고 있다. 내가 번아웃을 경험하는 것이 과연 내 성격 탓일까? 일터에서 그 어떤 일을 경험하더라도 그저 내가 즐겁고 여유롭게 살겠다고 마음가짐을 바꾸면 번아웃 따위는 걱정하지 않아도 될까?

2022년 1월, 새해를 시작한 지 며칠 지나지 않아 '과로 자살'이라는 이름이 붙은 가슴 아픈 사건들이 연달아 보도되었다.[4] 주말에도 상사의 지시를 받아야 했고 모멸적인 언사와 부당한 요구를 견디다가 결국 스스로 목숨을 끊은 직원에 대해 그의 회사는 "멘탈이 약해서" 그렇다는 황당한 답변을 내놨다. 하지만 이들이 세상을 떠난 후, 동료들이 양심을 걸고 '우리 회사가 사람을 몰아갔다'며 유족에게 진실을 알리고 언론사에 제보를 하기 시작했다. 번아웃은 내가 마음을 편하게 먹는다거나, 반대로 더욱 이를 악물고 강한 멘탈의 소유자로 거듭난다고 해서 이겨낼 수 있는 것이 아니다. 앞서 살펴봤듯이 번아웃은 단순한 강박이나 스트레스를 뜻하는 것도 아닐뿐더러, 그 책임도 전적으로 개인에게 있다고 보기 어렵기 때문이다.

다시 한번 강조하건대, 번아웃은 나의 내면에서 오는 것이 아니다. 번아웃은 나와 내 일의 관계, 나와 내 일터의 관계로부터 시작된다. 즉 내가 구조와 맺고 있는 관계의 문제다. 따라서 번아웃의 뿌리에 대한 그 어떤 진단도 없이 당신의 성격을 바꾸라고 말하는 것은 온당하지 않다. 번아웃의 구조적 요인을 밝히는 것, 번아웃은 '개인이 해결해야 한다'고 믿는 사회적 인식과 담론을 바꿔내는 것이 시급하다. 번아웃을 '개인과 구조의 관계'에서 기인하는 것으로 본다면, 번아웃의 원인도 마찬가지로 '내 일에 대한 나의 경험과 이해'가 '조직이 요구하는 일의 정의 및 기대 수준'과 일치하지 않기 때문에 발생하는 문제로 볼 수 있다. 예컨대 회사에서 나에게 요구하는 일이 내가 기대했던 업무나 역할과 일치하지 않는 상황이 오랫동안 지속되면 번아웃으로 이어질 수 있다. 대화나 협의를 통해 업무 분장을 바꾸는 것이 불가능한 현장이라면 더욱 그렇다.

업무량이나 노동 강도 역시 마찬가지다. 단순히 일 때문에 바쁜 것이 아니라, 내가 감당할 수 있는 수준을 훌쩍 넘어서는 노동 강도를 반복적으로 요구받게 되면 머지않아 번아웃이 찾아올 수밖에 없다. 여기에는 당연히 육체노동, 지식노동, 감정노동이 모두 포함된다. 2021년에 세상을 떠난 서울대 청소 노동자는 엘리베이터도 없는 건물에서 홀로 100리터짜리 쓰레기봉투를 들고 계단을 오르내렸다. 196명이 거주하던 기숙사 건물 전체를 혼자서 도맡아야 했던 그는 만 58세의 여성이었다. 당시 코로나19로 인해 학생들의 외부 활동이 줄면서 기숙사 쓰레기가 두배 이상 증가하고, 감독관이 새로 부임하면서 갑질과 검열이 심해졌다는 사실은 언론 보도를 통해 잘 알려져 있다.[5] 부당한 노동 강도, 상명하복을 강요하는 직장 문화, 인격적 존중을 보장하지 않는 서열화된 관계 등 여러 요인들이 복합적으로 번아웃을 악화시켰다고 볼 수 있다.

지식노동에서도 마찬가지로 나와 조직과의 약속이 더이상 지켜지지 않는 경우 번아웃을 경험할 확률이 높아진다. 실제로 수행하는 업무의 내용이 애초에 계약서에 제시되었던 내용과 다르다면 냉소와 분리를 겪을 가능성은 더욱 크다. 이에 더해 늘어난 업무량에도 불구하고 임금이나 성과급이 오르지 않는다면 내가 기대하는 보상과 회사가 지급하는 보상이 불일치한다는 뜻이기도 한다. 회사로부터 적절한 대우를 받지 못하거나 동료들로부터 인정을 받지 못하면 우리는 이를 불공정하다고 인식하게 되는데, 이처럼 공정과 신뢰가 무너지는 상황도 번아웃의 주요 요인이 된다. 그뿐만 아니라 내가 일을 통해 구현하고 싶다고 믿었던 가치를 회사가 부정하는 경우, 그래서 일에 대한 동기부여가 점점 힘들어지는 상황에서도 분리, 냉소, 효능감 상실을 경험할 수 있다.

이와 같은 사례들이 단지 기업에만 국한되는 현상은 아니다. 우리가 몸담고 있는 조직이라면 당연히 어느 곳에서든 발생할 수 있는 문제들이다. 예컨대 사회단체에서 일한다고 해서 항상 의미 있는 일을 하면서 활기찬 하루를 보내는 것은 아니다. 시민단체나 공익재단에서 일하는 상근활동가들은 물론, 심지어 자원활동가들도 다른 직장인들과 마찬가지로 일에 회의를 느끼거나, 역할 및 가치의 충돌을 경험하거나, 무리한 일정과 노동 강도로 포기하고 싶은 마음이 생겨날 수 있다. 때로는 소명의식 때문에 주말도 반납하고 더욱 무리해서 일하는 경우도 적지 않다. 그러나 조직과 개인의 삶이 모두 지속가능하려면 이런 상황을 서로 눈여겨보고 함께 돌보는 문화를 만드는 것이 필수적이다. 이를 위해서는 당연히 구조와 개인 모두 바뀌어야 한다. 구조와 개인의 관계 변화를 위해 필요한 노력은 무엇인지, 어떻게 정의로운 조직을 만들 수 있을지에 대해서는 7장에서 자세히 살펴볼 것이다.

하지만 지금 당장 구조를 바꿀 수 없거나 개인의 힘으로 즉각적인 변화를 이끌어내기에는 역부족인 상황도 많을 것이다. 그렇다면 우리가 각자의 자리에서 할 수 있는 일이 있을까? 우리는 어떻게 우리가 일하고 살아가는 방식을 변혁시킬 수 있을까? 제도를 당장 바꿀 수 없을 때, 혹은 조직이 우리를 보호해주지 않을 때, 우리는 나 자신을 돌볼 수 있어야 하고 또한 서로를 돌볼 수 있어야 한다. 나와 동료들을 돌보는 삶은 어떤 모습일까? 우리는 '활용도 높은 부품'으로서의 삶이 아니라 스스로를 온전히 존중하고 돌보면서 일하는 삶을 살 수 있을까?

돌봄의 윤리와 관계적 존재론

돌봄의 윤리란 무엇일까? 그리고 왜 지금 돌봄인가? 어쩌면 이 글을 읽는 독자들의 머릿속에는 지금쯤 물음표가 하나 떠 있을지도 모르겠다. 이 책의 1부는 '공정' 비판에 핵심을 두고 있고 2부는 대안 가치로서의 '정의'를 탐색하는 것에 초점을 맞추고 있는데, 왜 뜬금없이 '돌봄'을 끼워 넣었는지 의문을 갖는 독자들도 있지 않을까? 실제로 많은 이들이 정의와 돌봄은 서로 동떨어진 각각의 개념이라고 생각할 것이다. 그런데 사람들에게 잘 알려져 있지 않은, 그러나 아주 중요한 맥락과 역사가 있다. 바로 돌봄 이론이 정의론의 안티테제로 출발했다는 점이다. 지금까지도 돌봄 이론은 전통적 도덕철학과 정의론을 향해 가장 치열한 비판을 가하는 학문으로 자리하고 있으며, 수십년에 걸친 학자들의 연구와 논쟁 덕분에 이제는 정의와 돌봄의 통합적 접근까지도 이야기할 수 있게 되었다. 그런데 한국 사회에는 이 두 분야가 어떻게 서로를 자극하며 교류해왔는지 잘 알려져 있지 않다.

나는 우리가 사회를 운영하는 기초 원리로서 정의를 이야기할 때 반드시 돌봄의 가치도 함께 논의되어야 한다고 생각한다. 정의와 돌봄은 우리의 삶과 사회를 지탱하는 두개의 필수 기둥이다. 우리의 삶은 '옳고 그름'만으로 결정되는 것도 아니고, 정의의 원리 하나만으로 우리의 공동체를 운영할 수 있는 것도 아니다. 또한 오직 '보상과 처벌'만으로 인간의 행동과 마음가짐을 변화시킬 수 없다는 것을 우리는 잘 알고 있지 않은가? 우리의 인식과 관계와 실천 양식을 바꾸기 위해서는 정의 못지않게 돌봄도 필요하다. 그 누구도 타인의 보살핌을 받지 않고 삶을 영위하거나 관계를 이어갈 수 없으며, 우리는 서로를 배려하지 않고서는 생명을 유지할 수 없다. 특히 코로나19 팬데믹 이후로 우리는 모두의 생명과 공동체를 지키는 데 돌봄이 얼마나 큰 역할을 하는지 새삼 깨닫고 있다. 더 나아가 그저 공정과 정의만을 앞세우는 사회가 안고 있는 본질적인 한계를 우리 모두가 자각하게 된 것은 아닐까? 다시 말해, 돌봄 역시 정의와 마찬가지로 사회의 생존과 지속을 위해 필수적으로 고려되어야 할 핵심 운영 원리다.

돌봄에 관해서라면 실은 우리의 인식 속에 여러 오해가 있다. 어떤 이들은 돌봄이란 "있으면 좋겠지만 딱히 필수적인 것은 아닌" 부차적인 가치라고 생각한다. 사회를 떠받치는 핵심은 아니라고 믿는 것이다. 한편 어떤 사람들은 돌봄을 '여성적인 것'으로 간주하고, 심지어 여성들은 선천적으로 돌봄 능력을 타고난다고 생각한다. 그러므로 돌봄은 남성의 영역이 아니다. 이런 사고방식은 당연히 관습적인 성역할을 매우 강화하게 된다. 예컨대 육아는 여성이 전담해야 하며, "아이들은 역시 엄마를 더 좋아하고", 따라서 여성들이 육아도 가사도 자연히 더 잘한다고 믿는다.

하지만 태어나면서부터 돌봄에 뛰어난 사람은 없다. 다른 모든 일과 마찬가지로 돌봄 역시 학습과 훈련, 관심과 시간 투자의 문제다. 굳이 정의를 예로 들어 비교하자면 출생과 동시에 정의로운 사람은 없지 않은가? 매순간 정의롭게 사고하고 행동하기 위해서는 배움과 노력이 필요하다. 누구나 정의와 돌봄의 기본 바탕을 갖고 태어나지만, 그 가치를 추구하고 실현하기 위해서는 끊임없이 성찰하고 실천하는 습관이 요구된다. 돌봄은 여성들만 신경써야 하는 일도 아니고, 사적 영역에만 필요한 것도 아니며, 정의의 가치보다 열등한 개념도 아니다. 우리의 삶에 돌봄이 없다면 사회도 존속할 수 없다는 사실을 누가 부인할 수 있을까?

그런데 철학사를 들여다보면 그야말로 유구한 시간 동안 돌봄이 부차적이고 열등한 가치로 간주되어왔다는 점이 분명해진다. 남성 중심적 철학사에서 여성은 이미 열등한 존재로 평가받았던 것과 같은 맥락이다(사실 여성은 아예 이론화 과정에서 배제된다. 인간을 지칭하는 대명사가 남성 대명사인 'he/his/him'이라는 점을 아무도 불편해하지 않던 시절이다). 전통적인 정의론을 비롯해 도덕철학과 윤리학은 거슬러올라가면 이마누엘 칸트Immanuel Kant에 뿌리를 두고 있는데, 칸트는 여성은 이성적 존재가 아니어서 감정에 휘둘리기 때문에 "완전히 도덕적일 수는 없다"고 쓴 바 있다. 다시 말해서 여성은 언제나 부분적으로 도덕적일 뿐이고, 그러므로 도덕과 윤리의 '이상'에는 도달할 수 없다. 윤리나 도덕이 사실상 '이성적 주체', 즉 남성과 동일시되었던 것이다. 이처럼 이성적, 자율적, 독립적, 자기충족적인 개인을 상정하는 칸트적Kantian 사고는 지금까지도 정의론에 큰 영향을 미치고 있다. 편견 없이 공평무사한 객관적 사고, 감정에 얽매이지 않는 순수이성, 의존 없는 독립적 주체만이 진정한 윤리적 존재로 평가받는다. 자기감정에 솔직하거나, 내 주변의 관계를 고려하거나, 일반 원칙이 아니라 구체적 맥락에 집중하면 그 자체로 '아웃'이다. 보편을 향하는 대전제를 거스르기 때문이다.

돌봄 이론은 이 거대하고 오래된 철학사를 다시 쓰기 위해서 시작되었고, 정의론의 한계를 극복하면서 발전해왔다. 그래서 돌봄의 윤리는 단순하지 않다. 이는 그저 "따뜻한 마음으로 다른 이를 돌보자"는 착실한 구호가 아니라 인간, 관계, 사회에 대한 대안 개념을 제시하고자 하는 원대한 기획이다. 그리고 그 핵심은 **관계적 존재론**relational ontology이다. 돌봄 이론은 인간의 속성을, 그러니까 우리 스스로를 재정의하는 것으로부터 출발해 그동안 간과되었던 공동체의 운영 원리로서 돌봄을 제시하고 발전시켜왔다. 초창기 돌봄 이론은 정의론을 염두에 둔 대항 담론으로 시작되었기에 그만큼의 시대적 한계도 있었지만, 그 이후 빠른 속도로 이론적 진전을 이뤄냈고 지금은 위기와 재난의 시대에 우리의 생태계를 다시 살려낼 수 있는 철학적 바탕을 탄탄히 다져가고 있다.

돌봄 이론가들은 인간은 모두 근본적으로 상호의존적인 존재라고 본다.[6] 반면 전통적인 도덕철학과 정의론은 개인이 마치 태어나면서부터 자립할 수 있는 것처럼 설명해왔다. 독립적이고 자율적인 근대적 주체가 먼저 있었고 그 이후에 개인들이 관계를 맺는다는 것이다. 실제로 토머스 홉스Thomas Hobbes 같은 근대 철학자들은 누가 신경쓰거나 길러주지 않아도 저절로 솟아나는 버섯의 비유를 쓰기까지 했다. 마치 태어남과 동시에 누구의 도움도 필요로 하지 않는 성인인 것처럼. 이런 자기충족적 개인 모델은 일견 설득력이 있을지 모르지만 사회를 지탱하는 원리로서는 이제 수명이 다한 것이 아닐까? 처음부터 독립적으로 사고하고 행동할 수 있는 사람은 없다. 우리는 어린 시절을 포함해 누군가에게 의존할 수밖에 없는 다양한 시기를 거쳐왔다. 개인이 존재하기 이전에 수많은 관계, 공동체, 생태계가 엮여 있었고, 바로 그 안전망이 있기에 우리가 온전한 주체로 자리매김할 수 있는 것이다. 관계적 존재론은 이처럼 나를 둘러싼 다양한 관계들의 영향을 인지하는 태도, 그리고 윤리적 결정을 내릴 때 나에게 집중하는 것이 아니라 타인의 필요를 고려하는 관점을 뜻한다.[7] 다른 이들의 상황과 요청에 응답하는 것은 돌봄의 윤리의 핵심이기도 하다.[8] 그래서 보편적 법칙보다는 우리가 처한 특수한 맥락이 중요해진다.

초창기 돌봄 이론이 특수성과 개별성을 강조했던 것에는 나름의 이유가 있다. 바로 오랫동안 지배적이었고 사실상 유일했던 윤리학 담론이 추상적, 이상적, 보편적 법칙만을 인정했기 때문이었다. 그러나 어느 상황에든 적용될 수 있는 '최선'의 윤리가 있다는 가정에 의문을 제기하는 철학자들이 나타났고, 돌봄의 윤리학은 이 뿌리 깊은 전통을 다시 쓰는 것으로부터 출발했다. 결국 이 움직임은 다른 세계관을 창조하려는 노력이기도 했다. 정의론의 맞수처럼 등장했던 돌봄 이론은 이제 그 기원을 사람들이 잘 기억하지 못할 정도로 고유한 영역을 구축했고, 나아가 특수와 개별을 넘어 전혀 새로운 종류의 보편 개념을 이론화하고 있다.

최근 돌봄 이론가와 활동가들이 역설하는 **보편적 돌봄**universal care은 모두에게 적용될 수 있는 일반화된 보편적 원칙이나 실천이 존재한다는 주장이 아니다. 여기서의 보편은 관계적 존재론의 무한한 확장을 뜻한다. 초기 돌봄 이론이 나와 직접적으로 연결되어 있거나 실질적으로 나와 친밀한 관계를 맺고 있는 사람들, 즉 특수하고 개별적인 맥락에 집중했던 것과 달리, 보편적 돌봄은 내가 모르는 타인들까지도 돌봄의 기본 전제로 받아들일 것을 제안한다. 물론 모든 사람을 직접 찾아가서 보살피라는 뜻은 아니다. 다만 윤리적 실천의 대상을 더 이상 "나의 주변 인물"로 한정하지 않는 것, 즉 생명을 가진 모든 존재를 향한 마음으로 돌봄을 실천하는 것을 뜻한다. 비유를 하자면 나를 둘러싸고 있는 원을 그린 후에 그 원을 점점 더 크게 그려보는 것과 같다. 처음에는 내게 소중한 이들이 그 원에 들어올 것이고, 그 이후에는 조금 먼 지인들, 다음에는 내가 모르는 타인들, 그리고 결국은 모든 생명체가 그 원에 들어오게 된다. 우리가 그릴 수 있는 원이 이렇게 무

돌봄의 윤리

페미니스트 철학자 버지니아 헬드(Virginia Held)는 돌봄 이론을 정립하면서 돌봄의 윤리를 크게 다섯가지로 정리했다.[9] 그의 정리는 초창기 돌봄의 윤리가 어디서 유래했는지 이해할 수 있도록 도와준다.

(1) 돌봄의 윤리는 추상적 원리로서의 도덕론과 달리, 우리 곁에 있는 '구체적 타인들'에 대한 도덕적 책임을 상기할 수 있도록 도와준다. 우리는 우리 곁에 돌봄을 받아야 하는 누군가가 실재한다는 것을 기억하고 그들에게 관심을 쏟아야 할 책임이 있다.

(2) 전통적 도덕 이론이 감정을 배제하고 이성의 법칙을 따라야 한다고 주장한 것과 달리, 돌봄의 윤리는 감정의 역할을 받아들인다. 감정은 우리의 윤리적 판단을 돕거나 윤리적 실천을 실제로 행하게 하는 촉진제가 될 수 있다.

(3) 돌봄의 윤리는 도덕의 일반 원칙을 세우는 것이 중요하다는 전통적 관점에 반대한다. 그보다는 개별적이고 특수한 맥락을 이해할 수 있어야 하며, 오히려 추상적이고 보편적인 도덕 원리를 고집하다가 각각의 고유한 상황에 적합한 돌봄의 양태를 끌어내는 데 실패할 수 있다고 본다.

한대로 확장되면 마지막에는 그 누구도 배제되지 않을 것이다.

코로나19 팬데믹 덕분에 우리는 보편적 돌봄의 윤리를 조금은 더 쉽게 이해할 수 있게 된 것 같다. 우리는 왜 불편함을 무릅쓰고 항상 마스크를 썼을까? 이것은 당연히 나 자신을 보호하기 위한 것이기도 하지만 동시에 내가 마주치는 모든 사람을 위한 것이기도 하다. 그저 잠깐 지하철에서 마주칠 뿐인 이름 모를 행인부터 온종일 같은 사무실에서 함께 일하는 동료들에 이르기까지 우리는 모두를 위해 기꺼이 마스크를 쓴다. 백신도 마찬가지다. 건강상의 이유로 백신을 맞을 수 없는 경우를 제외하면 우리는 내 가족을 지키기 위해, 그리고 어쩌다 동선이 겹칠지도 모르는 이들에게 바이러스를 옮기지 않기 위해 차례로 백신을 접종한다.

(4) 전통적인 윤리학이 공적 영역에서의 윤리에만 관심을 가졌고 가정의 일은 "사생활"이라며 분석조차 하지 않았던 것과 달리, 페미니스트들은 사적 영역에서도 도덕과 윤리의 역할이 중요하다고 본다. 특히 돌봄의 윤리는 사적 영역에도 권력의 불균형이나 불평등한 관계가 존재한다는 점을 강조한다.

(5) 전통적 도덕철학은 자율적이고 자기충족적인 개인을 전제로 윤리적 법칙을 논하지만 돌봄 이론은 관계와 상호의존성을 기본 전제로 한다. 개인주의적 접근은 독립적 개인을 상정하며, 개인 사이의 협력은 공통의 이해관계가 존재한다는 합리적 판단이 있을 때만 이뤄진다고 주장한다. 반대로 돌봄의 윤리는 관계와 공동체가 선행하기 때문에 개인이 독립적일 수 있다고 본다.

이 초월적인 연결의 감각은 국경도 벗어난다. 우리는 백신 불평등으로 인해 제때에 백신 접종을 할 수 없었던 아프리카 지역에서 바이러스 변이가 발생하고 결국 그 변이가 전세계로 퍼지는 것을 목도했다. 사람들은 델타나 오미크론 바이러스가 등장했을 때 "예견된 일"이었다며 비판했지만, 진심으로 그 위기를 예견했다면 백신을 보다 공평하게 분배했어야 했다. 이제는 모두가 모두를 돌보는 윤리를 실천하지 않으면 생존하기 어려운 시대가 되었다. 같은 논리를 그대로 기후위기에도 적용할 수 있다. 국경을 넘어, 종種을 넘어, 보편적 돌봄으로 모두를 대하지 않으면 우리는 곧 존재론적 한계에 부딪히게 될 것이다.

우리의 생존은 우리 모두에게 달려 있다. 우리는 모두를 위한 돌봄, 어디에나 있는 돌봄을 상상할 수 있을까? 재난, 감염병, 기후위기의 시대에는 개인의 자유보다 공동체적 돌봄이 더 중요해진다. 따라서 우리의 인식과 실천을 위한 포괄적 가이드라인으로서 돌봄의 윤리와 관계적 존재론은 보다 중요하게 다뤄질 필요가 있다. 그런 의미에서 학자들은 개인적 실천을 넘어 초국적 연대와 제도가 필요하다고 주장하기도 한다.[10] 시대정신이자 동시에 정책의 철학적 바탕으로서 돌봄이 반드시 포함되어야 하는 것이다. 우리는 사익私益, 즉 "나를 위해" 정책을 세우는 것을 넘어 지구적 관점으로 평등과 보편을 추구하는 돌봄의 실천 양식을 차근차근 쌓아올려야 한다.

그러나 우리가 경험하는 한국 사회는 어떤가? 구성원들이 처한 상황은 점점 더 취약해지고 불안정해지는데 지금의 사회가 우리의 미래를 보장해줄 수 있을까? 우리는 여전히 구조적 고통을 개인의 탓으로 돌리고 있지는 않은가? 한국 사회의 공정성 담론이 더욱 뼈아픈 이유는 1장에서 논의한 개별주의적 반격, 차별화 전략, 경쟁의 내면화 등이 시사하는 존재론적 한계 때문이다. 개인의 노력과 경쟁만으로 모든 것이 해결될 수 있다고 믿는 원자화 모델은 돌봄의 원리와 대척점에 있는 개별주의적 존재론에 기반을 두고 있다. 자신의 이해관계를 앞세우고, 타인의 생존 기반이 흔들리더라도 나의 보상이 우선이며, 협력보다는 경쟁의 원리로 사회를 운영해야 한다는 인식은 슬프게도 한국 사회의 공기를 가득 채우고 있다. 하지만 이런 존재론적 기반으로는 어떤 사회도 지속 가능하지 않다는 점을 이미 살펴본 바 있다. 분열과 경쟁, 차별과 혐오가 더욱 악화되고 있는 한국 사회에서 관계와 돌봄을 삶의 원리로 정착시키는 것은 우리에게 매우 시급한 과제다.

자립이 아니라 연립, 독존이 아니라 공존을 논하는 사유의 방식은 근대적 혹은 자본주의적 자아 모델이 주류가 되기 이전까지 공동체의 기틀을 제공해왔다.[11] 관계적 존재론을 기반으로 삶의 방식을 사유한다면 삶의 원리 역시 달라질 것이다. 경쟁보다는 연대, 성공보다는 상생이 우선시된다. 사회의 부정의를 지적할 때 그 기준이 내가 아니라 공동체가 된다. 내 입장에서의 불공정에만 집중하는 것이 아니라 사회적·공동체적 맥락에서의 부정의도 함께 고려할 수 있다. 나의 생명뿐 아니라 타인의 생명도 소중하다는 것을 깊이 이해하게 된다. 우리 모두가 상호의존하고 있다는 인식, 그리고 공동체가 있기에 내가 있을 수 있다는 관계적 존재론을 바탕으로 우리는 "개인적인 것이 정치적인 것"이라는 명제를 돌봄의 윤리에도 적용할 수 있다. 우리의 공동체를 살리고 연대와 상생의 가치를 실현하기 위한 철학으로서, 그리고 개인적인 것이 정치적인 것이라는 믿음에 기반해 나는 '급진적 자기돌봄'이라는 새로운 돌봄의 윤리를 제안하고자 한다.

급진적 자기돌봄

나는 미국에서 위원회를 소집해놓고는, 위원장으로서 회의를 진행하다가 그만 눈물을 흘렸던 적이 있다. 줌zoom으로 진행하는 회의여서 그나마 다행이었을까. 전미커뮤니케이션 학회National Communication Association의 조직 커뮤니케이션 분과 임원진으로 약 2년째 일하고 있던 시점이었다. 나는 일명 '아이디어 위원회'의 위원장이었다. 여기서 아이디어IDEA는 포용inclusion, 다양성diversity, 공정equity, 접근성access의 앞 글자를 딴 것이다. 한국에서는 비슷한 역할을 하는 조직을 흔히 '다양성 위원회' 혹은 '다양성과 포용 위원회'라고 부르는 듯하다.

이름을 통해 짐작할 수 있듯이 아이디어 위원회는 조직을 좀더 포용적이고 정의롭게 운영할 수 있도록 개선 방안을 모색하는 일을 맡았다. 다만 우리에게 좀더 특수한 사정이 있었다면 조직 커뮤니케이션 분과에서 학회 역사상 유례없는 인종 차별 사건이 일어나는 바람에 회원들 사이의 갈등과 반목이 극심했고 위원회의 일을 추진하기가 지극히 까다로웠다는 점이다. 까다로웠다는 표현도 실은 완곡어법이다. 양극단에서 서로를 적대시하는 회원들을 모두 만족시키는 것은 사실상 불가능했기에 어떤 경로를 택하든 비난받을 각오를 하고 일을 진행해야 했다. 나는 반反인종주의의 '얼굴'이 된 탓에 백래시의 직격탄을 맞았고 일부 백인들은 위원회의 존재 자체를 비난하기도 했다. 익명으로 공격적인 메시지를 보내오는 일도 있었다. 위원장으로서 커다란 부담이 따라왔지만 오직 내가 속한 공동체를 더 좋은 곳으로 만들어야 한다는 일념으로 동료들과 함께 조직 혁신을 추진했다. 하지만 나는, 그 당시 조직 안팎의 일로 사실 많이 지쳐 있었던 것 같다.

구성원들 사이의 의견 충돌을 겪으면서, 그리고 소수자들과 이민자들이 겪는 일상적 차별과 아픔을 공감하지 못하는 백인들을 설득하면서, 회의 도중에 가슴이 아파 눈물을 흘리며 내가 했던 말은 이것이다. 차별받고 억압받는 이들이 사회운동을 시작한다는 것은 이미 번아웃 상태인 사람들이 모여서 힘을 내려고 애쓰고 있다는 뜻과 같다고. 사회 구조로부터 반복적으로 거부당하면서, 크고 작은 차별과 폭력을 견디면서, 그리고 고통을 겪는 동지들을 지켜보면서도, 다시 그 사회에 기여하기 위해 발 벗고 나서는 이들. 이 사회가 나에게 가하는 폭력에도 불구하고 그 폭력의 고리를 끊어내기 위해 오히려 이 사회에 헌신해야 한다는 점이 바로 소수자들이 겪는 가장 큰 아이러니가 아닐까? 우리 자신과 이 세상을 혁신하고 치유하기 위해 노력하고 있지만, 그 과정 속에서 가장 큰 상처를 받고 스스로를 더욱 지치게 만드는 이들도 실은 가장 억압받는 소수자들이다. 다양하고도 복합적인 구조적 폭력은 번아웃의 문제와 직결된다. 당연히 이렇게 지친 상태로는 그 누구도 치유할 수 없으며 우리 자신도, 공동체도 존속할 수 없다.

나 자신과 우리를 보호하고 지키기 위해, 즉 우리가 맺고 있는 관계와 공동체를 향한 돌봄을 실천하기 위해, 우리는 **급진적 자기돌봄**radical selfcare의 윤리를 보편화할 필요가 있다. 급진적 자기돌봄을 '급진적'이라고 부르는 이유는 이 윤리적 실천이 자신만을 향한 돌봄이 아니라 사회 개혁을 위한 돌봄이기 때문이다. 흔히 얘기되는 급진적 자기돌봄은 절대적으로 자신을 우선시하라는 의미로 주로 사용되어왔다. 그러나 명확한 정의가 부재한 탓인지 영어권에서는 "스스로를 위해 아낌없이 투자하고 맘껏 소비하는 삶"을 부추기는 마케팅 용어로 전유되기도 했다. 마치 욜로YOLO, You Only Live Once 트렌드와도 비슷하게, 각자 다르게 해석하는 유행어가 되어버린 것이다.

나는 그런 접근과는 다소 다른 의미로 연대를 전제로 한 돌봄, 다시 말해 자기돌봄과 공동체를 향한 돌봄이 불가분의 관계에 있다는 것을 전제로 한 돌봄의 윤리로서 급진적 자기돌봄을 정의하고자 한다(따라서 '근본적 자기돌봄'이나 '발본적 자기돌봄'이라고 번역하지 않는다). 사실 급진적 자기돌봄은 최근에 등장한 신조어가 아니라 흑인 페미니스트 활동가들이 수십년에 걸쳐 다른 흑인 여성들에게 강조해왔던 윤리적 실천이다. 인종 차별이 '정상적인 것'으로 간주되었던 백인 중심 사회에서 흑인 여성들은 스스로를 온전히 있는 그대로 사랑할 수 없었다. 피부도, 머리카락도, 체형도, 목소리도, 이 모든 것들이 시끄럽고 못생기고 열등하게 느껴지도록 만들었던 사회였기 때문이다. 그래서 많은 소수자들에게는 스스로를 아끼고 사랑할 수 있다는 것 그 자체가 이미 사회에 반하는, 충분히 급진적인 행위였다. "너는 존재하지 않아" "너는 아무런 쓸모가 없어" "너의 아픔과 고통은 일단 나중에 생각하자"고 반복해서 말하는 세상에서 평생을 부정당해온 소수자들은 스스로를 소중히 여기기는커녕, 끝내 스스로의 행복마저도 부정하게 되기 일쑤였다. 이들은 이 헤아릴 수 없이 많은 폭력의 순간들에 매몰되지 않기 위해 당연히 스스로의 행복과 평안을 돌보는 법을 익혀야 했다.

가족들마저 "너를 이해할 수도 인정할 수도 없다"며 내치는 바람에 어디에도 속하지 않게 된 퀴어 청소년의 하루는 어떤 느낌일까? 개인적 삶도, 직업적 역할도 부정당해 결국 세상을 등지고 말았던 고 변희수 하사의 하루는 어떤 색깔이었을까? 부당하게 죽음의 문턱을 오가는 이들을 붙들기 위한 방법으로서 조금이라도 힘이 남아 있던 소수자들은 지쳐 있는 다른 동지들을 위해 그렇게 자기돌봄을 외쳤다. 우리가 생각하는 것보다 훨씬 더 많은 이들에게 돌봄은 '선행善行'이 아니라 생존의 문제다.

급진적 자기돌봄은 바로 여기서부터 출발한다. 나의 회복이 곧 모두의 회복인 돌봄. 연대를 위한, 손을 맞잡기 위한, 동지가 되기 위한 돌봄. 내가 속한 공동체를 변화시키는 자기돌봄. 그러므로 자기돌봄self-care은 곧 타자돌봄other-care이 된다. 사회적 부정의와 제도적 공백 속에서도 삶을 이어나가기를 선택한 우리는 서로를 지키고 보호하는 투쟁과 연대의 한 양식으로서 급진적 자기돌봄을 실천할 수 있을 것이다. 급진적 자기돌봄을 이해하고 실천하는 방법에는 여러가지가 있을 수 있겠지만, 여기서는 크게 세가지의 출발점을 제시하고자 한다.[12]

첫째, 급진적 자기돌봄은 구조적 폭력과 부정의로 인한 상처를 직시하고 이를 적극적으로 치유할 수 있도록 일상을 재조직하는 것이다. 그 상처는 일상 속에서 차별을 겪으면서 느낀 분노일 수도 있고, 일터에서 겪는 번아웃일 수도 있고, 사회의 부정의를 목격할 때마다 느끼는 스트레스가 될 수도 있다. 오드리 로드Audre Lorde를 비롯한 페미니스트들이 일찍이 말했듯 우리 스스로를 돌보는 행위 자체가 변혁의 첫걸음이자 정치적 투쟁의 행위가 될 수 있다.

급진적 자기돌봄은 단순히 스스로를 위로하는 "자족의 삶"을 뜻하는 것이 아니다. 사회적 부조리의 문제를 개인적 수련과 도덕성의 문제로 치환하자는 것도 아니다. 오히려 그 반대다. 급진적 자기돌봄은 이 사회가 요구하는 대로 "어떤 상황에서도 스스로를 통제할 줄 아는 마음"과 "어떤 일이 있어도 근면하게 일할 수 있는 몸"을 만드는 것이 아니다. 아플 때는 쉬어야 하고, 쉼을 요구할 때 죄책감을 갖지 말아야 하고, 더 나아가 '생산하지 않는 나'를 존중할 수 있어야 한다는 점을 깨닫는 것이다. 우리가 언제나 자본주의의 요구에 부응해야 하는 것은 아니다. 우리는 개개인의 회복을 소중히 여기는 사회를 만들어야 하고, 또한 그런 사회를 요구해야 한다. 스스로의 회복을 위한 시공간을 확보하고 온전히 나의 삶과 생명을 회복시키는 실천적 의례가 무엇인지 탐색할 수 있는 기회를 만들자. 나를 살리는 행위를 습관화하자. 나의 동료들에게 급진적 자기돌봄의 방안을 적극적으로 묻고, 가능한 실천을 함께 모색하고 공유하자.

둘째, 연대와 상호부조mutual aid를 통해 급진적 자기돌봄을 확대할 수 있는 심리적·물질적 토대를 만들어야 한다. 급진적 자기돌봄은 연대를 핵심 원리로 삼는다. 자기돌봄을 실천하기 위해서는 실제로 여러가지 자원이 필요하기 때문이기도 하고, 급진적 자기돌봄의 목표가 신자유주의적 생존이 아니라 나와 우리 모두의 생명을 지속시키는 것이기 때문이기도 하다. 여러차례 반복해서 강조했듯이 개별주의적 존재론은 이 지구를 더이상 살릴 수 없다. 남성 중심적인 철학적 전통은 인간의 원형을 '의존하지 않는 인간'으로 정의했지만, 우리 모두는 근본적으로 상호의존적인 존재다.[13] 한국 사회에서는 특히 오랫동안 "남에게 민폐 끼치지 않을 것"을 요구하는 도덕적 법칙이 앞세워져왔다. 그로 인해 끼니를 굶으면서도 다른 이에게 '감히' 도움을 청하지 못하고, 심지어 어떤 이들은 생활고를 이기지 못해 스스로 목숨을 끊으면서도 "죄송합니다"라는 마지막 유언이 적힌 쪽지를 남긴다. 이들이 왜 우리에게 죄송하다는 말을 남겨야 할까. 오히려 사죄해야 할 쪽은 이들을 살리지 못한 사회가 아닐까?

우리는 두려움 없이 도움을 청하고, 서로를 돌보고, 함께 연대할 수 있는 사회의 윤리를 만들어나가야 한다. 내 곁에 있는 이들을 구체적으로 떠올려보면서 상호부조의 기반을 만들자. 내가 힘들 때 나의 회복을 도울 수 있는 사람들이 누구일지, 그리고 그들과 어떻게 연락이 끊기지 않을 수 있을지 적극적이고 구체적으로 생각하자. 가족일 수도 있고 가까운 친구일 수도 있고 혹은 먼 친구지만 서로를 신뢰하거나 가치관이 비슷한 사람일 수도 있다. 이들과 주기적으로 연락하며 힘들 때 서로 돕기로 약속하는 돌봄 네트워크를 만들자. 이들은 내가 자기돌봄에 집중해야 할 때 함께 시간을 보내거나, 이야기를 들어주거나, 자기돌봄의 아이디어를 제공할 수도 있다. 돌봄이 필요할 때 그들에게 적극적으로 의지하고, 또한 그들 역시 내게 의지할 수 있다는 점을 표현하고 알리자.

셋째, 급진적 자기돌봄은 무조건적인 긍정을 강요하지 않으며(즉 "긍정적 마음가짐"을 유지하라는 뜻이 아니며), 개개인이 처한 상황이 다를 수 있다는 점을 전제로 한다. 힘든 과정에 섣불리 의미를 부여하거나("이런 일이 일어난 데에는 다 이유가 있을 거야."), 고통스러운 순간을 억지로 긍정적으로 포장하는 것("그래도 이런 좋은 면도 있었어.")은 매우 제한적인, 그리고 때때로 해로운 형태의 자기돌봄이다. 누군가에게 갑자기 예상치 못한 위급 상황이 생겼거나, 혹은 어떤 일이 있었는지 알 수 없지만 친구가 힘들어 보인다면, 그들에게 어떤 특수한 사정이 있었을 것이라는 점을 이해하고 함부로 타인을 판단하거나 재단하지 않는 것이 중요하다. 그들에게 억지로 긍정을 강요하거나 힘을 낼 것을 바라지 않고도 돌봄을 제공할 수 있어야 하고 동시에 그들이 자기돌봄을 잘 해낼 수 있도록 도와줄 수 있어야 한다.

급진적 자기돌봄은 나의 고통이 사회적 부조리 및 폭력과 연결되어 있다는 점을 직시하고 구조적 문제가 해결되기 전까지 스스로에게 살아갈 힘을 주는 것이다. 일터에서 번아웃을 경험할 때 적극적으로 회복의 시공간을 확보하고, 언론을 통해 차별적이고 폭력적인 소식을 접할 때 그런 소식이 나의 감정과 일상을 잠식하지 않도록 스스로를 지키는 것이다. 다층적이고 다양한 개개인의 상황 속에서 자기돌봄에 집중하기 위해 회복에 도움이 될 만한 것들을 평소에 잘 익혀두고 미리 준비해두는 것도 도움이 된다.

모두가 바쁘게 달리는 한국 사회에서 자기돌봄의 중요성은 오랫동안 과소평가되어왔다. 어쩌면 우리 스스로를 적극적으로 돌보는 것이 중요하다는 사실을 확인하는 것만으로도 커다란 진전일지도 모르겠다. 재난, 위기, 구조적 폭력, 사회의 실패를 지속적으로 목도하는 환경에서 우리는 보다 근본적인 방식으로 삶을 재구성하고 다양한 급진적 자기돌봄의 양식을 발명해내야 한다. 언젠가 주디스 버틀러Judith Butler는 발표를 하던 도중 지나가듯 말했다. "우리의 내면을 향하는 분노"와 "바깥세상을 향하는 폭력"의 에너지를 자기돌봄으로 승화시켜야 한다고. 그가 가끔씩 툭 던지는 여러 멋진 말들 중의 하나였겠지만, 나는 이것이 어떻게 가능한가의 문제를 놓고 몇달을 씨름했다. 그렇게 고심한 끝에 나는 구조적 부정의에 대항하는 비폭력적 실천의 하나로 급진적 자기돌봄의 원리들을 써내려갔다.

신자유주의적 자기 보전이 아닌, 휘발성 쾌락의 범주를 넘어서는, 그리고 모두의 생명을 구하는 자기돌봄은 결국 연대와 공동체를 바탕으로 할 때 가능하다. 나 자신과의 연대, 소수자와의 연대, 상처 입은 자들과의 연대, 곁에 있는 나의 공동체와의 연대를 통해 급진적 자기돌봄을 서로 지원할 수 있는 환경이 만들어져야 한다. 우리에게는 나 자신과 나의 공동체를 함께 돌보는 윤리가 필요하다. 급진적 자기돌봄에서 연대와 공동체의 감각은 매우 중요하다. 급진적 자기돌봄의 궁극적인 목표는 구조를 바꿔내는 것, 그래서 이 사회의 폭력과 억압으로부터 해방되는 것이기 때문이다.

급진적 자기돌봄은 그 누구도 차별받지 않는, 그 누구도 존재 자체를 부정당하지 않는, 그 누구도 불행하지 않은 세상을 꿈꾸는 자들의 윤리다. 우리의 비전은 구조적 차별과 폭력이 사라진 사회, 모두가 온전히 평등하고 행복한 사회에 있다. 그 사회를 조금씩 앞당기기 위해 나와 우리를 위한 돌봄의 양식을 지속적으로 발명하고 실천하자. 나 자신에게, 내가 사랑하는 사람에게, 내가 모르는 타인들에게 손을 내밀고 돌보는 윤리를 실천하자. 그리고 두려움 없이 연대하자. 사회를 더 낫게 변화시키고 싶은 우리들에게 급진적 자기돌봄은 바로 '지치지 않고 투쟁하는 법'이기 때문이다.

6장

보편적 정의: 모두가 온전히 평등한 세계

'자유'라는 이름의 사기극: 무한 경쟁, 제1라운드

"제가 사고를 좀 쳤어요. 어릴 때 포르쉐 파나메라를 리스로 뽑았는데 한달 만에 전손 처리가 됐어요. 눈이 오는 날 미끄러져서 차가 완전히 망가진 거예요. 그때 한방에 2억원 정도 빚이 생겼는데, 이걸 1년 만에 다 갚았어요."

한 방송 프로그램에 출연했던 '배달 라이더'의 이야기다.[1] 배달 대행업은 보통 일주일에 하루 정도를 휴무로 제공하지만, 그는 휴무일도 반납하고 하루에 3~4시간만 자면서 쉴 새 없이 배달을 했다고 한다. 그렇게 배달 라이더로 일하면서 단 1년 만에 2억원의 빚을 말끔히 청산했고,

그에 더해 3년 만에 전셋집까지 마련했다는 사연이었다. 그는 빚을 갚은 이후에도 다른 직업을 찾기보다는 배달 라이더의 삶을 택했다. 그래서 여전히 하루에 10시간 정도 배달을 하고 있고, 그 결과 월수입이 평균 500만원에서 600만원 정도 된다고 밝혔다. 잠을 줄여가며 열심히 일한 결과인 만큼 절대로 쉽게 번 돈이 아니라는 말도 덧붙였다. 놀랍다는 표정으로 그의 이야기를 듣던 프로그램 진행자는 "일한 만큼 돈을 버는 구조"인 모양이라며 추임새를 넣었다.

내 스케줄에 맞춰서 시간이 날 때마다, 또 체력이 닿는 만큼 자유롭게 일하면 그 노력에 비례해서 돈을 벌 수 있는 구조. 배달 수요에 실시간으로 응답하며 궂은 날씨에도 열심히 뛰는 이들에게 '노력 대비 보상'을 실현해주는 자유경쟁 시장. 언론이 그려내는 배달 라이더의 삶이다.

코로나19 팬데믹이 시작된 2020년 이후 여러 언론은 주기적으로 엇비슷한 헤드라인을 뽑아냈다. "억대 연봉 라이더",[2] "억대 연봉 임원도 뛰어든 배달 라이더",[3] "의사만큼 버는 라이더들".[4] 강남에서 라이더로 뛰면 월평균 수입이 1,300만원에 이르고, 요즘은 의사 연봉보다 라이더 연봉이 더 높으며, 이렇게 고소득 직종인데도 라이더의 수가 턱없이 부족해 업체들이 서로 "라이더 모시기 경쟁"을 하고 있다는 것이다. 마치 평범한 사람들이 한몫 잡을 수 있는 '블루 오션'이라도 우리 앞에 펼쳐진 것처럼, 배달 시장이 가져다준 새로운 기회를 예찬하는 기사들이 수년 동안 꾸준히 쏟아졌다. 누군가는 이를 가리켜 "라이더 억대 연봉 괴담"이라고 지칭하기도 했다. 분초를 다투며 우리에게 신속하게 음식을 배달해주는 라이더들은 알고 보면 억대 연봉을 받고 있었던 걸까?

배달 노동자들이 경험하는 불합리한 보상 조건과 위험한 노동 환경 같은 현실은 완전히 삭제된 채로, '자유로운 무한 경쟁'을 작정하고 부추기는 담론은 꽤 오랫동안 이어졌다. 예컨대 라이더들은 개인사업자로 분류되기 때문에 아무런 규제 없이 여건에 따라 '자유롭게' 일할 수 있다는 점을 장점으로 부각하는 식이다. 다들 '자유롭게' 일하는 바람에 라이더 공급이 충분치 않아 업계의 배달 대란과 고객 불편이 해소되지 않고 있으니, 더 많은 사람들이 라이더 시장에 뛰어들어야 한다는 주장은 차라리 온건한 편에 속한다. 심지어 라이더들을 직고용할 경우 오히려 근무 시간과 수입이 한정되기 때문에 라이더들 스스로 정규직화를 원하지 않는다는 논리도 등장했다.[5] 안정적인 노동 시간과 수입을 보장받느니, 라이더들은 가능한 한 오랜 시간 동안 '자유롭게' 일하면서 최대한 많은 돈을 벌고 싶어한다는 것이다.

인터넷에 올라온 글이라면서 "연봉 6,000만원 대기업과 연봉 1억 라이더 중 어떤 게 나을까요?"라고 묻는 어느 청년의 고민을 소개하는 기사도 있었다.[6] 대기업 정규직과 배달 라이더 사이에서 진지하게 고민했지만 끝내 답을 내릴 수 없을 정도로 라이더는 한국 사회에서 가장 전도유망한 직업일까? 이 고민을 듣고 사람들은 과연 연봉 1억 라이더가 되기를 추천했을까? 인터넷 어딘가에서 꾸준히 회자된다는 배달 라이더 신화는 여기서 그치지 않는다. 서울의 한 라이더가 자신의 한달 수입 인증샷을 인터넷 커뮤니티에 올렸더니, 사람들이 이를 보고는 "앞으로 결

혼정보회사 S급 배우자는 검사, 의사, 변호사가 아닌 배달러다"라고 댓글을 달았다고 한다.[7]

앞의 내용은 코로나19 이후로 몇년째 언론이 호들갑스럽게 보도하고 있는 사례들이다. 이 정도면 팬데믹이 닥쳐도, 경기 불황이 확대되어도, 전지구적 저성장이 계속되어도, 우리는 아무런 걱정이 없을 것 같다. 남녀노소 누구든지 여유 시간에 배달을 하면 되지 않겠는가? 라이더로 뛰면서 추가 수입을 올리는 건 온전히 '나의 자유'일 뿐 아니라 배달 수입은 '공정'하기까지 하다. "배달 건수와 수입이 비례하는 만큼 더 많이 일하면 그만큼 더 많은 수입을 가져갈 수"[8] 있는 이 완벽하게 자유로운 경쟁 시장에서 그 누구도 손해보는 사람은 없다. 오직 고생하기 싫어하며 노력하지 않는 게으른 당신이 있을 뿐이다.

하지만 현실은 이보다 더 복잡하고, 많은 경우 더 잔인하다. 결국 라이더유니온은 '배달 라이더 연봉 1억? 진실은 이렇다'라는 제목으로 긴급 기자간담회를 열었다.[9] "배달 라이더 억대 연봉"은 (설사 억대 연봉이 가능하다고 할지라도) 사고의 위험을 그대로 떠안은 채 초고속으로 달리며, 시간당 배달 건수를 최대화할 수 있는 극소수 '베테랑 라이더'의 이야기다. 게다가 한 플랫폼 업체가 대대적으로 광고했던 '라이더 고소득 랭킹'은 프로모션 기간 중 배달료가 특히 높게 책정되어 있었던 어떤 주말의 '피크 시간대'를 기준으로 한 1일 소득일 뿐이었는데, 이를 바탕으로 연봉이 1억원 이상일 것이라고 추산하는 것 역시 배달 노동자들의 현실과 거리가 멀기도 하다. 별다른 프로모션이 없는 평일 낮 시간대의 배달료는 이보다 턱없이 낮기 때문이다. 이른바 '콜'이 없어서 그냥 대기만 해야 하는 경우도 있고, 한때는 알고리즘의 결정에 따라 "비트코인처럼 요동치는" 배달료를 받아야 하는 시기도 있었다.[10] 한마디로 배달 노동자들이 노력에 정비례해서 보상받는다는 이야기는 허구다.

몇몇 고소득자들과 같은 아웃라이어outlier에 집중한 보도는 사람들이 현실과 동떨어진 기대를 안고 배달을 시작하게 만든다. 라이더유니온의 박정훈 위원장은 "라이더 연봉 1억"을 앞세우는 사회 담론은 배달 노동자들이 속도를 올리고 장시간 노동을 하게 만들어 결국 과로를 유도한다고 지적했다.[11] 노력만 하면 고소득을 올릴 수 있을 것이라고 믿는 배달 노동자들이 자발적으로 더욱 위험하게 일하게 된다는 것이다. 시간당 배달 건수를 어떻게든 최대한 높인다면, 남들처럼 월 1,000만원은 아니더라도 고소득자 대열에 진입할 수 있을 것만 같은 착각에 빠져들게 만들기 때문이다. 실제로 배달 노동자들은 시간당 건수를 높여보려고 교통신호를 어기기도 하고 과속을 하기도 한다. 그뿐 아니라 알고리즘이 설정한 배달 예정 시각을 준수하기 위해 신호가 바뀔 때까지 마냥 기다리지 못하는 경우도 적지 않다. 이처럼 위험하고 불합리한 노동 조건은 묻어둔 채로 오직 수익에만 치중하는 보도는 사고 위험을 증가시킬 뿐 아니라 배달 노동자의 자기착취를 부추긴다.

이 책의 1부를 읽은 독자들은 어쩌면 "개인사업자로서의 자유를 누리는 배달 라이더" 같은 문구가 함의하는 바를 이미 간파했을지도 모르겠다. "라이더 억대 연봉 괴담"은 오랜 역사를 가진 자유주의적 경제관의 다양한 변주들 중 하나다. 예컨대 이 책의 1장에서 신자유주의를 논하며 살펴본 **기업가주의형 존재론**이 팬데믹 아래의 대한민국에서 매우 미시적이고 노골적인 형태로 나타난 것이라고 설명할 수도 있다. 마치 걸어다니는 1인 기업처럼 다수의 배달 대행업체와 일하며, 배달료의 수준과 스스로의 일정에 따라 가장 적합한 근무 시간을 택하고, 다른 시간에는 프리랜서로 일하거나 자기계발도 하는 이들은 자유경쟁 시대에 최적화된 인간형인 것처럼 묘사된다. 그렇게 민첩하게 시장 논리에 반응하다보면, 노력한 만큼 최상위 고소득자가 되고 포르쉐도 뽑을 수 있을 것이라는 성공 담론은 요즘 전지구적으로 넘쳐난다. 이 같은 기업가주의형 존재론의 논리가 미국에서는 우버Uber 운전기사의 삶을 '자유롭고 유연한 라이프 스타일'로 포장하는 데 자주 동원되었다는 사실 역시 전혀 놀랍지 않다. 회사에 종속되지 않고 자유롭게 일하며, 개인의 자율성autonomy을 극대화하고, 스스로의 경제적 가치를 높이고자 영원히 노력하는(이는 배달 건수의 최대화일 수도 있고, 자격증 취득과 커리어 개발일 수도 있다) **긱 이코노미**gig economy 시대의 경쟁 논리는 자유경쟁 모델의 극단화된 버전이다.

이 자유주의 모델은 서구 사회에서 아예 **0시간 계약**zero-hours contract이라는 형태로 표준화되었다. 한치의 사탕발림도 없는, 어쩌면 솔직한 계약이라고 해야 할까? 이 계약에 따르면 노동자들은 자신이 일한 만큼 '무제한' 보상을 받게 되지만, 업무는 실제 수요에 따라 배분된다. 바꿔 말하면 수요가 없으면 일도 없다. 따라서 이 계약 조건에 기반한다면 기업은 일정한 노동 시간을 확보해야 할 의무가 없으며, 규정된 최소 노동 시간이 없으므로 당연히 그 어떤 임금 수준도 보장되지 않는다. 말 그대로 애초에 0시간 계약이기 때문이다. 미래의 수요를 모르는 채로 그저 실시간으로 시장의 요구에 응답해야 하는 배달 노동자의 삶도 이와 크게 다르지 않다. 이것이 바로 마음껏 일할 자유다.

'온전하게 자유로운' 시장 경제의 원칙은 요즘 한국 사회에서 점점 더 직설적으로 거론되고 있다. 특히 윤석열 대통령은 밀턴 프리드먼 Milton Friedman의 『선택할 자유』[12]를 27년간 끼고 다닌 '인생 책'으로 꼽을 정도로[13] 자유 시장 경제free market economy를 노골적으로 옹호해왔다. 프리드먼은 로널드 레이건Ronald Reagan과 마거릿 대처Margaret Thatcher에게 정책 자문을 제공하면서 신자유주의 경제를 가속화하는 데 결정적으로 기여한 인물이다. 프리드먼은 정치적 자유와 시장의 자유는 서로 불가분의 관계에 있으며, 역사적으로 그 어떤 사회도 자유 시장 없이 정치적 자유를 실현한 적은 없었다고 선언할

긱 이코노미[14]

뮤지션들이 처음 사용하기 시작했던 긱(gig)이라는 단어를 차용해서 만들어진 개념이다. 뮤지션들에게 긱은 임시로 얻은 일시적인 일을 뜻했다. 예를 들어, 다음 주 토요일 밤 어느 재즈 클럽에서 연주할 기회가 생겼을 때 "일을 하나 잡았다"고 표현하는 경우를 떠올려보면 된다. 이 단어는 이제 뮤지션 사회 밖에서도 쓰이게 되어, 직업을 통칭하는 구어적 표현이 되었다. "그거 꽤 괜찮은 직업이야!"(That's quite a nice gig!)
하지만 긱 이코노미는 원래의 단어가 함축하고 있는 일의 일시성, 불연속성, 불안정성과 같은 의미를 그대로 담고 있으면서도 동시에 뮤지션들이 사용했던 개념과는 그 의미가 살짝 다르기도 하다. 뮤지션들은 무대에 오를 기회를 반복해서 얻게 되면, 각각의 기회 자체는 임시직에 불과하더라도 그 기회의 축적을 바탕으로 연주 실력을 기르거나 평판과 인지도를 높일 수 있다. 그렇게 활동하다보면 어느 도시의 유명 연주자로 자리매김할지도 모르는 일이다. 그러나 긱 이코노미에서의 긱은 전혀 그런 가능성을 주지 못한다.
긱 이코노미에 속한 불안정 직종들은 주로 디지털 플랫폼

정도로 자유주의를 절대적으로 신봉했다.[15] 그는 사회보장 제도를 비롯한 정부의 복지 정책에 반대했으며, 민영화를 적극 옹호했고, 원칙적으로 정부의 규제보다는 개인의 선택과 자유에 맡기는 것이 모두에게 이익이 된다고 주장했다. 당연히 정부가 개입하는 공립학교, 공공주택이나 최저임금 제도에도 비판적이었다. 윤석열 대통령이 대권주자였던 시기에 '없는 사람은 부정식품이라도 선택할 수 있어야 한다'면서 부정식품을 규제하는 정책은 '소비자들의 선택의 자유를 제한한다'고 주장하며 인용했던 학자가 바로 밀턴 프리드먼이다.[16]

윤석열 정부의 자유주의 정책 기조는 심상치 않다. 그리 길지 않았던 취임사에 '자유'라는 단어가 무려 35회 등장했다는 사실이 큰 화제가 되기도 했다. 특히 그는 자유에 대한 평소의 신념을 담아 취임사를 직접 수정하면서, "자유가 자유를 키운다"고 측근들에게 강조했다고 한다.[17] 그의 취임사에는 "인류 역사를 돌이켜보면 자유로운 정치적 권리, 자유로운 시장이 숨 쉬고 있던 곳은 언제나 번영과 풍요가 꽃

을 통해 구해지는 임시 일자리들이다. 대표적인 예로 우버 운전기사 또는 배달 노동자를 떠올려볼 수 있다. 이들이 운전 기회를 계속 얻는다고 해서 어떤 고유한 실력이나 테크닉을 기를 수 있는 것도 아니며, 당연히 직업적 평판이 좋아지는 것도 아니다. 정반대로 긱 이코노미는 탈숙련을 가속화한다. 가령 도시 전체를 머릿속에 담아두고 남들이 모르는 지름길을 속속들이 알던 과거의 택시 운전기사와 내비게이션 앱의 알고리즘이 알려주는 화살표를 그저 반사적으로 따라갈 뿐인 우버 운전기사를 비교해보자. 긱 노동자들은 알고리즘대로 업무를 수행할 것을 요구받기 때문에 노동 시간 동안 지식이나 스킬을 쌓지 못한다.
피터 플레밍은 이처럼 탈숙련을 가속화하는 긱 이코노미를 단순화 경제(dumbed down economy)라고 불렀다(이 용어에는 수준이 낮아진다는 뜻도 포함되어 있으므로, 의역하자면 '하향평준화 경제'라고 불러도 좋을 것이다).[18]
긱 이코노미 시대에는 가능한 모든 직종이 플랫폼의 중재를 통한 수요 중심(on-demand) 개인사업자 모델로 전환되는 경향이 있는데, 이를 우버화(Uberization)라고 부르기도 한다.[19]

피었습니다"라는 문장이 있는데, 이 역시 프리드먼의 『자본주의와 자유』[20]에서 가져온 것이다. 그는 연설문에서 자유, 도약, 빠른 성장을 나란히 묶어 강조하면서, 빠른 성장이 기회와 사회 이동성을 증대시키고 그 결과 양극화가 해소될 것이라는 비전을 한국 사회에 제시했다. 이는 "당신의 능력과 노력으로 성공하라"는 신자유주의적 무한 경쟁 논리를 추상적 가치로 포장한 것에 지나지 않는다. 프리드먼의 영향을 받아 자유주의 정책을 펼쳤던 미국 공화당이 득세했던 시절, 공화당의 리더이자 브레인이었던 리처드 아미Richard Armey가 남긴 유명한 말 그대로다. "어떤 명분이든 그것을 자유의 이름으로 팔아라."[21]

신자유주의적 경제관을 따르는 세계에서 개인은 자신의 행위에 대해 무한 책임을 지게 된다. 모두의 자유와 선택을 보장해주었으므로 경제적 성공도 재정적 실패도 온전히 개인의 책임과 노력으로 설명되기 때문이다. 다시 말해서 각자의 경제적 운명은 전적으로 자기 책임이다. 비판적 조직 이론가 피터 플레밍Peter Fleming은 긱 이코노미, 0시간 계약, 불안정 취약계층 등과 같은 신자유주의 시대의 고용 관계를 **극단적 책임주의**radical responsibilization라고 표현한 바 있다.[22] 경제 활동은 개인의 자유이자 선택으로 간주되며, 따라서 그 활동에 수반되는 모든 비용과 이익 역시 전적으로 개인 책임이라는 의미다. 돈을 '무한대로' 벌면 좋은 일이고, 돈을 '무한대로' 잃어도 어쩔 수 없으며 그 누구도 당신을 보호해주지 않는다.

시장 경제와 신자유주의를 뒷받침하는 문맥 안에서는 자유뿐만 아니라 해방과 같은 개념도 비슷한 방식으로 전유appropriate되어왔다. 톰 피터스Tom Peters가 주창했던 해방 경영liberation management은 개인들이 각자 '마이크로 기업'micro-enterprise처럼 마음껏 활약하도록 '해방'시키자는 사조다.[23] 그에 따르면 개인들은 조직이나 집단에 얽매이지 말고 스스로의 고유성과 기업가 정신을 발휘해 시장에서 위험을 추구해야 고수익을 창출할 수 있다. 그러므로 우리 모두는 스스로를 기업이자 브랜드라고 생각하며 각자의 잠재력을 깨워야 한다. 말하자면 최대한의 자유를 담보로 한 '고위험 고수익' 모델이다.

하지만 우리가 계속 이렇게 살 수 있을까? "완벽하게 공정한 경쟁"부터 "완전한 자유경쟁"에 이르기까지, 우리의 선택과 노력만 있다면 우리는 그 모든 경쟁의 승리자가 될 수 있을까? 물론 그렇지 않다. 이기는 사람이 있다면 지는 사람도 있는 법이니까. 자유주의 경제 이론은 개인의 행동을 합리성과 이해관계 추구로 설명하며 이들의 활동 무대는 자유경쟁 시장이어야 한다고 주장하지만, 이 같은 룰을 가진 게임에서 이기는 사람은 당연히 이미 충분한 소득과 자산을 보유한 기득권일 가능성이 높다. 기득권자들은 딱히 사회 안전망 따위를 필요로 하지 않는다. 오히려 아무런 규제 없이 마음껏 돈과 자원을 굴릴 수 있어야 빠른 속도로 자산을 증식시킬 수 있다. 약자를 우선적으로 지원하는 복지 정책, 독과점 규제, 부의 재분배와 같은 움직임에 반대하는 이들은 "구조적 차별과 불평등은 존재하지 않는다"고 주장한다. 그리고 모든 것은 개인적 노력의 결과라고 설파한다. 그들이 믿는 것처럼 자유로운 무한 경쟁은 대체로 "가진 자들"에게 유리하다. 그러나 무한 경쟁의 삶은 그 누구에게도 지속가능하지 않다. 모두가 끝없는 자기착취에 시달리고 불평등과 상대적 박탈감이 쌓여 공동체가 와해되면 결국 그 상처는 모두에게 돌아갈 것이다.

무한 경쟁 스펙트럼의 한쪽 끝에는 "그들이 사는 세상"에서 벌어지는, 완전히 다른 차원의 경쟁이 있다. 특권층은 각종 정보와 자원을 활용해 자산을 증식하고, '스펙'을 쌓으며 돈으로 학벌을 산다. 한편 무한 경쟁 스펙트럼의 반대편 끝자락에는 경쟁에서 '낙오'하거나 복지 사각지대에 방치된 채로 하루하루의 생존을 위해 투쟁하는 사람들이 있다. 우리가 자유주의를 그대로 내버려둔다면 가장 기본적인 생활임금조차 보장받지 못한 채 '낙오'하는 사람들이 더 많이 생겨날 수밖에 없다. 무한 경쟁 제1라운드에서 이렇게 '탈락'한 '낙오자들' 또는 아예 그 경쟁 시장에 진입조차 할 수 없는 이들은 이어서 또다른 형태의 경쟁에 내몰리게 된다.

비교와 선별의 위계: 무한 경쟁, 제2라운드

밀턴 프리드먼은 자유를 신봉한 만큼 능력을 신봉했던 사람이다. 물론 능력이 없으면 자유경쟁에서 패배할 수밖에 없다는 인식은 꽤 일관된 사고방식이므로 그리 놀랍지는 않다. 프리드먼은 모든 개인에게 "능력에 걸맞은 자리"가 있다고 주장했다. 그는 『선택할 자유』에서 그 누구도 자신의 능력에 부합하는 자리를 얻는 데 방해를 받아서는 안 된다고 말한다. 겉으로는 얼핏 공정하고 정의롭게 들릴지도 모르겠다. 하지만 그는 이어서 개인의 성별, 인종, 국적, 종교 등과 같은 "아무 관련도 없는 속성" 때문에 기회가 결정되어서는 안 되며, 기회는 오직 개인의 능력에 따라 주어져야 한다고 이야기한다.[24] 이것은 바로 "개인적 불평등이 있을 뿐 구조적 성차별은 없다"던 누군가의 말과 같은 선상에 있다. 부모의 학력이나 계급, 출생 지역, 젠더, 장애 유무, 인종 등 수많은 요소들이 우리의 '능력'에 영향을 미칠 수 있음에도 불구하고, 프리드먼은 순수하게 객관적인 능력이 존재한다고 가정하고 있기 때문이다. 그러므로 당연히 사회경제적 구조 및 문화의 영향은 없으며, 오직 개인의 능력 격차 혹은 노력의 차이가 있을 뿐이다.

프리드먼은 이 같은 자유 시장 경제의 논리에 기반해 이민에 전폭적으로 찬성했던 학자다. 흔히 자국민을 우선시하는 정책을 펼치며 이민에 반대하는 보수 인사들과 달리, 프리드먼은 인적 자원의 자유로운 교환이라는 논리로 합법 이민은 물론이고 소위 '불법' 이민도 옹호했다('불법 이민자'라는 표현은 더이상 쓰이지 않지만, 이 글에서는 프리드먼의 표현을 그대로 인용했다). 더 정확히 말하자면, 그는 오히려 불법 이민자들이 미국에 더욱 큰 도움이 된다고 거리낌 없이 주장했다.[25] 불법 이민자들은 자국민이 하기 싫어하는(혹은 해서는 안 되는) 위험하거나 지저분한 일을 싼값에 해내지만, 그들은 불법이므로 아무런 복지 혜택을 받지 못하기에 국가적 손실이 없기 때문이다. 기업 입장에서도 국내 시장에서 확보할 수 없는 종류의 노동자를 얻을 수 있으니 딱히 손해 볼 이유가 없다. 그래서 그는 불법 이민자들에게 사회보장 제도를 제공하지 않는다는 전제로 그들을 수용할 것을 권고했다. 이렇게까지 적나라한 주장이 받아들여질 것이라고 믿기 어렵겠지만, 그의 주장은 지금도 간혹 인용되곤 한다.

이처럼 "자유로운" 시장에 진입조차 할 수 없는 외국인 노동자들은 자연히 또다른 무한 경쟁으로 내몰리게 된다. 불법 이민자들은 정부가 개입하지 않으며 사회 안전망을 제공할 필요조차 없는, 문자 그대로 완벽하게 자유로운 경쟁 시장에 보호 장치 없이 그대로 내던져진, 오직 자신의 '능력'과 '노력'만으로 살아남아야 하는 존재들이다. 즉 이 세계는 프리드먼이 꿈꾸던 냉혹한 자유경쟁 시장이 국가의 인위적인 개입 없이 완벽하게 재현된 세계다. 이 세계에 건너와서 '아메리칸 드림'을 실현하는 것은 얼마든지 그들의 '자유'이며, 힘든 일을 마다하지 않고 성실하게 돈을 버는 것도 그들의 '능력'이다. 당연히 그중에는 실제로 아메리칸 드림을 이루고 방송에 출연하며 신화를 쓰는 이들도 있을 것이다. 반대로 지하 경제를 맴돌며 언제 '불법 체류자'로 발각될지 몰라 두려움에 떠는 하루살이 노동자들도 있기 마련이다. 어느 곳이든지 여전히 들쑥날쑥한 일당을 받으며 차별과 착취를 견디는 이들은 존재한다. 이것이 바로 "열린" 경쟁 시장 바깥에 놓인 "이류 시민" 사이의 위계다.

물론 자국민이라고 해서 예외는 아니다. 능력주의 사회에서 '탈락'한 이들에게 요구되는 또다른 경쟁 메커니즘이 있다. 경쟁에서 이기지 못해 '낙오'된 자들, 능력주의 시장에 자신을 내놓을 수 없는 이들은 다른 방식으로 자신의 자리를 찾아야 한다. 국가 복지 정책의 '수혜'를 입기 위해 국가 체제가 요구하는 자격 조건에 자신을 맞춰야 하는 것이다. 비록 가난할지언정 성실한, 빈곤 계층이지만 모범 시민인, '소년소녀 가장'이지만 단 한차례도 탈선한 적 없는 '바람직한 주체'가 되기 위한 경쟁이다. 정부뿐 아니라 민간에서 제공하는 복지 '혜택'은 여러 단계의 심사 과정을 거쳐 자격 조건에 맞는 이들에게 주어지기 때문이다.

일찍이 정책 연구자들은 공공 정책의 "수혜자"를 결정하는 과정에서 특정 집단은 수혜를 받을 만한 마땅한 "자격을 갖춘" 이들로 구별되는 반면, 다른 집단은 (그들이 처한 경제적 상황이 동일하다고 하더라도) 수혜를 받을 "자격이 없는" 이들로 분류되어 정책적 혜택 바깥에 줄 세워진다는 점을 지적해왔다.[26] 즉 공공 정책임에도 불구하고 각 정책이 공동체의 모든 구성원들을 돌보는 것을 궁극적 목표로 삼는 것이 아니라, 오직 "건전한 시민적 주체"만을 지원하고 그렇지 않은 이를 제외하는 것을 철학적 바탕으로 삼아왔다는 것이다. 구조적 빈부 격차와 전지구적 재난의 직격탄을 맞은 사람이라고 할지라도, "자격"이 없다면 국가는 그들을 구할 책임이 없으며 오히려 적극적으로 배제한다. '바람직하지 않은' 주체를 포함해 모든 이들을 지원하는 것은 국가 통치와 기존 시스템 유지에 효율적이지 않기 때문이다.

가장 악명 높은 사례는 아마도 미국의 재난관리청이 이재민을 구별지은 방식일 것이다.[27] 수년 전 캘리포니아에 역대 최악의 산불이 발생했을 때의 이야기다. 캘리포니아의 가뭄과 화재는 더욱 빈번해지고 있지만, 2018년에는 지난 100년간 최대의 손실이라고 기록될 정도로 산불 피해가 심각했다. 무려 5만명이 넘는 사람들이 삶의 터전을 잃고 대피했으니, 그 지역이 초토화된 것이나 다름없었다. 심지어 많은 사람들이 갈 곳이 없어 대형 마트 주차장에 텐트를 치고 살아야 했을 정도로 대피 시설이 부족하기도 했다. 화재가 지나간 후 시간이 흐르면서 텐트촌의 규모는 점점 줄어들었고, 거대한 자연재해로부터 스스로를 자력으로 구제할 수 없었던 가난한 취약계층만이 남았다. 재난관리청은 이들을 돕기 위해 어떤 노력을 했을까? 산불과 같은 자연재해로 인해 피해를 입은 모든 이재민을 조건 없이 지원하는 것은 국가의 책무 아닐까?

그러나 미국 재난관리청은 텐트촌에 남겨진 사람들을 구제하지 않았다. 화재가 발생하기 이전에도 원래 "홈리스"였으므로, 당시에 노숙자였던 이들이 지금도 노숙자인 것은 당연하며 그들이 처한 상황은 온전히 그들 자신의 책임이라는 논리를 폈다. 애초에 노숙자였는데 산불 피해 지역이라는 이유로 국가가 그들을 보호할 의무는 없다는 것이었다. 재난관리청은 피해 접수를 받으면서 이재민들에게 주소를 명기하도록 했고, 정확한 거주지 등록이 확인되지 않으면 지원 절차에서 탈락시켰다. 그로 인해 노숙자들뿐만 아니라, 누군가의 룸메이트나 동거인으로 "얹혀 살던" 미등록 이주민들도 자연히 정책 지원의 대상이 되지 못했다. 현대 "문명" 사회에 심지어 집 주소도 없는 이들은 건전한 시민, 혹은 바람직한 주체가 아니므로 국가가 설정한 **자격 조건의 위계**deservingness hierarchies에서 밑바닥에 놓인 "비문명"일 뿐이었다. 이들은 국가 질서 유지에 도움이 되지 않는 비효율이자, 보기 흉한 텐트촌을 만들어 "모범 시민"에게 불편을 끼치는 이들에 불과했다. 결국 이들은 이재민의 지위조차도 부여받지 못한 것이다.

정책적 지원과 구별짓기를 통해 "착실한 모범 시민"을 가려내고 양성하는 것은 가부장 국가가 자본주의 시스템을 유지하기 위해 사용하는 기본 수칙이다. 시민으로서의 자격은 모두에게 주어질 필요가 없다. 오히려 불평등하게 배분되어야 국가를 효율적으로 관리하고 기득권의 이익을 보장할 수 있다. 미국 공공 정책의 역사는 이 같은 자격 조건의 위계가 어떻게 관리되어왔는지를 뚜렷하게 보여준다. 이른바 정상가족이나 신혼부부에게 우선권을 주는 주택 정책은 자연히 성소수자를 효과적으로 배제해왔다. "복지 수혜의 여왕"welfare queen이라는 허구의 존재를 만들어 마치 흑인들이 각종 복지 혜택을 악용해 부정 수급을 저지르는 것처럼 묘사하기도 했다. 흑인 빈곤 계층은 "자격 없는" 이들이며 더이상의 정책적 지원은 필요없다는 것이었다. 심지어 지적 장애인들을 "사회적 위험 집단"으로 지칭하며 범죄자와 동일한 범주를 부여해 관리하기도 했다. 이들은 단순히 정책적 우선순위에서 밀려나는 것이 아니라, 통치 체제를 유지하는 데 방해가 되고 비효율적이기 때문에 적극적으로 배제된다.

사실 자격 조건의 위계, 그리고 그 위계 속에 자리를 잡기 위한 **바람직한 주체 경쟁**은 한국 사회에서도 어렵지 않게 찾아볼 수 있다. 예컨대 작가이자 영화감독인 이길보라는 저서 『당신을 이어 말한다』에서 그의 10대 시절 이야기를 털어놓은 바 있다.[28] 이길보라 감독은 농인 부모와 함께 살면서 그가 한국 사회에서 겪었던 이야기들을 다양한 경로로 소개하곤 하는데, 여기서 언급할 이야기도 바로 그런 경험들 중 하나다. 그는 이른바 "중학교 학생회장 출신의 우등생"이어서 장학금을 받고 고등학교에 입학했다. 그런데 막상 고등학교 1학년 때 "경험을 쌓기 위해 해외로 배낭여행을 가겠다"고 했더니 장학금이 바로 끊겼다고 한다. 장학금을 받기에 "바람직한" 학생이라면, 고생하는 농인 부모를 떠나지 않고 늘 곁에서 모시는 효녀이자 공부에만 성실히 집중하는 모범생이어야 했던 것이다. 그런데 부잣집 자녀도 아니고 부모가 장애인인 주제에 감히 해외여행을 가겠다니? 당시 한국 사회에서 이 같은 청소년의 모델은 바람직함의 위계 그 어디에도 들어설 자리가 없었던 것이다. 그렇게 그는 모범생의 범주에서 탈락하고 장학금을 받을 자격이 없는 철없는 10대가 되고 말았다(물론 이길보라 감독은 이후 학교를 자퇴하고 책과 영화를 통해 우리 사회에 꼭 필요한 이야기를 전하고 있으니, 그 결과는 속시원한 해피 엔딩이다).

이처럼 주어진 자리에서 이탈하지 않는, 말 잘 듣는 모범적 주체들을 중심으로 지원을 제공하는 국가·민간 정책은 **비교와 선별의 위계**를 (재)생산하고 정당화한다. 누구든 지원을 받고 싶다면 국가경제적 관점에서 바람직한 주체 경쟁을 통과해 정책 수혜 대상자로 선발되어야 하므로, 이런 체계는 훈육과 억압 기제로 작동하기도 한다. 한국에서도 마치 정책적 의견 수렴 과정에서 우선적으로 고려되어야 할 '착실한 장애인'과 그렇지 않은 장애인이 있는 것처럼 논쟁이 불거졌던 시기가 있었다. 똑같이 고통받는 장애인이더라도 '모범 시민' 혹은 '선량한 시민'으로 평가되는 장애인들만 '도움'을 받을 자격이 있다는 주장이다. 한국 사회에서 이 같은 자격 조건의 위계는 "문명"과 "비문명"의 위계로 표현되었다.[29]

"문명"과 "비문명" 사이에는 몇 단계의 위계가 있을까. 우리는 그 서열에서 어디쯤에 자리잡고 있는 걸까. 사실 누구든 갑작스런 질환을 얻어 거동이 불편해질 수도 있고, 사고를 당해 장애인이 될 수도 있고, 뜻하지 않은 경제 상황으로 실업자가 될 수도 있다. 사랑하는 이를 갑작스레 떠나보내고 오랫동안 트라우마에 시달리며 매일 아침 출근하는 것조차 어려워질 수도 있다. 우리는 모두 우리의 능력이나 노력과 무관하게 바람직함의 위계에서 곤두박질치거나 탈락할지도 모르는 삶을 살고 있다. '생산적이고 정상적인' 시민들을 우선적으로 배려하는 효율과 경쟁의 논리는 결국 우리도 그 시스템의 눈 밖에 날 수 있다는 것을 뜻한다. 또한 국가의 경제 상황과 정부의 정책 기조에 따라 우선순위는 언제든지 뒤바뀔 수 있기도 하다. 가령 특권층 남성들만 가득한 정부가 만들어내는 정책은 어떠하겠는가? 바람직함의 위계 최상단에는 아마도 모성, 출산, 양육 같은 가치들이 자리를 잡을 것이다. 저출생 시대에 아이를 여럿 낳아 헌신적으로 기르는 어머니가 가장 바람직한 여성상으로 전폭적 국가 지원을 받는 것이다. 여성과 성소수자를 위한 정책과 예산이 축소되거나 삭제되면, 결국 남겨진 협소한 자원은 여성과 성소수자 중에서도 특히 "바람직한 주체들"에게 돌아가게 될 가능성이 높다. "비록 성소수자이지만 우등생"이라고 불리는 청소년은 장학금을 받을 자격이 있고, 단 한번이라도 '일탈'했던 기록이 남아 있는 청소년에게는 순번이 오지 않을 것이다.

자유경쟁에 마음껏 뛰어들 수 없는 '낙오된' 자들은 비교와 선별의 위계를 거슬러올라가야 한다. 일차적으로는 사회경제적 지원을 받기 위한 경쟁을 통과해야 하고, 궁극적으로는 모범적인 (또는 자격을 갖춘) 존재로 인정받음으로써 능력주의 시장 혹은 자유경쟁 시장에 자신을 편입시킬 수 있도록 노력해야 하기 때문이다. 당연히 '자격 있음'deserving과 '자격 없음'undeserving을 구별하는 과정은 정상 이데올로기와 능력주의를 강화할 수밖에 없다. 경쟁, 비교, 선별의 무한 루프로부터 벗어나는 방법은 없을까? 나의 능력을 내세우는 경쟁부터 나의 바람직함을 내세우는 경쟁까지, 우리는 서로를 비교함으로써 자신의 가치를 입증해야 할까? 경쟁과 비교의 가치로 운용되는 사회가 아닌, 다른 가치에 기반해 모두가 인간답게 살 수 있는 세계를 만들어나갈 수는 없을까?

무한 경쟁의 스펙트럼을 넘어서: 모두를 위한 정의

나는 한국 사회를 지배하고 있는 개별주의적 존재론의 한계와 부정적 영향을 여러 지면을 통해 일관되게 지적해왔다. 때로는 '공정'의 얼굴, 때로는 '자유'의 얼굴을 하고 나타나 우리를 혼란스럽게 하지만, 그 가면을 벗겨내고 우리의 삶을 바꿔낼 대안 가치를 찾고 싶은 마음에서다. 사회 구성원들 사이의 경쟁과 비교, 그리고 '바람직한' 주체가 되기 위한 끝없는 구별짓기는 전지구적 재난과 기후위기의 시대에 우리의 생존을 더욱 위태롭게 만들 뿐이다. 낙오되지 않기 위해 영원히 달리는 삶을 우리가 얼마나 지속할 수 있을까? 경쟁 체제 아래서 서로를 고립시키는 삶을 얼마나 오래 버틸 수 있을까? 비록 신자유주의적 사고방식과 행동 원리가 우리의 몸과 마음을 깊게 파고들고 있지만, 우리는 사실 어느 정도 깨닫고 있다. 우리가 살고 있는 이 세계는 근본적 한계에 부딪혔으며 더이상 '자유론'으로 우리가 마주하는 난제를 해결할 수는 없다는 사실을 말이다. 우리는 더이상 배제와 차별화의 에너지로 스스로를 지탱해서는 안 된다. 지금은 포용과 돌봄과 상호의존으로 우리의 삶과 세계를 되살려야 한다는 강한 신념과 의지가 필요한 때다.

우리는 삶의 원리이자 가이드라인이면서, 동시에 정책적 기반으로서 새로운 의미의 보편을 구상해야 한다. 오래전 철학자들처럼 "남성 일반"에게 적용되는 것이 곧 "보편"이라고 말하던 그런 일방적인 의미가 아니다. 기존의 보편 이론은 남성, 백인, 이성애자, 비장애인의 시선에서 일반화를 추구하는 이론이 가능하다는 세계관을 바탕으로 구축되었다. 하지만 동시대의 많은 학자들과 활동가들은 이제 정반대의 입장에서 보편을 말한다. 즉 기존의 권력관계를 영속화하지 않으며, 공통 기반으로서의 인간성을 그 어떤 순간에도 포기하지 않겠다는 의미로서의 보편이다. 모두를 돌아볼 겨를이 없다는 이유로 뒷자리에 버려지는 이들이 없는 세상을 만들겠다는 결의다. 우리 모두 동등한 주체로서 상호연결되어 있으므로, 모두가 전적으로 평등하며 존엄한 대우를 받을 권리가 있기 때문이다.

나는 한 사회의 구성원이라면 누구나 존엄한 삶을 살 수 있는 각자의 몫과 사회경제적 조건을 보장받아야 한다는 의미로 **보편적 정의** 개념을 제안한다. 보편적 정의를 추구하고 기틀로 삼는 사회에서는 서로의 "바람직함"을 비교하거나 각자의 능력을 서열화할 필요가 없다. 반대로 모두가 존엄한 삶, 또 모두에게 정의로운 삶을 실현하는 것이 중요한 과제로 받아들여진다. 따라서 비교의 대상이자 목표는 나의 옆 사람이나 나의 경쟁 상대가 아니라, 우리 공동체가 향해가야 할 이상ideal이어야 한다. 그리고 그 공동체적 이상을 앞당기기 위해 사회경제적 조건의 부족한 부분을 적극적으로 채워나간다.

이는 오랜 시간 분배(혹은 상벌)의 주요 원칙이었던 비례적 정의comparative justice와 대비되는 개념이기도 하다. 물론 비례적 정의를 지금 당장 폐기하자는 취지가 아니라, 비교의 원칙에 기반하지 않는 정의noncomparative justice의 모델을 더욱 다각도로 검토하자는 뜻이다.[30] 이 정의론은 1970년대에 서구의 법철학자들 사이에서 무척 기초적인 수준으로 논의되었지만,[31] 주류 개념이었던 비례적 정의에 밀려 본격적으로 발전하지는 못한 비운의 이론이다. 하지만 노력, 능력, 성과 등을 비교하지 않고 결정할 수 있는 정의로운 몫이 있다는 아이디어는 보편적 정의 개념을 좀더 발전시키기 위한 출발점을 제공해주었다.

흔히 알려져 있는 것처럼, 비례적 정의의 모델은 **형평**의 원칙에 따라 물적·상징적 자원을 분배하는 것을 바탕으로 한다(이에 관해서는 3장에서도 간략히 살펴보았지만, 다음 장에서 더욱 상세히 논할 것이다).[32] 쉽게 말하면 한국 사회에서 요구하는 '공정', 즉 "노력에 비례하는 보상"의 원칙이다. 이 같은 계산적 논리는 현대 자본주의 사회의 지배적 패러다임으로 기능해왔지만, 비례적 원칙의 과도한 규범화는 사람들이 경쟁과 비교를 내면화하게 만들었다. 그뿐만 아니라 경제 불황, 디지털 기술과 인공지능의 발전, 자연재해와 기후위기 등 여러 다층적 요인으로 인해 빠르게 변화하는 삶의 조건에 제대로 대처하는 것을 방해하기도 한다. 예컨대 경쟁에서 반복적으로 탈락하는 불필요 계층[33]이 비례적 정의의 모델에만 의지해 안정적인 경제적 보상을 확보할 수 있을까? 노력 대비 보상을 구현할 수 없는 시대, 능력주의가 실패하는 시대에 공동체의 책무는 무엇일까?

보편적 정의 개념은 단순히 비교의 원칙에 기반하지 않는 정의의 모델에서 한걸음 더 나아가, 보다 적극적으로 물적·사회문화적 분배정의를 실현하는 것을 목표로 한다. 인간으로서 존중받는 삶을 영위하기 위해서 한 사회의 구성원이 누려야 할 몫을 다른 이들과 비교하지 않고 결정할 수 있다는 주장이다. 다시 말해서, 모두가 인간다운 삶을 누리기 위해 무엇이 얼마나 필요한지에 대해 공동체적 결정을 내리는 것이 가능하며, 이렇게 결정된 몫은 누군가의 능력, 노력, 성과와 무관해야 한다는 뜻이다. 모든 사람은 인간의 기본적인 존엄성을 유지하는 데 필수적인 권리와 자원을 누릴 수 있어야 한다. 미래가 불안정한 시대에 이 원칙은 더욱 중요하다. 그리고 이를 위해서는 한 공동체 내에서의 존엄한 삶에 대한 개념과 기준이 정립되어야 하며, 사회는 그 구성원 모두가 해당 기준에 도달할 수 있도록 구조적·정책적 지원으로 뒷받침해야 한다.

한가지 분명히 해두고 싶은 것은, 보편적 정의는 사회 구성원들이 모두 똑같은 보상을 받아야 한다는 주장이 아니라는 점이다. 예를 들면, 기본소득basic income 개념이 제안하듯이 누군가가 처한 현재의 상황이나 경제적 조건과 무관하게 무조건 동등하게 일정 금액을 배분하자는 주장과는 전혀 다른 이야기다. 보편적 정의는 한 사회의 **평등적 이상**을 설정하고, 그 이상에 모두가 분명히 도달할 수 있도록 배분의 수준을 달리하는 방식으로 실현될 수 있다. 즉 모든 이들이 누려야 할 이상적 삶의 조건이 존재한다고 가정하고, 모두가 그 조건을 보편적으로 누릴 수 있도록 분배정의를 실현하자는 주장이다. 그리고 보편적 정의를 실현하기 위해 분배해야 할 몫은 개인들 사이의 상호 비교와 경쟁이 아니라, 개인적 현실과 공동체적 이상 사이의 비교를 통해 결정된다. 그 간극을 채움으로써 그 누구의 존엄한 삶도 위협받지 않도록 중재하는 모델이다.[34]

물론 이와 같은 비전은 사회 제도 속에 반영되고 정책적으로 실행되어야 더 효과적이다. 보편적 정의의 관점을 매우 현실적이고 접근성 높은 방식으로 구현한 이는 미국의 법학자이자 정책 연구자인 존 파월John Powell이라고 생각한다. 그는 공공 정책 설계와 관련해, "보편universal이냐 선별targeted이냐"의 전통적인 이분법을 넘어서는 제3의 보편론을 제시한 바 있다.[35] 그는 이런 입장을 **선별적 보편주의**targeted universalism라고 명명했는데, 사실 선별보다는 보편에 방점이 찍혀 있는 개념이다. 모두가 점진적으로 보편적 이상을 향해가는 모델이라고 볼 수 있겠다.

우리가 알고 있는 것처럼 보편적 정책은 소득, 지위, 혹은 다른 요소들과 무관하게 누구에게든 동일한 혜택을 제공하거나 권리를 보장하는 정책이다. 만약 어떤 국가에서 연령과 성별에 무관하게 전국민에게 기본소득을 제공하기로 결정했다면, 이는 완전 보편 정책이라고 볼 수 있다. 물론 보편적 정책으로 분류된다고 하더라도, 실제로는 어느 정도의 제약 조건이 붙어 있는 경우가 대부분이다. 예를 들어 국민 누구에게나 투표권을 보장하는 제도는 보편적 제도에 속하지만 특정 연령 이상인 국민에게만 적용되므로 엄밀히 따지자면 모든 사람에게 완전히 똑같은 효력을 갖는 것은 아니다.

한편 선별적 정책은 특정한 집단을 선정해 그들에게만 배타적 지원을 하거나 혜택을 보장하는 접근법에 기반한다. 소득 구간, 성별, 지역, 장애 유무, 인종 등에 따라 정책의 수혜자로 진입할 수 있는 '자격 조건'을 설정하고, 해당 조건에 부합하는 사람들의 필요에 맞게 적절한 자원을 제공하는 방식이다. 가령 기초생활수급자로 분류된 이들에게 경제적 지원이나 주거 혜택을 제공하는 사례를 생각해볼 수 있다. 흔히 할당제로 불리는 다양한 소수자 배려 조치도 여기에 속한다. 그러나 이 책의 1부에서 살펴봤듯이, 선별적 정책은 종종 '역차별' 또는 '불공정'의 논리로 공격받기도 하고 특히 기득권의 반발을 살 때가 많다. 사회적 비교의 열망이 강한 한국 사회에서는 선별적 정책의 수혜자라는 사실 때문에 낙인을 얻기도 한다(공공임대주택에 거주한다는 이유로 "휴먼시아 거지"라는 비하 표현을 들어야 하는 경우를 떠올려보면 된다). 또한 선별적 접근은 개개인이 정책적 혜택의 기준을 통과할 것을 요구하므로, 앞서 설명한 자격 조건의 위계를 더욱 공고화하는 효과를 낳는다.

존 파월은 선별과 보편의 이분법을 넘어 정책 입안자들이 선별적 보편주의 전략을 취할 것을 제안한다.[36] 선별적 보편주의는 사회 구성원 모두가 보편적 결과를 얻을 수 있도록 각 집단별로 다양화된 정책을 수립하는 모델이다. 보편적 결과에 도달하기 위해 집단별 상황에 따라 정책 지원을 달리한다는 점이 기존의 보편적 정책과는 다르다. 하지만 동시에 그 어떤 집단이나 개인도 선별의 이름으로 특별히 선택되거나 배제되지 않는다는 점에서 기존의 선별적 정책과도 차이가 있다. 특히 특정 지역이나 집단 등 정책적 대상을 위한 명시적이고 보편적인 목표를 설정하고, 한 사회의 모든 구성원들이 그 목표에 도달할 수 있도록 정책적 자원 배분을 결정한다는 점이 큰 특징이다. 즉 보편적 이상의 실현을 위해 소속 집단을 다르게 대우하는 것이다. 선별적 정책은 특정 집단에게 더 많은 자원을 제공하지만, 사회 구성원 모두가 도달해야 할 명시적 목표 또는 이상을 염두에 두고 실행하는 경우는 드물다.

파월은 종종 교실의 비유를 사용해 이 모델을 설명하곤 한다. 모든 학생들에게 똑같은 수업을 제공하는 교수법은 보편적 접근이라고 볼 수 있다. 학생들이 느끼는 필요와는 무관하게 동일한 내용의 강의를 하는 경우를 생각해보면 된다. 반대로 소위 "열등생"들만 방과 후에 따로 모아놓고 보충 수업을 제공한다면 이는 선별적 접근에 해당한다. 기준 성적 이하의 일부 학생들만 추가 수업을 받는다는 한계, 그러면서도 동시에 그들이 낙인이나 차별에 노출될 우려가 있다는 한계를 그대로 갖고 있는 조치다.

만약 선별적 보편주의를 채택한다면 무엇이 달라질까? 우선 이 학교에 속한 모든 학생들이 도달해야 할 명시적이면서도 보편적인 결과, 즉 학생들의 탁월함을 가리키는 기준점을 설정하는 것이 첫걸음이 된다. 그리고 그 결과에 도달하기 위해 학생들 사이의 성적을 비교하기보다는(즉 "우등생"과 "열등생"을 구분해 수업을 가르기보다는), 기준점으로부터 각 학생들이 얼마나 멀리 떨어져 있는가를 측정한 후 그 결과에 따라 학생들에게 다른 교수법을 적용하는 것이다. 따라서 이론적으로는 특별히 누군가를 선별하는 것이 아니라 모두에게 지원을 제공하는 형태가 된다. 즉 모두를 위한 평등적 이상을 염두에 둔 정책 설계라는 점에서 그 철학적 바탕을 달리한다. 물론 이 모델은 세심한 조사와 분석을 필요로 할 것이다. 하지만 미국의 지방 정부, 학교, 비영리 단체 등 많은 곳에서 선별적 보편주의를 성공적으로 정착시키기도 했다. 보편적 정의를 현실적으로 구현하는 여러가지 방법 중의 하나로 한번쯤 탐색해볼 만한 방안이다.

정의로운 공동체를 만들기 위한 국가와 사회의 역할은 무엇일까? 공동체의 구성원이라면 모두가 보장받아야 할 보편적 권리를 이상적 목표로 설정하고, 모든 이들이 그 목표에 이를 수 있도록 지원하는 것이 국가의 역할이 아닐까. 그 누구도 자신만의 능력으로 홀로서기를 할 수 없는 세계에서 모두를 위한 돌봄과 정의가 우리의 삶과 관계를 어떻게 변혁시킬 수 있을지 함께 사유하자. 구조적 불평등을 '자유'와 '공정'의 이름으로 정당화하고, 동시에 개인의 '무능'과 '무책임'이라고 비난하는 세계를 무너뜨리자. 경쟁과 능력주의로는 결코 실현할 수 없는 공동선 the common good의 세계를 상상하자. 우리는 모두의 기회, 안전, 존엄을 위한 정의의 원칙을 만들고 우리 사회 전체를 위한 더 높은 목표와 기준을 세울 수 있다. 각자가 평등하면서도 고유하게 대우받는 보편적 정의의 이상을 그리기 위해 함께 마음을 맞대자. 모든 이들의 존엄한 삶이 보장될 때, 우리는 끝없는 경쟁과 비교의 굴레로부터 해방될 수 있으며 전혀 다른 차원의 심리적·물질적 풍요를 경험할 수 있을 것이다. 이 책을 읽는 당신도 함께 대안적 여정에 동참했으면 한다. 우리가 살고 싶은 사회의 모습을 다시 그려내기 위해서는 당신의 힘과 마음이 필요하다. 경쟁하는 개체들의 군집이 아니라 함께 연대하는 신뢰와 우정의 공동체를 만들어나가자.[37]

7장

정의로운 조직: 모두가 인간답게 일할 수 있는 곳

갑질은 왜 이렇게 흔할까

“사유서 세장이면 해고할 수 있는 거 알지?”

나는 20대 후반에 첫 직장에 들어갔다. 걸출한 대표작이 몇권이나 있는, 나름 이름 있는 출판사였다. K가 나를 좋게 본 적도 있었다. 그런데 언제, 어디서부터 잘못된 것인지 알 수 없었다.

“마음 같아선 사직서를 쓰게 하고 싶은데 기회를 줘보는 거야. 어떻게 하나 보려고.”

K는 앉아 있었고, 나는 서 있었다. 하지만 내려다보는 건 내가 아니었다. 내가 아무리 죄송하다고 말해도 소용없었다.

“또 이렇게 영혼 없는 소리 할 거면 바로 찢어버리고 사표로 바꿔서 쓰게 할 거야."

K는 그냥 상사가 아니었다. 내 면접을 봤던 사람이고, 현재는 승진해서 부사장이 된 사람이다. 그런 사람이 내게 말했다. 나를 해고하기 위한 수순으로 사유서를 쓰게 하는 거라고, 앞으로 하나 틀릴 때마다 사유서를 한장씩 받을 거라고.

"이제 한장 시작이야. 알았어?"

욕설은 단 한마디도 없었다. 그러나 견디기 어려운 폭력이었다. 나는 사유서를 내고도 반성을 담아 다시 써오라는 말을 수차례 들었고, 사유서를 스캔해서 다른 상사들에게까지 이메일로 보내야만 했다. 그다음 회의 때는 이런 말을 들었다.

"다들 보셨죠? 사유서. 그래, 내가 '충격요법'을 줬는데 그간 뭘 느꼈어?"

나는 몸을 덜덜 떨었다. 두려움? 아니, 그 순간 내가 느낀 것은 온몸을 쭈뼛 곤두서게 하는 분노였다.

마치 '막장 드라마'의 대본을 읽는 것 같았다. 실제로 일터에서 이런 말들을, 욕설은 단 한마디도 들어 있지 않지만 한 사람의 자존감을 완전히 무너뜨릴 수 있는 모욕적인 말들을 매일같이 상사로부터 들어야 하는 삶. 은근한 조리돌림을 하면서 '부하' 직원에게 마음껏 수치심과 모멸감을 안길 수 있는 부사장이라는 자리. 회의 시간에 의미 있고 생산적인 토론이 오갈 것 같은 꽤 괜찮은 규모의 출판사에서 벌어졌던 야만적인 일. 그리고 모두가 슬쩍 눈감고 못 본 척하는 날들.

미국 출국을 며칠 앞두고 나는 전화 한통을 받았다. 정신이 없었지만 어쩐지 꼭 참여해야만 할 것 같았다. 그렇게 나는 '사단법인 직장갑질119'와 '재단법인 공공상생연대기금'이 공동으로 주최하는 '직장갑질 뿌수기 공모전'의 심사위원으로 참여하게 됐다. 다양한 업종에서 일하는 노동자들의 '직장 내 괴롭힘 수기'를 읽으면서 1분 간격으로 한숨을 내쉬다가, 아주 오랜 기간에 걸쳐 고통을 겪고 계신 어떤 분이 "때로는 지는 싸움이라도 꼭 해야 한다"[1]라고 담담하게 적어내려간 대목에서는 결국 참지 못하고 눈물을 흘리고 말았다. 헤아릴 수 없이 반복되는 폭언과 비방, 과중한 업무 지시, 회사의 보복과 협박에 시달리면서도 끝까지 스스로의 존엄을 지키고자 다짐하는 이의 모습이었다. 그는 결국 산업재해 승인을 받아냈지만 싸움은 오히려 거기서부터가 시작이었다. 그래봤자 그는 한명의 노동자일 뿐이었고 회사는 변하지 않았기 때문이다. 그래도 그는 투쟁을 멈추지 않았다. 정의로운 싸움에서는 이기고 지는 것이 최우선 목표가 아니라는 굳은 신념이 아마도 그를 지켜냈을 것이다. 그는 자신의 인간성을 잃지 않기 위한, 그리고 그의 공동체를 살리기 위한 싸움을 하는 중이었다.

대한민국의 많은 노동자들은 오늘도 "지는 싸움"을 계속하고 있다. 고용노동부에 신고를 하고 기나긴 재판 과정을 거친 이후에도 직장 내 괴롭힘을 끝내 인정받지 못한 경우도 있었다. 심지어 갑질을 인정받고 회사로 돌아왔지만 신고했다는 이유로 상사에게 "찍혀서" 2차 가해에 계속 시달리다 결국 다른 방법이 없어 퇴사를 선택한 이도 있었다. 어떤 경영자는 "그동안 회사 운영에 차질이 있었으니 민사상 손해배상을 청구하겠다"며 협박하기도 했다. 아마 알려지지 않은 일들은 더 많을 것이다. 물론 가슴 아픈 이야기들만 있었던 것은 아니다. 고용노동부 신고 이후 모든 절차가 놀랍도록 순조롭게 진행된 경우도 있었고, 고생 끝에 마침내 산업재해를 승인받은 다행스러운 사례도 있었다. 동료들과 힘을 합치거나 노동조합에 합류하는 등 연대의 힘을 생생히 보여주는 경험담도 많았다. 그리고 다양한 수기들 가운데 "이건 빠져나갈 여지도 없이 확실하게 직장 내 괴롭힘입니다"라는 결론을 받아내고 상사에게 경고 처분을 날리게 된 이야기도 있었다. 바로 이 글 첫머리에 인용된 사연이다. 이 수기의 전문은 『한겨레21』 지면으로 만나볼 수 있기도 하다.[2]

이처럼 우리가 조직에서 마주하는 불공정하고 부정의한 사례들은 너무 흔한 일이라 굳이 설명이 필요없을 정도다. 직장 내 괴롭힘과 따돌림, 갑질과 권력 남용, 젠더 폭력, 차별, 그리고 다양한 종류의 편견과 혐오에 이르기까지 우리는 직간접적으로 여러 이야기를 전해 듣는다. 누군가는 화를 참지 못해 회의 도중에 물컵을 던졌다고 하고, 또 누군가는 무려 140장이 넘는 '매뉴얼'을 만들어 비서가 일일이 수발을 들도록 지시했다고 한다. 하지만 이런 이야기들이 반드시 '재벌 3세 리스크'에 국한되는 것만은 아니다. 갑질이나 폭력은 당연히 어디든 존재할 수 있다. 위계서열이 명확한 대기업이든, 이제 겨우 창립 첫돌이 지난 스타트업이든, 전통적인 건설업이든, 혁신적인 재생에너지 산업이든 마찬가지다. 우리의 인간성을 상실하게 만들고 쌓여가는 폭력과 상처를 방관하는 조직은 어디서든 생겨난다. 왜 이런 일들이 계속 일어날까?

갑질로 전세계적인 명성을 떨친 사람은 아이러니하게도 우리에게 잘 알려진 스티브 잡스Steve Jobs다.[3] 그는 뛰어난 안목과 통찰로 애플Apple의 성공을 이끌었지만 동시에 단지 괴팍한 인성이라는 설명만으로는 부족할 정도로 일관된 갑질로도 유명했다. 그는 자신의 뜻대로 일이 진행되지 않으면 참지 못했고, 남들의 실적을 가로채기도 했으며, 결정적으로 직원들에게 공개적인 망신을 주는 방법을 즐겨 사용했다. 직원 한명을 지목해 남들 앞에서 모욕감을 느끼게 함으로써 그가 이를 갈며 더 열심히 일하게 만드는 경영 스타일이었다. 실제로 많은 애플 직원들은 다른 직원이 스티브 잡스에게 '혼나면서' 울고 있는 것을 그저 지켜봐야만 했다. 당연히 그 누구도 '감히' 스티브 잡스를 말리지 못했다. 심지어 그 상황에 개입하기는커녕 오히려 그들은 "그래도 80퍼센트 정도는 스티브 잡스가 옳았던 것 같다"고 회고했다.[4] 능력 있는 사람이니까 충분히 그럴 자격이 있다고, 회사가 잘되기 위해서는 어쩔 수 없다고, 아마 다른 대안은 없었을 거라고, 그들은 그렇게 믿게 되었던 것이다.

우리가 일터에서 흔히 마주칠 수 있는 이런 '갑질 캐릭터'를 지칭하는 이른바 '개새끼론'asshole이 미국에서 본격적으로 부상한 시점은 2000년대 초반이다. 2003년 스탠퍼드 대학의 경영학 교수 로버트 서튼Robert Sutton은 『하버드 비즈니스 리뷰』*Harvard Business Review*에 갑질과 같은 해로운 문화를 조직이 더이상 방치해서는 안 된다는 내용의 글을 기고하면서 '개새끼'라는 단어를 무려 여덟차례나 썼다. 그는 『하버드 비즈니스 리뷰』에서 아예 이 글을 받아주지 않거나 표현을 적당히 순화시킬지도 모른다고 생각했지만, 조직에서 멋대로 갑질하는 이들을 도무지 다른 단어로 표현할 도리가 없어 그냥 원고를 보냈다고 한다. 사실 우리말의 '갑질' 같은 단어도 사람들이 실제로 쓰는 말 대신 '권력 휘두르기' 같은 점잖은 표현으로 바꿔 쓰면 체감 효과가 확 떨어질 것이다.

그런데 반신반의했던 저자의 불안이 무색하게도 『하버드 비즈니스 리뷰』는 당시의 매체로서는 매우 과감한 결정을 내린다. '개새끼'라는 말을 여덟번 모두 그대로 내보낸 것이다. 그 덕분인지 이 글은 미국 전역에서 폭발적인 반응을 불러왔으며 '혁신적 아이디어 톱 20'로 선정되기까지 했다.[5] 저자를 더욱 놀라게 한 것은 그의 글을 읽고 깊이 공감한(혹은 깊이 분노한) 독자들이 각자 경험한 각종 '개새끼들'에 대한 하소연을 보내온 일이었다. 단 한차례의 기고문으로 1,000통이 넘는 독자 편지를 받은 것은 그때가 처음이었다. 문제의 심각성을 절감한 서튼은 그 이후 몇년 동안 갑질을 연구해 단행본을 출간했는데, 이번에는 아예 책 제목에 개새끼asshole라는 단어를 넣어버렸다.[6] 그의 정의에 따르면 개새끼란 '동료들에게 의도적으로 모욕감을 주고, 특히 자신보다 힘없는 자들을 집중적으로 공격하는 사람'을 뜻한다(갑질하는 사람!). 이들 때문에 회사 분위기가 나빠지고 업무 생산성도 낮아질 뿐 아니라 다른 훌륭한 직원들이 불행한 삶을 견디지 못하고 떠나버리기 때문에 아무리 그들이 유능하다고 하더라도 결국 조직을 망치게 된다고 한다.[7]

그의 저서가 출간과 동시에 베스트셀러 자리에 오른 것을 보면 역시 미국에서도 많은 사람들이 대체 어떻게 갑질을 뿌리 뽑을 수 있을지 그 해결 방안을 찾고 싶어했던 것 같다. 그러나 안타깝게도 이후 실리콘밸리가 더욱 급격히 성장하고 스티브 잡스의 전기가 출간되면서 오히려 새로운 종류의 '개새끼론'이 지속적으로 등장하게 된다. 심지어 '실리콘밸리형 갑질 모델'을 상징하는 '유능한 개자식'brilliant jerk이라는 새로운 관용어까지 탄생했는데, 기존의 개새끼론 앞에 '똑똑한' 혹은 '유능한'과 같은 수식어가 붙은 형태라고 생각하면 된다. 어쩌면 우리 주위에서도 "유능하지만 개자식입니다"라고 소개할 만한 이들을 쉽게 찾아볼 수 있을지도 모르겠다. 실리콘밸리형 갑질 모델은 자기 분야에서 성과도 뛰어나고 잘나가는 건 인정할 수밖에 없는 사람인데, 잘나가는 만큼 다른 이들을 함부로 대하거나 성품이 좋지 않은 이들을 연상시킨다. 사실 이 신조어의 사전적 의미만 본다면 '똑똑하고 일은 잘하지만 대인관계에 극심하게 서투르고 다른 사람들의 마음을 읽지 못하는 괴짜'를 뜻하는 것 같지만, 실제로는 의도적으로 직원들을 괴롭히고 다양한 종류의 폭력을 가하는 이들, 다시 말해 갑질하는 이들을 가리키는 용어다.

그렇다면 "실리콘밸리의 갑질하는 천재들"은 과연 누구일까? 우리에게도 익숙한 몇몇 이름들을 떠올려보자. 하버드 대학 재학 시절 만든 웹서비스가 대박을 치는 바람에 창업주이자 CEO가 된 마크 저커버그Mark Zuckerberg, 또는 UCLA를 다니다가 중퇴하고 우버를 창업해 CEO가 된 트래비스 캘러닉Travis Kalanick 같은 사람들의 이미지를 떠올려보면 된다.

왠지 천재일 것만 같고, 스타트업으로 시작했는데 전세계 시장을 제패할 정도로 대성공을 거둔 사람. 그들은 엔지니어이자 동시에 경영자이고, 창업자이므로 당연히 사내 입지도 탄탄하다. 이들의 질주를 저지할 수 있는 사람이 누가 있을까? 실리콘밸리에서 "똑똑한 갑질러"라는 새로운 변주가 출현할 수밖에 없었던 맥락이다. 물론 악명 높았던 스티브 잡스의 전설도 한몫했음은 두말할 것도 없다. 적당히 군기를 잡고 폭언을 휘둘러야 직원들이 '말을 잘 듣고' 비즈니스가 효율적으로 돌아간다는 신화를 정당화했기 때문이다. 마치 갑질을 좀 해야 스티브 잡스처럼 될 수 있다는 듯이.[8]

실제로 캘러닉은 "유능한 개자식들은 비즈니스에 도움이 된다"는 소신을 공개적으로 밝혔으며[9] 그 자신도 폭언, 성차별, 갑질로 유명했다. 그는 입이 너무 거칠어서 일찌감치 비판을 받았지만 사내의 그 누구도 캘러닉을 저지하지 못했다. 그와 어울렸던 우버의 다른 경영진들도 자연히 그의 비호 아래 갑질과 막말을 자신들이 누려야 할 당연한 권리로 여겼고, 이런 문화는 우버의 관행이 됐다. 우버를 필두로 꽤 오랫동안 실리콘밸리에서는 "유능한 사람이라서 어쩔 수 없다"는 이유로 천재들의 갑질 문화가 필요악으로 받아들여졌다. 심지어 천재들의 갑질은 수익을 위해 어쩔 수 없이 감수해야 하는 '경영의 딜레마'라고 간주하는 사업주나 관리자도 있었다. 그리고 국내의 몇몇 대기업 역시 정확히 이런 접근을 채택해왔고 그로 인해 여전히 비극적인 사건들이 연달아 일어나고 있다. 하지만 그토록 조직이 비호했던 '유능한 개자식'은 능력과는 무관하게 그저 갑질하는 상사 또는 경영진을 가리킬 때가 많았다. 즉 이들은 모두 마음껏 갑질할 수 있을 정도로 직급이 높았지만 반드시 그와 비례해서 똑똑하거나 유능하거나 팀에 도움이 되었던 것은 아니었다는 얘기다.

이들은 아주 오랫동안 조직에 돌이킬 수 없는 상처를 남긴다. 함께 일하는 사람에게 고통을 안기고, 내키는 대로 아무 말이나 하고, 따라서 팀워크를 망치기도 한다. 제품이나 서비스의 품질이 달라지고 기업의 평판도 나빠진다. 그런데도 그들은 전혀 아랑곳하지 않는다. 오히려 '나 덕분에' 그나마 이 정도 수준이라도 나오는 것이니 건드리지 말라는 식이다. 조직도 마찬가지로 그들의 갑질을 방관하고 용인한다. 워낙 최고의 성과를 내는 이들top performers이니 회사로서도 어쩔 수 없다는 논리다. 그러나 앞서 밝혔듯이 이들이 실제로 엄청나게 유능해서 갑질을 할 수 있게 된 것은 아니었다. 대부분의 경우 '유능한 개새끼론'은 높은 자리에 올라간 사람들의 언어폭력과 권력 남용을 정당화하는 논리에 지나지 않았다. 그리고 이 표현은 단순한 유행어가 아니라 경영 컨설턴트들이 앞다투어 의견을 내고 학자들이 논문까지 쓸 정도의 사회 현상이었다. 슬픈 얘기지만 그만큼 갑질이 만연했다는 의미다. 심지어 이제 '유능한 개자식'은 한국의 경영지에도 '일만 잘하는 나쁜 사람'이라는 무척 순화된 표현으로 종종 등장할 정도다. 물론 지나치게 얌전한 번역이기는 하다.

과연 똑똑한 개새끼들은 오래도록 승승장구했을까? 다행히도 그렇지는 않다. 이제 이런 조직을 참고 견디는 시대는 끝나야 하고, 실제로 사람들은 더이상 불공정과 부정의를 묵인하지 않고 힘을 합친다. 그토록 통제불능이었던 우버에서도 마찬가지였다. 사실 우버에서는 언어폭력, 물리적 폭력, 심지어 성폭력이 수시로 일어났고 이는 실리콘밸리에서 공공연한 비밀이었다. 다들 알지만 조용히 묵인하는 그런 비밀 말이다. 그러나 우버의 전직 엔지니어였던 수전 파울러Susan Fowler가 용기를 내어 그가 겪었던 성희롱, 차별, 폭력을 블로그에 낱낱이 공개하면서 뒤늦게나마 본격적인 조사가 시작되었다.[10] 언론이 취재를 개시하자 수많은 익명의 내부고발자들이 등장했고 경영진은 수세에 몰리게 된다. 캘러닉은 자체적으로 진상 조사를 지시하고 내부 정보를 선제적으로 공개하는 등 황급히 수습하려 했지만 우버의 "고삐 풀린" 조직 문화에 대한 폭로 기사가 계속 쏟아져 나왔고 그때마다 사람들은 충격에 빠졌다.[11] 세계 최고의 스타트업에서 이런 만행이 벌어지고 있으리라고는 생각하지 못했기 때문이다.

결국 이 폭력적이고 해로운 갑질 문화를 뿌리부터 변혁하기 위해 창업자이자 CEO였던 캘러닉을 포함해 문제를 일으킨 주범들, 즉 똑똑한 개새끼들은 회사를 떠날 것을 요구받는다.[12] 그 결과 2017년 6월의 어느 날 우버의 창업자이자 CEO였던 캘러닉의 자리는 물론이고, CFO(최고재무책임자), COO(최고운영책임자), CBO(최고사업책임자), 아시아태평양 지역 담당 CBO, 그밖에 수많은 고위직 자리가 모두 동시에 공석이 되었다![13] 그 해로운 문화가 얼마나 널리 퍼져 있었는지 문제를 일으킨 이들을 내보내고 나니 회사를 경영할 사람이 없었던 것이다. 물론 폭력적인 조직 문화를 견디지 못하고 스스로 떠난 사람도 있다. 사람들은 우버가 경영자 없이 돌아가는 진정한 자율주행 기업이 되었다고 농담했다.

조직이 '갑질러'들을 비호하면 전직원에게 나쁜 신호를 준다. 우버의 이사회는 이를 지나치게 뒤늦게 깨달았지만 회사를 변혁할 수 있는 인물들을 데려오기 위해 고군분투하면서 공석을 채워갔다. 위기에 처한 기업을 소생시키기 위해 전격 영입된 아리아나 허핑턴Arianna Huffington은 전사 회의에서 강력하게 선언했다. "내가 누누이 얘기했듯이 '똑똑한 개새끼들'은 용납되지 않을 것이며, 그 누구도 실적이 좋다는 이유로 보호받지 못할 것입니다." 그리고 그는 '새로운 우버'는 공감과 협력과 사람을 먼저 생각하는 문화 속에 다시 태어나게 될 것이라고 강조했다.[14] 또한 새로 부임한 CEO는 직원들에게 그들이 지향하는 가치에 대해 물었고, 이를 바탕으로 '새로운 문화 규범'을 만들어 공개했다.[15]

위기를 겪은 이후 우버는 구조와 문화를 혁신하기 위해 꾸준히 여러 방안을 모색하는 중이다. 심지어 지금은 '다양성과 포용 최고책임자'Chief Diversity and Inclusion Officer라는 직함도 있으며 매년 「사람과 문화 보고서」People and Culture Report를 발간하기도 한다.[16] 우버가 이런 보고서를 낸다는 것이 낯설게 느껴질 정도로 많은 이들이 의구심의 눈초리를 보냈지만, 지난 수년 동안 우버는 회사가 지향하는 가치를 반복해서 다듬었고 2021년 말 다시 한번 새롭게 정립한 '우버의 문화적 가치'를 발표하며 의지를 다졌다.[17] 새로 꾸려진 경영진의 강한 신념과 전직원의 노력으로 우버는 조금씩 변화하고 있고, 그 덕택에 회사는 위기를 넘기고 여전히 잘 운영되고 있다.

정의로운 조직은 가능하다

마치 롤러코스터처럼 급격한 도약과 추락을 보여준 우버의 이야기가 우리에게 시사하는 바는 결코 작지 않다. 갑질은 한 개인의 일탈이 아니다. 갑질은 구조적으로 방치되고, 용인되고, 부추겨지기 때문에 가능하다. 조직은 다양한 이유를 들어가며 공식·비공식적으로 갑질을 비호하고, 그저 "까칠한 상사"를 주위 사람들이 좀 참아주면 해결되는 것처럼 사소한 문제로 치부한다. 심지어 갑질로 인해 가슴 아픈 사고가 일어난 상황에서조차 조직은 책임으로부터 비껴간다. 문제를 일으킨 이가 조용히 사직하거나 아무런 실질적 대안이 없는 사과문 발표로 마무리할 때도 많다. 불과 얼마 전에도 끊임없는 갑질과 모욕감을 견디지 못한 어떤 40대 직원이 스스로 세상을 등지고 말았지만, 그의 조직은 "회사의 리스크 관리" 차원에서 가해자의 직무를 정지한다는 당혹스러운 보도자료를 냈다. 위기 상황에서조차 대외 커뮤니케이션의 방침을 이렇게 정했다는 점은 그들의 인식의 한계를 선명히 드러냈다. 세상을 떠난 자의, 그리고 남겨진 자들의 고통과 삶은 어디에 있는가? 그저 한명의 가해자가 조직의 리스크인 것이 아니라, 수많은 문제제기와 건의에도 불구하고 오랫동안 갑질을 승인했던 조직 그 자체가 리스크다. 조직의 구조, 규범, 소통 방식, 문화의 발본적인 쇄신이 필요하다.

갑질은 구조의 책임이 아니라 개인적 일탈이라는 인식, 갑질이나 '군기 잡기'도 회사의 수익을 위한 어쩔 수 없는 필요악이라는 인식은 생각보다 우리 주변에서 흔히 찾아볼 수 있다. 조직 구성원을 회사의 생산성과 수익 모델을 떠받치는 도구에 불과하다고 보는 것이다. 이처럼 인간을 도구화하고 경쟁을 우선시하는 시장 논리와 개별주의적 존재론은 '성장'을 위해 개인을 착취하는 것을 당연하게 여긴다. 더 나아가 '성장'을 위해서라면 누군가는 상대적으로 더 중요하고, 반대로 누군가는 덜 중요하다는 인식도 정당화된다. 그런 논리에 따르면 '더 중요한' 사람들은 마음껏 혹은 적당히 필요에 따라 갑질을 할 수 있고, 덜 중요한 사람들은 그저 열심히 '굴러야' 한다. '잘나가는' CTO들은 왜 그들이 무리한 요구를 할 자격이 있다고 생각할까? 또한 어느 대선후보가 "주 120시간도 일할 수 있어야 한다"고 주장할 때 그 120시간을 채우는 이들은 과연 누구일까? 이런 환경 속에서 '중요하지 않다'고 간주되는 이들은 비현실적인 마감도 맞추고, 상사의 심기도 살피고, 살아남기 위해 자존감을 잃어가며 스스로를 끝까지 몰아붙인다. 그렇게 아무런 안전망도 없이 알아서 생존해내는 것이 바로 각자도생이다.

하지만 조직은 그저 경쟁과 노동의 대가로 돈을 지급하는 기계가 아니다. 조직은 공동의 목표를 위해 협업하고 조율하는 공동체로서 그 안에 무수한 관계와 상호작용이 있으며, 우리는 우리의 일을 통해 정체성을 형성하기도 하고 삶의 의미를 찾기도 한다. 정의로운 조직은 '더 중요한 사람'과 '덜 중요한 사람'의 구분 없이 모든 구성원을 인간답게 대하는 최소한의 도리를 지키는 조직이다. 정의가 실현되지 않으면 사회가 존속할 수 없는 것과 마찬가지로 조직 운영을 위해서도 정의의 원칙은 핵심이다. 일터에서 계획을 세우고 팀을 짜면서 너무나 당연한 듯 효율성을 핵심 원리로 고려하는 것과 같이 공정의 원리 역시 기본 원칙으로 받아들여져야 한다. 사실 많은 경우 회사의 정책은 이미 명시적 또는 암묵적으로 공정의 원리를 따르고 있다. 임금이나 성과급과 같은 보상체계, 다양한 복지 정책, 업무 분장 및 재배치 등 거의 모든 경우에 공정성이 담보되지 않으면 갈등이 생겨날 수밖에 없기 때문이다. 즉 정의의 원칙은 효율이나 성공의 원칙보다 우선하는 가장 기본적인 조직 운영 원리다. 이 같은 기초적인 사회계약조차 지켜지지 않는 곳에서 구성원들이 어떤 노력과 헌신을 보여줄 수 있을까?

다행히 요즘에는 조직의 문화와 지배 구조를 개선하려는 의지를 가진 리더가 늘고 있다. 리더의 의지는 매우 중요하기 때문에 이 같은 흐름은 무척 반가운 일이다. 물론 '조직 공정성' '기업의 사회적 책임' 'ESG 경영'과 같은 요즘의 트렌드 때문인지도 모르겠다. 그러나 앞서 강조했듯이 정의의 원칙은 조직 운영의 부가적 요소나 최신 트렌드가 아니라 조직 운영의 기초 원리다. 의사결정권자들은 모든 구성원들이 온전히 역량을 발휘할 수 있도록 공정한 절차, 규범, 문화를 수립하기 위해 실질적으로 자원을 투자해야 한다. 그뿐만 아니라 공정하고 정의로운 대우를 요구하는 구성원들의 요구와 사회적 압력 역시 더욱 높아지고 있기 때문에 정의로운 공동체를 만들고 유지하는 것은 더이상 외면하기 힘든 과제이기도 하다. 그렇다면 조직이 지켜야 할 정의의 원칙에는 어떤 것들이 있을까? 여기서는 수십년간 축적된 **조직정의**organizational justice 연구를 바탕으로, 조직이라는 맥락 안에서의 정의 개념을 간략히 살펴본 후 분배정의, 절차정의, 관계정의, 정보정의를 차례로 논의할 것이다.[18]

조직에서의 공정과 정의는 오랜 시간 동안 연구되어왔지만, 공식적으로 조직정의라는 용어가 제안된 것은 1980년대다.[19] 최초의 조직정의 개념은 넓은 의미의 사회정의 개념과 맥을 같이하는 포괄적 용어로 제시되었다. 즉 조직정의는 조직 내에서 크고 작은 의사결정을 내릴 때 합당한 원칙과 기준을 지키는 것을 뜻한다. 그리고 이 같은 정의의 경험이 축적되었을 때 구성원들이 공정fairness하다는 인식을 갖게 된다고 설명한다. "정의 감각"이라는 말은 존재하지 않는 데 반해 우리가 "공정성 감각"이라는 표현을 흔히 사용하는 것도 이와 무관하지 않은 것 같다. 조직 연구자들은 공정은 인식과 평가의 차원이고(따라서 사람들이 "공정성 감각"이라는 표현을 만들어낸 것도 그럴 듯하고), 정의는 실질적 행위의 영역이라고 보기 때문이다.

그렇다면 정의를 실천하기 위해 따라야 할 "합당한 원칙과 기준"이란 과연 무엇일까? 조직정의 개념이 등장한 이후의 학술적 논의는 바로 이 부분에 집중한다. 조직 운영을 위한 정의의 원칙, 혹은 필수 원리가 무엇인지 답하는 것은 사실 쉽지 않은 일이다. 사회구조가 변하고 시대정신이나 윤리의식이 달라지면서 '합당함'에 대한 사람들의 관념 또한 달라질 수 있기 때문이다. 한 시대에 옳다고 간주되었던 것이 다음 시대에 전적으로 부정의한 것으로 재평가받는 일도 흔히 찾아볼 수 있다. 그뿐 만 아니라 조직이라는 맥락의 특수성을 고려할 때, 구성원의 필요와 상황적 변화에 따라서도 원칙이나 기준이 바뀔 수 있다.[20]

결국 합당한 원칙과 기준은 각 조직과 공동체에서 합의와 협상을 통해 (재)구성해나가야 한다. 그리고 이 같은 기준을 세우기 위해서는 조직정의에 대한 세부적 이해가 필요하다. 조직정의의 세부 개념들 중 분배정의와 절차정의는 우리에게도 친숙한 전통적인 개념이지만 관계정의와 정보정의는 상대적으로 '젊은' 용어다. 그만큼 조직정의의 개념은 역동적으로 진화해왔고 현재도 계속해서 다듬어지는 중이다. 조직정의의 이 같은 네가지 차원dimensions은 각각 다른 필수 원리를 따르고 그 성격도 다르지만, 구성원들이 조직의 공정성을 판단하는 데 영향을 미친다는 점에서는 동일하다. 어느 한 차원에서 원칙이 무너지면 구성원들은 자신의 조직이 공정하지 않다고 느끼게 된다는 뜻이다.

첫번째로 **분배정의**distributive justice는 조직의 자원 또는 성과에 대한 보상을 배분하는 데 있어서 공정한 원칙을 지키는 것을 뜻한다. 경영학에서는 흔히 "결과outcome를 배분한다"는 표현을 쓴다. 단순히 "산출물" 같은 개념보다 더 큰 개념이다. 다시 말해서, 결과 배분은 단순히 직원의 연봉 수준을 결정하거나 성과급을 지급하는 것만을 뜻하지 않는다. 팀 회의를 통해 결정되는 업무 배분, 승진 또는 직무 변경, 회사의 신규 서비스나 아이디어에 대해 "누구에게 크레딧credit을 줄 것인가"와 같은 유무형의 자원을 배분하는 문제가 모두 포함된다. 따라서 분배정의에 대한 조직 구성원들의 인식은 단순히 자신이 받는 금전적 보상에 의해서만 결정되지 않는다. 그간 사내에서 받은 대우, 구성원들 사이의 인정 여부, 보상 수준 전반을 바탕으로 공정성에 대한 인식이 형성된다. 예컨대 회사 사정상 연봉이 지금 당장 올라가지 않더라도 자신이 노력한 만큼의 상징 자본(직무 변경이나 크레딧)을 획득할 수 있다면 구성원들은 분배정의가 실현된 것으로 받아들일 수 있다. 반대로 그동안 여러차례 화제가 되었던 '성과급 논란'은 구성원들이 분배정의가 지켜지지 않았다고 느꼈기 때문에 조직을 상대로 문제를 제기한 것으로 볼 수 있다.

그렇다면 조직 내 분배정의는 어떻게 실천할 수 있을까? 여기서 고려해야 할 세가지 필수 원칙이 바로 이 책의 3장에서 살펴본 분배의 3원칙, 즉 형평·평등·필요의 원칙이다. 이 원칙을 기억한다면 성과급에 대한 문제제기는 분배의 3원칙 중에서 형평의 원칙과 직접적인 관련이 있다는 점을 알 수 있을 것이다. 다시 말해서 구성원들이 '노력 대비 보상'의 원칙이 지켜지지 않았다고 본 것이다. 3장에서 간략히 설명했듯이 형평의 원칙은 조직에서의 분배정의를 평가할 때 가장 흔히 사용되는 원리다. 나의 '노력 대비 결과'의 수준과 비교 대상(준거집단)의 '노력 대비 결과'의 수준을 비교했을 때, 그 결과값이 어느 정도 비슷하게 평가되어야 한다는 규칙이다. 이미 알려져 있는 것처럼 성과급에 반발했던 직원들은 경쟁사의 영업이익과 성과급을 비교 분석한 이후에 이의를 제기했다고 하니 3장에서 언급했던 형평의 원칙을 표기하는 등식이 꽤나 잘

맞아떨어진 셈이다. 하지만 형평의 원리를 수식으로 표현할 수 있다고 해서 그것이 객관적이라는 뜻은 아니다. 구성원들이 분배정의의 원칙을 따지는 과정은 주관적 인식과 경험으로부터 완전히 분리될 수 없기 때문에, 구성원들이 공정하지 않다고 느꼈다고 해서 반드시 분배정의의 원칙이 위반되었다고 볼 수는 없다. 따라서 조직의 의사결정권자 또는 경영진이 분배 결정에 대해 충분하고 설득력 있는 설명을 제공하는 것이 매우 중요하다. 성과급에 불만을 제기했던 이들 역시 성과급 산정 기준에 관한 투명한 소통을 요구한 바 있다.

성과급 논란을 비롯해 오랫동안 한국 사회에서는 '공정한 보상'이 중요한 화두로 계속 등장하고 있다. 그러나 공정한 보상이 반드시 형평의 원칙, 즉 비교의 원리만으로 실현되는 것은 아니라는 점이 보다 많이 논의될 필요가 있다. 평등과 필요의 원칙 역시 분배정의를 추구하기 위한 필수 조건이다. 그리고 이것은 이윤을 추구하는 기업에서도 마찬가지다. 사람들은 형평의 원칙이 지켜지지 않았을 때 구성원들이 반발하는 경향이 크다고 생각하지만, 평등의 원칙이 어긋났을 때 구성원들이 받는 충격은 엄청날 수 있다. 그러나 안타깝게도 평등의 원칙을 실현하는 길은 멀기만 하다. 조직 환경에 따라 여러가지 이유가 있을 수 있겠지만 가장 대표적인 요인 중 하나는 여전히 해소되지 않은 성별 임금격차의 문제다.

2017년 여름, 영국의 공영방송 BBC는 역사상 최초로 고액연봉자 명단을 발표하게 된다. 애초에 고액연봉자들의 임금을 공개하게 된 계기는 공영방송의 예산이 어떻게 집행되는지에 대해 국민들에게 제대로 알려야 한다는 목소리가 커졌기 때문이었다. 당시 BBC가 유명 아나운서, 인기 쇼호스트, 뉴스 편집장과 같은 이른바 BBC의 '간판스타'들에게 어느 수준의 연봉을 지급하는지 투명하게 밝혀야 한다는 사회적 압력이 있었다. 내가 납부한 세금으로 유명인들의 월급을 준다면 세금을 납부하는 국민으로서 마땅히 그 금액에 대해 알 권리가 있다는 주장이었다. BBC는 한국의 KBS와 마찬가지로 공영방송으로서 대부분의 수입을 TV 수신료에 의존한다. BBC 시청이 가능한 전국의 모든 가구는 2022년 기준으로 가구당 연 159파운드(한화 약 25만 7,000원)를 수신료로 납부해야 한다. 상당한 고정 수입인 셈이어서 TV 수신료는 BBC 전체 수익의 약 76%에 달할 정도로 주요 재원이다.[21] 광고료나 저작권료와 같은 기타 매출도 있지만 사실상 국민의 세금으로 운영되는 것과 마찬가지다. 그러니 이 돈이 정확히 어떻게 쓰이는지 알고 싶은 것도 당연하다. 이 같은 사회적 요구에 부응해 BBC는 자사의 고액연봉자 명단을 공개하게 된다. 이 명단이 온 나라를 뒤흔들 것이라고는 전혀 예상치 못한 채로.

BBC는 연봉 15만 파운드(한화 약 2억 4,000만원) 이상을 받는 이들의 명단을 발표했는데 그 누구도 부인할 수 없을 만큼 성차별이 뚜렷하게 드러나는 데이터였다. 성별 임금격차 이외의 다른 이유가 있었다고 둘러대는 것이 불가능한 결과였기에 BBC는 전사회적 비난에 직면하게 된다. 일단 연봉 1위부터 7위까지가 모두 남성이었다. 공동 8위에 이르러 다른 남성과 함께 여성이 겨우 한명 등장하기 시작했지만 전체 고액 연봉자 96명 중 여성은 고작 34명에 불과했다. 더욱 놀라운 것은 뉴스룸에서 똑같은 일을 맡고 있는 경우에도 남성이 여성보다 훨씬 더 많은 연봉을 받고 있었다는 점이었다. 이는 물론 사회적 반발을 불러일으켰지만, 사실 그 누구보다도 가장 충격을 받았던 사람들은 바로 BBC의 직원들이었다. 여성들은 자신과 똑같은 업무를 담당하며 소통하던 동료가 그동안 훨씬 더 많은 임금을 받으며 회사를 다니고 있다는 사실을 전혀 몰랐던 것이다. 그중에서도 특히 충격과 배신감에 휩싸였던 이는 BBC의 핵심 인사였던 캐리 그레이시Carrie Gracie다.

캐리 그레이시는 BBC 30년 근속자였다. 그레이시는 1987년에 입사해 해외특파원으로 전세계를 누볐는데, 특히 거의 10년을 중국에 머무르며 취재를 담당했을 정도로 중국통이었다. BBC는 세계 곳곳의 뉴스를 취재하지만 어쩔 수 없이 중국이 더 많은 주목을 받기 때문에 중국 취재원으로서의 그의 역할은 굉장히 중요했다. 10년간의 중국 체류를 마친 후 영국으로 돌아온 그는 BBC의 간판 앵커가 된다. 6년 동안이나 아침 뉴스의 메인 앵커로 활약할 정도로 BBC의 '얼굴'이었다. 이후 BBC가 국제뉴스 부문을 확대하면서 전세계의 주요 지역별로 편집장을 임명하게 되는데, 그레이시는 2013년에 최초의 중국 지국장으로 발탁되어 다시 베이징으로 건너간다. 그레이시는 뉴스의 방침을 정하고 주요 어젠다를 설정하는 중책을 맡은 고위직으로서의 자부심을 가지고 헌신적으로 일했고 평생의 커리어를 BBC에 쏟아부었다.[22]

그러나 투명하게 공개된 연봉을 앞에 두고 그레이시는 커다란 분노와 배신감을 느끼게 된다. 그는 고액연봉자 명단에 속해 있지 않았다. 그가 스스로의 연봉을 모를 리 없으니 이 사실 자체는 그에게 그다지 놀랍지 않았을 것이다. 그러나 국제뉴스 부문의 다른 지국장들, 즉 남성 지국장들은 고액연봉자 명단에 올라 있는 것을 보고 그레이시는 상당한 충격을 받는다. 하지만 충격파는 여기서 그치지 않았다. 알고 보니 그는 북미 지역 편집장 존 소펠Jon Sopel이 받던 연봉의 반토막에 불과한 금액을 받으며 일해왔던 것이다. 그는 이런 사실을 꿈에도 알지 못했고, 오히려 BBC에 오랫동안 기여한 고위직 인사로서 당연히 좋은 대우를 받으며 회사에 다니고 있는 줄로만 생각했다. 그레이시와 소펠은 각자의 직함, 계급, 경력, 근속연수, 심지어 생물학적 나이에서도 별반 차이가 없었다. 오직 다른 것은 그레이시는 여성, 소펠은 남성이라는 점이었다. 소펠이 이미 오래전부터 그레이시의 두배 이상의 연봉을 받으며 일하고 있었다는 사실은 그레이시에게 큰 상처를 남겼다. 소펠의 연봉이 한화로 4억원이 조금 넘는 정도였으니, 아마 이 둘의 연봉은 무려 한화로 2억원 가까이 차이가 났던 것으로 추측된다.[23]

분노한 그레이시는 결국 부당한 처우에 대해 회사에 공식적으로 문제를 제기했다. 아마 자존심도 상했을 것이다. BBC는 당연히 그간의 처우가 불공정했음을 인정하고 그에게 사과했다. 이후 협상을 거쳐 일정 정도의 밀린 임금을 지급하기로 합의했지만, 그레이시는 회사로부터 지급받은 밀린 임금 전액을 젠더 평등을 위해 기부하고는 6개월 무급휴가를 낸다.[24] 그렇게 회사를 떠나 있는 동안 그는 세계 곳곳을 다니며 젠더 평등과 성별 임금격차 해소를 주제로 강연을 했다. 이후 다시 BBC로 돌아왔지만 얼마 지나지 않아 끝내 사직서를 제출하고야 만다. 오랫동안 몸담았던 회사를 떠나기로 결정하기까지, 그리고 그간 자신의 여정을 돌이켜보면서, 만감이 교차하지 않았을까.

분배정의의 실현에 있어서 평등의 원칙은 중요하다. 형평의 원칙이나 필요의 원칙이 어긋났을 때보다 구성원들에게 더 큰 상처를 줄 수 있고, 조직에 대한 신뢰가 깨질 수 있으며, 또한 구성원들 사이의 갈등을 유발할 수도 있다. 설이나 추석 같은 명절에 회사에서 명절 상여금을 차등 지급한다면 어떨까? 혹은 명절 선물에 직급별로 차이를 둔다면? 이런 처우는 마치 나 자신에게 등급이 매겨지는 것 같은 느낌이 들게 하지 않을까? 예전에는 동일한 업무를 수행하는데도 불구하고 비정규직이라는 이유로 명절 때마다 상여금을 더 적게 지급하는 관행이 문제가 되기도 했다. 그러나 명절 선물이나 상여금은 업무 성과에 대한 보상이 아니라 모든 구성원들이 동등하게 누려야 할 복리후생에 해당한다. 지금은 명절에 제공되는 혜택에 차등을 둔다면 차별로 간주된다. 아주 기본적인 원칙이기는 하지만 그래도 법적으로 명문화되어 있다는 점은 다행한 일이다.

조직 운영에 있어서 형평·평등·필요의 원리를 어떤 기준과 원칙으로 선택할 것인가의 문제는 조직의 상황과 전략적 목표에 따라 달라진다. 당연히 "분배정의의 황금 법칙" 같은 것은 존재하지 않는다. 예를 들어, 창업 초기의 소규모 스타트업에서는 형평의 원칙(성과에 따른 보상)을 엄격하게 적용하는 것이 오히려 독이 될 수 있다. 이 시기의 전략적 목표는 "한배를 탄 동지"로서 장기적으로 함께할 수 있는 공동체성과 기업 아이덴티티를 구축하는 것이 중요하기 때문이다. 또한 가치관이 변하면서 분배정의의 원칙이 달라지는 경우도 있다. 한때 기업 대표의 집무실이 평사원들에게 배정되는 업무 공간의 20~30배 규모를 차지하는 것이 당연하게 여겨지기도 했지만, 수평적 조직에서는 이 역시 불공정하다고 여겨진다. 시대가 변하면서 공간을 기획하는 기준이 형평의 원리에서 평등의 원리로 넘어간 것이라고 볼 수 있다. 분배정의의 세 원칙은 서로 교차하는 지점이 있기도 하다. 예컨대 성별 임금격차도 평등의 원칙과 형평의 원칙 둘 다 사용해서 설명할 수 있다. 따라서 각 조직은 보상체계를 수립할 때 분배정의의 필수 원리 세가지를 염두에 두되, 조직의 상황에 맞는 원칙을 정하고 이에 관해 구성원들과 투명하고 적극적으로 소통해야 할 것이다.

분배정의가 의사결정의 결과가 공정한지에 관한 개념이라면, 두번째 **절차정의**procedural justice는 의사결정의 과정이 공정한지를 다루는 개념이다. 절차정의 역시 우리가 흔히 들어온 개념이지만 사실 이 개념이 정립되고 경험적으로 증명되기까지는 오랜 시간이 걸렸다. 초기 연구는 주로 법학자들에 의해 진전되었는데,[25] 생각해보면 우리가 절차정의의 개념을 대입해보는 상황도 법 집행과 관련된 경우가 많다. 예를 들어, 같은 법률이 강자 혹은 부유층에게는 다르게 적용된다든가, 마땅히 지켜져야 할 절차가 사회적 약자에게는 제대로 지켜지지 않는다든가 하는 식의 문제를 떠올려보면 된다. 분명히 정해진 절차가 있는데 그 절차가 공정하게 적용되지 않는 상황에서 우리는 부당하다고 느낀다.

조직 내에서도 마찬가지다. 말과 행동이 따로 노는 상황에서 어떻게 조직을 신뢰할 수 있을까? 실제로 절차정의가 분배정의보다 조직 신뢰도와 헌신도에 더 큰 영향을 미친다는 연구도 많다.[26] 그뿐만 아니라 절차정의는 부정적인 상황에서 더 큰 효과를 나타낸다. 이른바 공정 절차 효과fair process effect로 명명된 현상이 그것인데, 지금 당장 내 성과에 부응하는 만큼의 보상을 받지 못했더라도 (즉 분배정의가 당장 실현될 수 없는 상황이더라도) 그 결정이 내려진 절차가 공정했다고 판단되는 경우 부정적 반응이 줄어든다는 것이다. 예컨대 예기치 못한 위기로 인해 며칠 동안 월급이 밀렸다고 가정할 때, 그 과정 자체가 부당하지 않았고 모두에게 일관되게 적용되었다는 점이 충분히 설명되면 반감이 줄어드는 경우를 생각해볼 수 있다. 또한 절차정의는 채용이나 승진에서 탈락한 경우 같은 부정적 소식을 전해야 할 때 소식의 부정적 여파를 최소화하는 역할을 한다. 막판 면접에서 아쉽게 탈락했을 때 그 이유를 납득하고 받아들이는 것은 절차가 공정했느냐의 여부와 직결되기 때문이다. 실제로 초창기의 절차정의 개념은 "어떻게 하면 나쁜 소식을 잘 전할 수 있을까"에 관한 연구 덕분에 크게 진전되기도 했다.[27]

오랜 시간에 걸친 연구를 바탕으로 지금은 절차정의의 필수 원리가 꽤 상세하게 확립되어 있다. 의외로 우리에게 잘 알려져 있지 않지만, 사실 절차정의의 개념은 "과정이 공정하게 집행되어야 한다"는 단순한 원칙 그 이상이다. 구체적으로는 대표성representativeness, 일관성consistency, 편견 억제성bias suppression, 정확성accuracy, 수정 가능성correctability, 윤리성ethicality의 여섯가지 필수 원리가 충족되었을 때 절차정의가 실현되었다고 볼 수 있다. 조직과 공동체의 규정, 가이드라인, 정책 등과 같은 다양한 절차를 수립할 때 절차정의의 6대 원칙을 고려해야 하며, 또한 합의된 절차를 실행할 때도 이 원리를 지켜야 한다는 뜻이다.

절차정의의 6대 원칙[28]

(1) 대표성: 해당 절차에 영향을 받는 모든 구성원들의 이해관계가 반영되어 있는가?
(2) 일관성: 해당 절차는 모두에게, 그리고 언제나 동등하게 적용되었는가?
(3) 편견 억제성: 해당 절차는 의사결정권자의 개인적 이해관계나 선입견으로부터 얼마나 자유로운가?
(4) 정확성: 의사결정 과정에서 주어진 모든 정보가 가능한 한 정확하게 활용되었는가?
(5) 수정 가능성: 의사결정이 잘못된 경우 구성원들이 이의를 제기하고 절차를 수정할 수 있는가?
(6) 윤리성: 해당 절차는 구성원들이 합의한 규범에 부합하는가?

절차정의를 확보하는 데 있어서 많은 이들이 간과하는 원칙이 바로 수정 가능성이다. 절차정의는 정해진 절차에 무조건 따라야 한다는 의미가 아니다. 오히려 절차정의는 결과가 불공정하거나 절차가 불완전할 때, 또는 착오가 있었을 때, 조직 구성원들이 이에 관해 목소리를 내고 영향을 미칠 수 있음을 포함한다. 부당한 결과를 마주하거나 혹은 그 절차 자체가 부당하다고 느낄 때 이에 대해 이의를 제기할 수 있는 절차가 보장되어 있는 것까지 절차정의의 필수 요소로 간주된다는 뜻이다. 따라서 절차정의가 온전히 뒷받침되려면 의사결정에 대해 문제제기를 할 수 있는 공식적인 채널이 제공되어야 하고, 구성원들이 이를 현실적으로 활용할 수 있어야 한다. 즉 구성원들이 불공정한 절차 개선에 실질적으로 참여할 수 있는지의 여부까지도 절차정의에 포함된다. 그러나 안타깝게도 한국에서는 이 부분이 가장 취약한 영역에 속하는 듯하다. 물론 다른 국가에서도 구성원들의 힘으로 절차를 바꾸어내는 것이 쉬운 일은 아니다.

그럼에도 불구하고 절차정의를 온전히 실행하는 것이 언제나 결과의 정의를 보장하지는 않는다는 점, 그래서 풀뿌리의 힘으로 절차를 더 정의롭게 바꾸려는 노력이 반드시 수반되어야 한다는 점을 강조하고자 한다. 절차정의의 함정이라고 표현할 수도 있겠다. 특히 절차 자체가 한 사회의 기울어진 인식 구조에 기대어 있을 때 더욱 그렇다. 미네소타 대학 교수로 재직하고 있는 나의 소중한 친구 케이트 해리스Kate Harris는 학내 성폭력 문제를 꾸준히 연구해온 조직 연구자다. 그는 미국의 한 대학에서 현장 연구를 진행했는데, 사실 대다수의 대학들이 학내 성폭력에 있어서는 엇비슷한 접근을 따르고 있기 때문에 그의 연구 결과는 지금도 유효하다. 그는 성폭력 신고와 처리, 심지어 통계 발표에 이르기까지 절차 전반에 있어서 부정의가 함축되어 있음을 여러 사례를 통해 밝혔다.[29]

미국의 모든 대학은 일명 '클레리 법'The Clery Act이라 불리는 '학내 보안 정책 및 범죄 통계 공개 의무화 법안'에 따라 캠퍼스에서 발생한 모든 종류의 범죄 통계를 해마다 공표해야 한다.[30] 이 법안은 캠퍼스 기숙사에서 강간 후 살해당한 진 클레리Jeanne Clery의 이름을 따서 만들어졌다.[31] 사건이 일어났던 1986년 당시 그녀는 신입생이었다. 이 사건 전까지 캠퍼스에서 일어나는 범죄는 대학에서 제대로 집계하거나 공개하기는커녕 조용히 묻어버리는 경우가 많았다. 학교의 평판이나 신입생 유치에 결정적인 영향을 미칠 수 있기 때문이었다. 지금은 캠퍼스 내에서 발생하는 모든 범죄의 상세한 통계와 변화 추세가 구성원들에게 투명하게 공개된다.

그러나 해리스는 이 절차를 그대로 따른다고 하더라도, 아니 오히려 그대로 따르기 때문에, 다른 범죄와 달리 성범죄는 과소 집계되는 경향이 크다는 점을 밝혔다. 다양한 구조적 원인들 중 절차정의와 직결되는 것은 크게 두가지다. 첫째, 다른 범죄와 달리 성폭력의 경우에는 상담자 혹은 신고자가 가해자를 특정하지 않으면 아예 해당 사건이 집계조차 되지 않는다. 대학 규정상 가해자의 신원을 알 수 없는 경우에는 교수, 교직원, 상담사 중 그 누구도 보고해야 할 의무가 없고, 보고한다고 해도 처리되지 않기 때문이다. 가해자가 신원 불상이면 그대로 무시된다. 상담사나 심리치료사 들 역시 이런 점을 힘들어하는 경우가 많다. 학내 성폭력 센터나 인권 기구에 성폭력으로 인한 트라우마를 호소하며 상담을 받거나 도움을 청하는 학생들이 많지만 끝내 가해자의 이름을 밝히지 못하는 사례도 적지 않기 때문이다. 성범죄가 아닌 다른 경우, 예컨대 절도 사건이나 물리적 위협의 경우에는 가해자의 신원을 모르더라도 범죄가 발생한 것으로 집계된다(나 역시 "신원 미상의 남성이 가방을 빼앗아 달아났다"와 같은 범죄 리포트를 읽은 적이 있다). 그러나 유독 성범죄는 가해자를 명확히 지목할 것을 요구한다. 결국 절차를 충실히 따른 결과로 캠퍼스에서 발생하는 성범죄는 과소 집계되는 효과가 생겨나게 된다.

같은 공동체의 구성원들 사이에서 성폭력이 발생한 경우, 많은 피해자들이 가해자 신고를 두려워한다. 만약 가해자가 지도교수라면 더욱 그럴 것이다. 그러나 피해자가 끝내 형사 절차를 포기한다고 하더라도 그것이 범죄 사실이 아예 없었다는 점을 증명하는 근거가 될 수는 없으며, 통계로 집계조차 되지 않는 것도 문제다. 굳이 상담사를 찾아가서 아픈 기억을 털어놓은 후, 보복이 두려워서 차마 신고하지 못하고 돌아가는 이들이 거짓을 말할 이유가 있을까. 형사 절차를 거치지 않는다고 하더라도 학내 규정을 만들어 그저 익명의 피해 건수만 기록해도 될 일이다. 그러나 안타깝게도 미국의 대학들은 많은 경우 여전히 이런 절차상의 구멍을 그대로 두고 있다.

둘째, 형법 조항과 마찬가지로 대학 규정 역시 성폭력 범죄를 명확히 정의해두고 있다. 그러나 이 규정에 따르면 강간은 오직 생물학적 남성과 생물학적 여성 사이에서만 발생할 수 있다. 해리스가 현장 연구를 위해 방문했던 대학 역시 이 같은 규정을 명문화하고 있었기 때문에 스스로를 퀴어로 정체화하는 학생들은 아예 신고조차 할 수 없을 뿐 아니라 신고한다고 해도 강간으로 처리되지 않았다. 그렇다면 이들의 경험은 무엇으로 설명될 수 있으며, 이들이 경험하는 폭력은 어떻게 해결할 수 있을까? 신고 단계에서부터 자신의 피해 경험이 부정되며 법적으로 다루는 것 자체가 불가능하다는 것을 깨닫게 된 피해자는 어떻게 진정한 회복의 여정을 시작할 수 있을까. 가해자를 제대로 처벌하는 것은 가능할까? 이처럼 성폭력과 젠더에 대한 지배 규범과 인식이 절차에 이미 녹아 있는 경우에는 절차를 정확히 따를수록 부정의한 결과를 초래하고 폭력을 방치하는 아이러니를 마주하게 된다. 퀴어 학생들은 학교도 법도 자신들을 지켜주지 않는다는 점을 깨닫게 될 뿐이다.

절차정의가 반드시 결과의 정의를 담보하는 것은 아니다. 절차 자체가 차별적일 수도 있고, 불충분해서 보완이 필요할 수도 있다. 따라서 우리 모두가 정책, 법, 내규 등을 눈여겨보는 것이 중요하며, 문제를 제기하고 절차를 수정할 권리가 반드시 보장되어야 한다. 특정 구성원들(앞의 사례에서는 성별 이분법의 바깥에 있는 학내 구성원들)에게 동일한 절차가 적용되지 않는다면 공동체는 이를 어떻게 받아들이게 될까? 당연히 지켜져야 할 절차가 내 앞에서만 무시되는 상황을 떠올려보면 좀더 이해하기 쉬울지도 모르겠다.

이처럼 절차정의가 위반되는 상황이 반복되면 장기적으로 조직과 구성원 사이의 관계를 훼손시킬 수밖에 없다.[32] 나아가 조직 구성원으로서의 정체성, 사회적 입지, 자존감과 자기 가치에 직접적인 영향을 미친다. 최소한의 절차정의조차도 보장받지 못하면 내가 이 공동체에서 어떤 위치에 있는지, 그리고 어떻게 받아들여지고 있는지에 대해 다시 생각해볼 수밖에 없다. 따라서 편견과 차별로부터 자유로운 절차를 수립하는 것, 수립한 후에는 모든 구성원들에게 공평하게 적용하는 것, 그럼에도 불구하고 문제가 있다면 구성원들이 목소리를 낼 수 있는 제도를 보장하는 것이 진정한 절차정의를 실현하기 위한 필수 과제라고 하겠다.

세번째, **관계정의**interpersonal justice는 구성원들 사이의 일상적인 상호작용 과정에서 지켜져야 할 정의, 즉 소통 과정에서 인격적 존중과 존엄을 지켜야 한다는 원칙을 뜻한다. 관계정의는 문자 그대로 우리가 맺고 있는 관계 속에서 지켜야 할 정의의 원리를 담고 있는 개념이다. 애초에 이 개념은 전통적인 분배정의와 절차정의 개념만으로는 설명할 수 없는 '제3의 영역'이 있다는 생각으로부터 출발했다. 물론 시작부터 거센 반발을 샀다. 실제로 1980년대에 로버트 비즈Robert Bies가 이 개념을 처음 제안했을 때, 원로 학자들은 "세상에는 오직 분배정의와 절차정의만 있을 뿐이다. 제3의 정의 따위는 없다"고 일축했다고 한다. 심지어 박사 논문으로 쓰려고 했는데 심사위원들이 만장일치로 거절했다. 대학원생이었던 비즈의 입장에서는 정말 좌절스러운 경험이었을 것이다. 그러나 이후 고전적인 정의 관념에 의문을 갖는 학자들이 점차 늘어났고, 우리 삶의 관계와 소통의 모든 영역에 있어서 정의의 관점이 필요하다는 의견이 여러 분야에서 제시되었다. 경영학자였던 비즈는 "보상 수준도 적절했고(분배정의), 보상 수준을 결정한 절차 역시 옳더라도(절차정의), 여전히 뭔가 부당하다고 생각되는 경우가 있지 않나?"라는 의문을 품었다.[33] 우리가 분배정의와 절차정의를 넘어서 다른 종류의 부정의를 경험하는 때가 있다는 것이다.

한때 연달아 보도되었던 "동전 갑질" 사례를 기억하는 이들이 있을지 모르겠다. 어떤 건축업자가 밀린 임금을 지급해달라고 요구하는 외국인 노동자에게 2만 2,802개의 동전으로 월급을 지급했던 사건이다. 이 업주는 100원짜리와 500원짜리 동전을 자루에 가득 담아 와서 바닥에 뿌리며 가져가라고 했다고 한다.[34] 한탄스럽게도 한국에서 이 같은 동전 갑질은 한두건이 아니다. 창원시의 한 카페에서도 업주가 종업원에게 동전으로 임금을 지급했으며, 심지어 이들은 서로 맞고소까지 했다. 성남시의 한 음식점에서도 업주가 자루 두개를 가득 채운 동전으로 임금을 지급했는데 그 무게가 22.9kg에 달했다고 한다.[35]

바닥에 흩어진 동전을 헤아리면서 우리가 느끼는 슬픔과 모멸감은 분배정의와 절차정의, 이 두가지만으로는 완벽하게 설명이 되지 않는다. 만약 임금을 정확한 금액으로 제 날짜에 지급했다고 하더라도 당사자가 느끼는 분노는 마찬가지일 것이다. 다시 말해서 임금 산정의 결과(분배정의)와 임금 산정의 과정(절차정의)이 공정해도 우리는 여전히 이 경험이 부당하다고 느낀다. 이것은 명백한 부정의에 해당하며, 이는 관계정의의 위반이라고 볼 수 있다. 2016년 동전 갑질이 연이어 보도되었을 당시 언론 인터뷰에 응했던 고용노동부 관계자는 "지불 방식에 관해서는 따로 규정이 없어 동전으로 임금을 주더라도 제재할 방법이 없다"고 설명하면서 "사람의 주관적 감정과 연관된 부분이라 이를 법제화해 제재하기는 쉽지 않을 것"이라고 덧붙였다.[36] 그러나 지금은 일상 속 부정의에 대한 우리의 인식이 크게 개선된 것 같다. 이제 이런 행위는 '직장 내 괴롭힘 방지법'으로 처벌할 수 있기 때문이다.

사실 관계정의와 정보정의는 상대적으로 최근에 등장한 조직정의 개념이다. 그만큼 사람들이 관계와 소통, 그리고 일상생활 전반에 있어서 좀더 공정성에 민감해졌다는 뜻일 것이다. 관계정의는 우리가 일터에서, 공동체 내에서 한 개인으로서 온전히 존중받지 못했다는 인식을 대변한다. 단지 자원 분배나 의사결정이라는 한정된 맥락을 넘어 조직생활 전반에 걸쳐 정의와 공정성을 요구하는 외침이기도 하다. 관계와 소통을 정의의 관점에서 읽어내는 것이 낯설게 느껴질 수도 있겠지만, 일터에서의 우리의 삶을 돌이켜보면 관계정의가 핵심일 때가 많다. 한국사회에 만연한 갑질의 문제는 관계정의와 직결된다. 직급이 낮아서 부당한 발언을 감당해야 하거나 나이가 어리다는 이유로 계속 무시당한다면 이 역시 관계정의의 위반과 무관하지 않다. 일상적인 소통 과정에서 발생하는 이런 사례들은 가장 보편적인 문제이지만 동시에 가장 하찮게 취급되는 영역이기도 하다.

그러나 인간으로서의 존엄성을 지킬 권리는 조직이 모든 구성원들에게 예외 없이 보장해야 할 최소한의 권리다. 특히 다양한 배경의 사람들이 모여 있거나(예를 들어 젠더, 인종, 학력 등을 바탕으로 한 차별이 가능해지는 구조), 특정 집단이 비대칭적으로 큰 권력을 갖고 있는 조직 환경일수록 관계정의가 지켜지기 어렵다. 관계정의를 지켜달라는 요구가 그저 당위에 기반한 것만은 아니다. 나는 한국 기업의 조직정의를 조사하기 위해 두차례의 연구를 수행했는데, 데이터 분석 결과 구성원들의 삶을 개선하는 데 관계정의가 결정적인 영향을 미친다는 결과가 나왔다. 고객들의 무례하고 때로는 폭력적인 언사를 참아내야 하는 콜센터 상담사들은 감정노동과 번아웃을 경험할 가능성이 높지만 직장 상사가 그들에게 관계정의를 지킬수록 (즉 상담사들을 인격적으로 존중해줄수록) 번아웃이 약화되는 경향이 있다.[37] 또한 위계서열이 분명한 조직에서는 구성원들이 비판적인 목소리를 내기 어렵지만, 그럼에도 불구하고 관계정의가 확보된 환경에서는 낮은 직급의 직원들도 적극적으로 의견을 개진할 확률이 높아진다.[38] 따라서 관계정의는 구성원들의 삶과 업무 성과부터 건강에 이르기까지 전반적인 영향을 미친다고 볼 수 있다. 모두가 모두의 존엄성을 인식하고 함께 존중해주는 문화가 확립된 곳에서의 일 경험은 그렇지 않은 곳에서의 삶과 판이하게 다를 수밖에 없지 않을까? 한국 사회에 널리 퍼져 있는 부당함과 불공정에 대한 인식, 모멸과 억울함의 감정은 관계정의의 상실과도 무관하지 않다. 우리는 관계정의를 더 많이 이야기하고 요구해야 한다.

마지막으로, **정보정의**informational justice는 의사소통 과정에서 필요한 설명과 정보가 공정하게 제공되었는지를 가리키는 개념이다. 정보정의는 관계정의와 묶여서 설명되는 경우가 많다. 둘을 합쳐서 상호작용 정의interactional justice라고 지칭하기도 한다. 정보정의를 평가하기 위해서는 두 가지 기준이 필요하다. 첫번째 필수 요소는 정당성justification이다. 즉 어떤 의사결정과 관련한 정보가 제공될 때는 그 결정에 대한 합당한 이유와 설명이 함께 따라와야 한다. 하지만 대부분의 조직은 (특히 위계적인 조직일수록) 이 부분을 간과하곤 한다. 그저 결정 사항을 전달할 뿐 그 근거를 공유하지 않는 것이다. 그러나 정보정의를 주창하는 학자들은 의사결정을 구성원에게 전달할 때 그 과정을 납득할 만한 논거가 항상 제시되어야 한다고 강조한다.

두번째 필수 요소는 진실성truth이다. 이는 해당 의사결정에 영향을 받게 될 당사자에게 필요한 정보라면 그 내용이 생략되지 않고 빠짐없이 공유되어야 함을 뜻한다. 어떤 정보가 아예 편집되어 있다면 정보를 받는 사람은 그 부분이 삭제되었다는 사실조차 알 수 없기 때문에 왜곡 여부를 판가름하는 것 자체가 어렵다. 가령 사내 인사이동이 있었는데 유독 한 사람만 아예 다른 부서로 발령이 났다면 그에 대해 납득할 만한 설명이 제공되어야 한다(정당성). 그뿐만 아니라 그 설명이 편집되고 각색된 버전이 아니라 온전한 정보를 담고 있어야 한다(진실성). 정보정의는 한국의 조직에서 잘 지켜지지 않는 분야이기도 하다. 예컨대 정보가 유통되는 네트워크로부터 의도적으로 누군가를 배제함으로써 자진 퇴사를 유도하는 '전략'은 흔한 부정의의 사례다. 너무 안타깝지만 이런 경험에서 받은 상처를 호소하는 글들을 인터넷에서도 많이 찾아볼 수 있다.

개별주의적이고 경쟁 지향적인 문화를 가진 조직일수록 정보정의가 지켜지지 않을 가능성이 높다. 정보를 다른 이들과 공유하기보다 혼자만 알고 싶어하며, 함께 나눌수록 유익이 커진다는 전제 자체가 부재하기 때문이다. 정보를 제때 공유하지 않아 동료들이 맡은 일을 제대로 수행하지 못하거나 성과가 떨어져도 모른 척하는 경우도 있다. 경쟁의 가치가 협력의 가치보다 우선시되는 조직에서는 구성원들 사이에 충분한 신뢰가 쌓이기 어렵기에 정보를 더더욱 '남'과 공유하지 않게 된다. 이런 행동을 지식 비축 행동knowledge hoarding behavior이라고 하는데, 문자 그대로 정보와 지식을 자신의 창고에 비축만 해둘 뿐 내놓지 않는 현상을 가리킨다. 다른 이들이 모르게 그저 정보를 쟁여두는 것이다. 예를 들어, 어느 날 팀장과 둘이 점심을 먹다가 자연스럽게 내년도 방침에 대한 새로운 이야기를 접하게 된 상황을 떠올려보자. 분명히 팀원들과 다 같이 공유해도 무방할 뿐 아니라 모두에게 도움이 되는 이야기라고 할지라도 일단 자기만 알고 있겠다고 결심하는 사람이 있지 않을까? 충분히 가능한 시나리오다. 경쟁적 조직에서는 혼자만 먼저 준비하는 것이 자신의 업무 고과에 유리하기 때문이다.

그러나 협업, 동반 성장, 팀원들 사이의 상호교류와 학습, 관계와 팀워크가 강조되는 조직에서는 이 같은 '정보 사재기'가 발생할 확률이 크게 줄어든다. 오히려 반대로 정보 공유가 활성화된다. 지식과 정보를 나눌수록 구성원들로부터 인정과 존경을 받을 수 있고, 전문가로서의 자신의 평판과 입지가 강해지기 때문이다. 사람들은 그에게 멘토링을 요청하거나, 업무에 대한 조언을 구하러 찾아오고, 또는 신규 프로젝트 팀에 초청하기도 한다. 더 많은 사람들이 그에게 의지함으로써 그의 영향력도 높아지게 된다. 결과적으로 협력과 공유의 미덕이 높게 평가되는 조직일수록 더 많은 구성원들이 투명하고 열린 소통에 동참하는 경향이 뚜렷해진다. 그리고 정보정의가 잘 지켜지는 조직일수록 지식 공유의 비용은 줄어들고 협업의 속도는 빨라진다.

정보정의는 특히 불확실성이 높은 상황에서 매우 중요하다. 사실 불확실성uncertainty이라는 용어 자체가 주어진 정보가 너무 빈약해서 결정이나 선택을 하기 어려운 상황을 뜻한다. 2020년에 우리가 맞닥뜨렸던 전무후무한 팬데믹이 그런 상황의 대표적 사례다. 특히 초기에는 감염병에 대한 정보가 부족했을 뿐 아니라 방역 정책 역시 새롭게 수립해야 하는 환경이었는데, 이런 경우 조직은 크고 작은 위기를 경험할 수밖에 없다. 이처럼 변화를 앞두고 있거나 불안정한 상황일수록 구성원들에게 필요한 정보를 온전하게 제공하는 것이 필수적이다. 이를 반영하듯 정보정의는 기업 구조조정과 같이 불확실성이 현저히 증가하는 맥락에서 주로 연구되어왔다. 구조조정에 관한 기존 연구에 따르면 (구조조정의 규모가 비슷하다고 가정할 때) 조직이 제공하는 설명의 정당성과 정보의 진실성이 높을수록 직원들의 불만이 줄어들었다고 한다. 정보정의가 구성원들의 인식에 직접적인 영향을 미친 것이다.[39]

사실 이런 극단적인 환경이 아니더라도, 정보의 비대칭성은 모든 조직이 경험하는 문제다. 물론 업무와 직급에 따라 정보에 대한 접근권은 달라질 수밖에 없다. 하지만 개인적인 이유로, 경쟁심에서, 혹은 다른 팀원을 배제하고자 의도적으로 정보를 공유하지 않거나 배경 설명을 제공하지 않는 경우도 비일비재한 것이 현실이다. 팀장이 팀원들과 정보를 공유하지 않거나 본인의 기준으로 정보를 취사선택한 후 선별적으로 공유하는 경우도 적지 않다. '핵심 인물들끼리만' 얘기하다가 '자연스럽게' 누군가를 빠뜨리는 경우도 있다. 몇년 전 조직정의와 관련해 국내 직장인들을 인터뷰했을 때도 정보가 공정하게 전달되지 않는 경험에 대한 이야기를 많이 들을 수 있었다. 어느 대기업의 기술개발직에 종사하던 한 연구원은 열심히 구상해서 신기술에 대한 아이디어를 제시했을 때 묵살당했던 경험을 털어놓았다. 채택되지 않은 것까지는 이해하겠는데, 부장이 그 이유를 제대로 설명해주지 않아 새로운 시도를 할 동기부여가 되지 않는다고 말하던 기운 없던 목소리가 여전히 생생하다. 그의 상사는 의사결정을 내리면서 정보정의를 지키지 않은 것으로 볼 수 있다.

또한 팬데믹으로 인해 일부 구성원들이 돌아가며 재택근무를 하게 되면서 정보정의를 놓치기 쉬운 상황이 만들어지기도 했다. 게다가 갑작스럽게 확진자가 발생하는 경우가 많아지면서 다음 날 누가 사무실에 나오고 누가 재택근무를 하는지를 예상하는 것도 불가능했다. 이런 경우 의도치 않게 누군가에게만 정보가 누락될 수 있다. 물론 팬데믹 이전부터 자율 출퇴근제를 채택하고 있었던 스타트업이나, 협업 공간co-working space을 활용하며 온라인 업무를 지속해왔던 기업들은 이미 잘 다듬어진 공유의 원칙이나 매뉴얼을 활용하고 있을 가능성이 높다. 그러나 그렇지 않은 조직에서는 갑작스럽게 재택근무를, 그것도 불규칙적으로 시행하면서 많은 시행착오를 경험했다는 이야기가 들려온다. 아예 소통이 잘 안 되고 마감일을 놓치는 등 서로 힘들어했던 조직도 있었을 것이다. 팬데믹 환경에서 구성원들이 접근하고 경험하는 정보의 양과 질은 크게 달라질 수 있다. 서로의 시간과 장소가 겹치지 않는 상황이 자주 발생하기 때문이다. 함께 시공간을 공유하면서 건물 복도에서, 점심시간에, 잠깐 바람 쐬러 나왔다가 비공식적으로 '우연히' 정보를 접하던 기회들이 모두 사라지기도 한다. 맥락을 일일이 설명해야 하는 일도 잦아진다. 이런 업무 환경에서 정보정의의 역할은 더욱 결정적이다. 누가 포함되고 배제되었는지, 어떤 정보가 포함되고 누락되었는지 등을 의식적으로 살피고 점검해야 할 필요가 있다.

조직과 팀의 구성에 따라, 일하는 방식에 따라, 업무의 속성에 따라 정보정의를 실현하는 방법은 달라질 수 있다. 급변하는 시장과 기업 환경에서는 '속도전'에 집중하다가 정보가 제대로 전달되지 않기도 쉽다. 특히 이런 상황일수록 직급이 낮은 팀원들, 재택근무를 하는 팀원들, 파트타임으로 근무하는 직원들을 놓치게 된다. 이런 문제가 반복되지 않으려면 정보의 공정한 접근을 보장할 수 있도록 각 조직 환경에 적합한 프로토콜을 수립해두는 것이 필요하다. 물론 모든 정보를 투명하게 공개해야 한다는 뜻은 아니다. 적어도 중요한 의사결정을 전달할 때는 빠짐없이, 그리고 합리적 설명도 함께 전해야 한다는 원칙을 기억하자는 것이다. 또한 무엇보다도 관계정의와 정보정의의 중요성을 공감하고 일상적 행동을 변화시키는 것이 중요하다. 평소에 관계를 맺고 소통하는 데 있어서 공정성의 가치를 염두에 두고 주의를 기울이는 문화가 정착된다면 조직 문화 전반에 걸쳐 긍정적인 변화가 시작될 것이다.

지속가능한 일, 조직, 그리고 삶

경영 컨설팅 업체들은 매년 10월 즈음에 다음 해의 비즈니스 트렌드나 시장 환경 예상 보고서를 발표하곤 한다. 일부 요약본은 무료로 공개하기도 하지만 보고서 전문을 구입하려면 꽤나 비싼 편이다. 상세한 예상치를 제공하는 주요 분석기관의 트렌드 리포트는 보통 100만원 정도를 내야 읽을 수 있다. 그만큼 고급 정보가 제공되는지는 다소 의문이지만, 주요 기업의 경영진이나 연구자들은 연말 동안 이런 보고서를 검토하며 근미래를 준비한다.

한국에도 잘 알려진 연구분석기관 포레스터 리서치Forrester Research 역시 매년 다음 해 전망을 발표하는데, 2020년 말에는 이듬해의 트렌드를 공개하면서 흥미로운 '예측'을 했다. 글로벌 500대 기업 중 해로운 조직 문화를 키운 대가로 관리자가 경질되는 곳이 조만간 나올 것이라는 내용이었다.[40] 물론 2021년에 갑자기 조직 문화가 악화될 것이라는 의미가 아니라 이제 사람들이 더이상 조직 내 불공정과 부정의를 참지 않는다는 뜻으로 보는 것이 맞을 것이다. 이 보고서는 그 누구도 갑질을 일삼고 권력을 남용하는 상사를 용납하지 않을뿐더러 문제가 발생하면 소셜미디어 등 여러 채널을 통해 회사 밖에서 공론화를 시도할 수 있다고 지적했다. 그만큼 이 문제를 중요하게 보고 기업 경영진들에게 경고를 보낸 것이다. 그들의 예측대로 글로벌 500대 기업 내에서 이런 사례가 실제로 발생했는지는 찾아보지 않았다. 그러나 두말할 것도 없이 관리자나 경영진이 문제를 일으켜 해고된 사례는 한두건이 아니라 여럿 있었을 것이다.

해고와 처벌이 진정한 해결책은 당연히 아니다. 경우에 따라 개인에 대한 징계가 필요할 수 있겠지만 궁극적으로 공동체가 해야 할 일은 구조와 문화를 쇄신하는 것이다. 조직 내의 오랜 악습을 더이상 방관할 수 없는 지점에 다다르거나 조직이 위기에 봉착했을 때, 그에 대항하는 구체적인 문제 해결 과정은 구성원들 모두에게 효과적인 학습의 장으로 기능할 수 있기도 하다. 위기를 헤쳐나가면서 단순히 정책이나 인사 결정만 내리는 것이 아니라, 새로운 관계 맺기와 일상적 실천의 방법도 함께 모색하기 때문이다. 이 같은 깨달음과 쇄신의 과정을 거쳐 문화도 바뀌어나가게 된다. 또한 새롭게 형성된 문화는 보다 수평적인 구조를 가능하게 한다. 이어 평등한 구조는 다시 문화적 가이드라인으로 작동한다. 다시 말해 구조와 문화는 분리되어 있지 않으며 서로 반복적으로 영향을 미친다.[41] 따라서 모두의 노력을 통해 긍정적이고 정의로운, 그리고 구성원들의 성장을 지원하고 삶을 돌보는 조직을 구축하는 것이 중요하다.

우리의 일과 삶, 일터와 공동체가 지속가능하려면 지금까지 논한 네가지 정의의 원칙이 잘 지켜지는 것이 필수적이다. 여기서 지속가능성이란 단순히 현상 유지를 뜻하는 것이 아니다. 구성원 모두가 조직의 장기적인 미래를 꿈꾸며 의미와 보람을 찾을 수 있는 내일을 그릴 수 있어야 한다는 의미다. 모두가 '선망하는' 기업에 입사했기 때문에, 밥 먹을 시간도 없는 하루가 당연하게 여겨지는 컨설팅 업체에 취직했기 때문에, 이동 시간에도 자료를 검토해야 하는 대형 로펌에 취직했기 때문에, 삶의 균형이 깨지는 상황을 이제 사람들은 당연하게 받아들이지 않는다. 특히 청년들은 "젊어서 고생"하거나 과로해서 아픈 몸을 갖기보다는 행복하게 지속가능한 삶을 원한다.

언제나 바쁜 것이 마치 사회적 지위의 상징처럼 여겨지고, 명문대 출신 인재들이 모여들고, "돈은 많이 버는데 쓸 시간이 없다"고 투덜대는 것이 자랑으로 여겨지던 악명 높은 월스트리트에서도 변화의 흐름이 감지될 정도다. 골드만삭스Goldman Sachs에 입사한 1년 차(흔히 '주니어'라고 불리는) 애널리스트들이 2021년에 사내 최초로 흥미로운 '파란'을 일으켰던 것이 대표적 사례다. "이대로는 우리의 삶이 지속가능하지 않다"며 자체적으로 설문조사를 해서 발표한 것이다.[42] 설문조사에서 그들은 일주일에 100시간 이상 일했고, 평균 취침 시간은 새벽 3시였으며, 직장 업무 때문에 대인관계가 나빠졌다고 응답했다. 그뿐만 아니라 설문 참여자의 77%가 "나는 권력 남용의 피해자가 된 적이 있다"고 답했으며, 92%는 "회의 중 무시당하는 일이 빈번하다"고 표시했고, 42%는 "상사로부터 정당한 설명 없이 비난받았다"고 말했다. 조직정의의 그 어떤 요소도 제대로 충족되지 않았던 것이다. 그들은 골드만삭스에 입사한 이후로 육체적·정신적 건강이 급격히 저하되었다면서 이런 상황이 개선되지 않는다면 6개월 이내로 회사를 그만둘 가능성이 높다는 점까지 명시했다. 심지어 직장생활 만족도는 10점 만점에 2점이었다. 이 보고서는 언론에 공개되었을 뿐 아니라 인스타그램과 같은 소셜미디어를 통해 서도 퍼져나가 큰 화제가 되었다.

이들은 단순히 일이 많다고 불평한 것이 아니었다. 이들은 입사한 지 얼마 되지 않았지만 함께 힘을 모아 그동안 당연하게 받아들여졌던 관행을 정확하게 "비인간적"inhumane이라고 지적하며 항의했다.[43] 그들의 '선배 세대'까지는 "딱 이때만 참으면 된다"며 견뎌왔던 문화였지만 1년차 직원들은 이런 관행을 그 누구에게도 물려주고 싶어하지 않았다. 경영진은 이들의 반발을 심각하게 받아들인다며 변화를 약속했고, 일차적으로는 부당한 업무량을 시정하기 위해 급히 인력을 충원했다. 물론 오랫동안 굳어진 문화가 쉽게 바뀌지는 않겠지만 인식과 구조를 조금씩 개선함으로써 조직을 되살릴 수 있을 것이다.

어떤 사람들은 소식을 듣고 '반기를 든 주니어'들이 징계를 받지는 않았느냐고 물었다. 그러나 골드만삭스의 리더들은 그렇게 반응하지 않았다. 더 나은 조직을 만들기 위해서는 리더의 의지와 역할도 무척 중요하다. 리더는 위기 상황에서 결단을 내리고 부정의한 일터를 바꾸기 위해 실질적으로 자원을 (재)분배해야 한다. 눈앞의 매출과 시장의 압력 앞에 기본을 생각할 여유가 없다는 경영진의 하소연도 있을 수 있겠다. 그러나 구성원들의 상처와 삶을 담보로 수익을 추구할 수는 없으며, 기초가 탄탄한 조직은 오히려 위기에 강하다.

존슨앤드존슨Johnson & Johnson의 전설적인 CEO로 남아 있는 제임스 버크James Burke는 부임과 동시에 참 독특한 일을 했다. 전세계의 지사를 돌아다니면서 자사의 윤리강령에 대해 어떻게 생각하는지 물어보고는 비판해보라고 한 것이다. 아무도 읽지도 신경쓰지도 않는 허울뿐인 종잇조각에 불과하다면 차라리 찢어버리라고 하면서 말이다. 그는 직원들과 윤리강령을 놓고 토론하는 시간을 가졌고, 의견 수렴을 거쳐 내용을 조금씩 고쳐나가기도 했다. 1970년대 후반에 시작한 과업이니 당시로서는 '윤리 경영'이나 'ESG 경영' 같은 유행어도 없을 때였다. 그럼에도 불구하고 그는 리더로서의 확신과 신념으로 엄청난 시간과 자원을 투자한 셈이다. 이런 행보가 보내는 시그널은 결코 작지 않았다. 결과적으로 직원들은 책임 있는 회사, 정의로운 조직으로서 추구해야 할 가치를 실제로 고민하고 확립하는 시간을 갖게 됐다. 지금의 존슨앤드존슨 윤리강령에는 다음의 내용들이 담겨 있다. 각 개인을 인격체로서 존중할 것, 모두의 다양성과 존엄성을 인정할 것, 공정한 노동 조건을 갖출 것, 리더의 행동은 정의롭고 윤리적일 것.[44] 우리의 마음가짐과 행동에 이런 가치를 반영할 수 있도록 모두가 노력한다면 일터에서의 삶은 완전히 달라질 것이다.

우리는 폭력과 차별로부터 완전히 자유로운 일터가 우리에게 안겨줄 변화를 상상할 수 있을까? 진심과 시너지가 넘치는 일터에서 일할 수 있다면 우리의 삶은 어떻게 달라질까? 정의로운 조직은 가능하다. 우리는 그런 조직을 가질 자격이 있다. 일터에서 정의를 요구하는 것을 주저하지 말고, 장애물이 있더라도 끝까지 연대의 힘을 믿자. 그리고 조직의 리더부터 변화할 수 있도록 압력을 가하고 목소리를 높이자. 정의는 추상적인 이념이 아니라 우리가 경험하는 구조와 문화이자 일상적 실천이다. 예민한 시선과 따뜻한 손길로 우리의 관계와 공동체를 되살려나가자.

8장

변혁정의의 비전: 더 나은 세계는 가능하다

영원히 지연되는 미래

"우리 과 교수 한명이 아무래도 학교를 그만두게 될 것 같아."

"왜? 무슨 일 있었어?"

"아이가 트랜스trans거든."

드디어 대면 학술대회가 가능해진 덕택에 무려 2년 반 만에 처음으로 만난 친구가 어두운 표정으로 입을 열었다. 동시에 그의 표정에는 분노가 섞여 있었다. 그는 내가 앨라이ally라고 꽤 자신 있게 추천할 수 있을 정도로 소수자들이 겪는 아픔에 예민하게 반응하는 백인 남성이다. 풀어서 설명하자면, 주변화된marginalized 사람들이 믿고 함께 싸울 수 있는 동지라고 표현할 수 있을 것 같다. 그는 내가 활동했던 '아이디어 위원회'가 추진하는 의제들에 관해서도 공개적으로 지지 의사를 표명하곤 했다.[1] 하지만 안타깝게도 그는 기득권 보수 세력의 텃밭이라고 할 수 있는 앨라배마주에서 교수로 재직 중이었기에 주 정부나 대학 당국과 충돌하는 일도 잦았다.

그의 동료 교수 심 버틀러Sim Butler의 이야기는 이미 언론에도 여러차례 보도된 모양이었다.[2] 그는 앨라배마를 특히 사랑하는 사람이었고, 따뜻한 마음씨와 세심한 배려로 학과에서 신망이 높았다고 한다. 그의 부인 역시 물리치료실을 운영하면서 앨라배마의 주민들과 가까이 만나고 있었다. 그의 가족이 처한 비극은 단 하나, 그의 아이가 트랜스젠더라는 점이었다. 이제 막 열세살이 된 그의 아이는 자신이 여성이라는 것을 진정으로 이해하고 받아들이게 된 이후부터 눈에 띄게 건강이 좋아지고 성격도 밝아졌다고 한다. 다행히 학교의 친구들과 교사들 모두 그녀를 있는 그대로 받아들였음은 물론이고, 젠더-긍정gender-affirmative 의료 서비스를 제공하는 병원도 찾게 되어 낙인이나 차별에 대한 두려움 없이 그의 가족은 행복하게 살고 있었다.

문제는 법과 제도였다. 이성애 규범성heteronormativity을 강요하는 앨라배마주 정부는 끝내 젠더 전환gender transition 치료를 포함한 모든 유형의 젠더-긍정 의료를 불법화하고 말았다. 이것만으로도 버틀러 가족에게는 큰 고통이었는데, 법이 강제하는 것은 슬프게도 그 이상이었다. 자신의 아이에게 심리상담이나 호르몬 처방 등 젠더-긍정 의료를 제공하는 부모를 '아동학대죄'로 처벌하기로 한 것이다. 아이의 생물학적 지정 성별을 변경하는 과정을 방조하거나 돕는 것은 곧 학대라는 주장이었다. 하루아침에 버틀러의 아이는 생존 기반을 잃게 되었고, 버틀러 부부는 아동학대를 일삼는 범죄자가 되어버렸다.

무엇보다도 딸아이가 앨라배마에서는 단 하루도 자신답게 살 수 없다는 점이, 언제 어떻게 상처 입고 우울증에 시달리게 될지 모른다는 점이 버틀러 부부에게는 참을 수 없는 고통이었을 것이다. 아이의 성장과 미래를 더이상 지연시킬 수는 없어서, 그들은 결국 삶의 터전을 떠나기로 했다. 마땅한 새 직장도 집도 아직 없는 채였다. 하지만 딸아이의 생명을 지키기 위해서는 젠더-긍정 치료가 가능한 다른 주로 이사 가는 것이 너무도 시급했다. 그래서 그들은 친구 집에서 몇달 동안 신세를 지기로 했고, 버틀러 교수는 그동안 어떻게든 새 학교를 찾으려고 계획 중이라는 것이 내가 마지막으로 들은 소식이다. 물론 미국에서도 자신의 세부 전공에 해당하는 종신 교수 자리를 갑자기 구하는 것은 쉽지 않은 일이고, 더군다나 대학별 공채는 1년에 한차례뿐이다. 좋은 결과를 장담할 수 없다는 것을 누구보다도 잘 알고 있기에 나는 침울한 마음을 애써 감추며 행운을 빈다고 말하는 수밖에 없었다.

전지구적 보수화의 흐름을 앞장서서 이끌어온 미국답게, 다른 보수적인 주에서도 상황은 크게 다르지 않다. 텍사스주에서는 문제가 더욱 심각하다. 텍사스 주지사이자 공화당원인 그레그 애벗Greg Abbott이 젠더-긍정 치료를 제공하는 부모들을 수사하도록 명령을 내렸던 바로 그

날, 한 트랜스젠더 소년이 스스로 목숨을 끊으려고 시도했다가 겨우 구조되었다.[3] 그의 나이는 고작 열여섯. 그저 자신이 세상에 존재한다는 이유 하나로, 사랑하는 부모님이 범죄자 신분이 되어 경찰 수사를 받게 된다는 사실을 그는 아마도 견딜 수 없었을 것이다. 자신의 존재 자체를 국가와 법이 부정하는 세계에서 그의 미래는 마치 출구가 보이지 않는 터널처럼 한없이 멀고 어둡기만 하지 않았을까. 나의 생명 자체가 이 땅에서는 불법이니까.

소년의 부모는 아이의 상태가 너무도 걱정된 나머지 집중 치료를 제공하는 심리치료 시설을 황급히 찾았다. 스스로 삶을 마감하려 했을 정도이니 당연히 상황은 좋지 않았을 것이다. 하지만 세상의 반격은 너무도 가혹했다. 심리상담 과정에서 아이가 트랜스젠더이며 그동안 호르몬 치료를 받고 있었다는 사실이 드러나자, 병원 직원 중 누군가가 그의 부모를 아동학대죄로 경찰에 신고해버린 것이다.[4] 언론에는 그저 '병원 직원'이라고 익명 처리되어 보도되었지만, 이런 내밀한 이야기를 환자로부터 들을 수 있는 사람은 당연히 의료인 본인뿐이다. 힘들게 자신의 생을 다시 찾은 소년은 마음을 열고 자신의 고통을 털어놓았지만, 그의 심리치료를 맡았던 누군가는 도리어 그 아이에게 더 잔혹한 아픔을 얹어준 셈이다.

이 글을 쓰는 지금, 결국 그의 부모는 아동학대 혐의로 수사를 받는 중이다. 소년이 감당해야 하는 슬픔과 죄책감은 얼마나 무거울까. 그리고 그의 부모가 느끼는 분노와 절망은 얼마나 깊을까. 2022년 5월 텍사스주 대법원이 젠더-긍정 치료를 제공하는 부모와 의료인 모두를 처벌하는 법안을 통과시킨 지 한달도 채 되지 않아, 최소 아홉 가정이 아동학대죄로 주 정부의 조사를 받고 있는 것으로 알려져 있다.[5] 물론 공개되지 않은 경우는 더 많을 것으로 생각된다. 그렇다면 이 가족들은 모두 다른 주로 이사를 가야 하는 걸까? 트랜스젠더 아이들은 언제쯤 다시 진료를 받을 수 있을까? 혹시 정권이 바뀔 때마다 이들의 운명도 뒤바뀌는 것일까? 이들은 자신의 삶을 미루는 것을 얼마나 오래 견뎌낼 수 있을까?

이제는 우리 곁을 떠나고 없는 고 변희수 하사가 떠오른다. 누구보다도 모범적으로 군생활을 해왔던 그는 상관의 허가를 얻어 성확정수술을 받았지만, 이후 육군본부는 그에게 '심신장애'가 생겼다며 강제전역 처분을 내렸다. 그럼에도 불구하고 애초에 그에게는 희망이 있었던 것 같다. "혐오가 가득한 곳에서 사회정의를 묻기 위해 행정소송을 제기합니다." 2020년 8월 11일, 강제전역 처분 취소를 위한 소송을 시작하며 그가 기자회견 때 했던 말이다.[6] 그는 아마도 끝까지 싸울 작정이었을 것이다. 하지만 국방부는 그 어떤 말도 들을 생각이 없었다. 재판 절차는 한없이 지연되었고 그는 세상을 등질 때까지 법정에서 변론할 기회조차 얻지 못했다. 그리고 2021년 3월 3일, 변희수 하사는 숨진 채 발견되었다.[7] 감정 결과에 따르면 그가 실제로 사망한 날은 2021년 2월 27일로 본래 예정되어 있었던 전역 날짜 하루 전이라고 한다.[8] 자신이 그토록 원하던 "군인으로서의 삶"을 지킬 수 있었던 마지막 한계선까지 버티다가, 군인 신분으로 삶을 마감하기를 택한 것이다. 종국에는 군의 강제전역 처분은 위법이라는 판결이 나왔지만, 이미 변희수 하사는 세상을 떠난 뒤였다.[9]

고 변희수 하사를 비롯해 얼마나 많은 사람들이 우리가 모르는 사이에 스스로 미래를 포기했을까? 세상이 정한 우선순위에서 끝없이 미끄러지는 사람들이 있다. 그저 나 자신으로서 하루를 살게 해달라고 말할 뿐인데 너의 생명은, 너의 미래는, 너의 안전은 "나중에"라는 말을 반복해서 들어야 하는 이들이 있다. 이들은 살아 있지만, 살아 있지 않은 것과 같다. 주디스 버틀러의 표현을 빌자면, 이 세계에서 어떤 이의 목숨은 이미 **애도 가치**grievability가 없다.[10] 지금 이 순간에도 많은 사람들이 목숨을 잃고 있지만 그 누구의 관심도 끌지 못하며, 애도의 대상도 아니고, 때로는 이 세계가 그들을 그저 죽도록 내버려둔다. 그리고 애도 가치가 있는 자들이 언제나 생명을 지킬 권리와 스스로를 보호할 자원을 우선적으로 얻을 수 있다. 코로나 바이러스는 어디에나 있지만, 그로 인해 먼저 죽는 이들은 과연 누구였는가? 흑인은 왜 코로나로 인한 사망률이 백인보다 높을까? 왜 트랜스젠더 청소년들은 자살 시도를 더 많이 할까?[11] 지금 우리가 살고 있는 사회는 생존할 수 있는 기회, 미래를 살아나갈 기회, 즉 건강과 생명 그 자체가 이미 불평등하게 배분된 사회다.

차별금지법 제정 요구에 대한 답변이 2007년부터 지금까지 한결같이 "나중에"라는 점도 역시 같은 맥락에서 생각해볼 수 있다. 퀴어 인권은 "덜 중요하니까" 지금 당장 고민해야 할 사안이 아닌 것이다. 하지만 인권이 선택적으로 적용되는 것이 가능한가? 누군가의 기본적 인권이 합의와 협상의 대상일 수 있는가? 하루가 멀다 하고 차별과 혐오에 시달리고 생존의 위협에 내몰리는 많은 이들이 평등과 존엄이라는 기본적인 가치를 요구하고 있을 뿐인데도, 대부분의 정치인들은 "선거 끝나고 나중에" 하면 안 되겠느냐고 무심하게 (혹은 무능하게) 되묻는다. 이처럼 근본적이고 중요한 질문을 제쳐두고 정치공학적 계산에만 매달리는 정치를 실라 로보섬Sheila Rowbotham은 **유예의 정치**the politics of deferment라고 불렀다.[12] 약자와 소수자들이 제기하는 시급하고 결정적인 질문을 영원히 지연시키는 정치, 그러면서 "일단 혁명부터 이룩하고 생각하자"고 응대하는 정치 말이다. 그런데 혁명은 우리 모두를 위한 것이 아니던가?

많은 이들이 고 변희수 하사의 죽음은 사회적 타살이라고 비통해했지만, 그 이후로 한국 사회는 과연 얼마나 나아졌을까. 국가가 보호해주지 않는, 법이 지켜주지 않는 이들의 하루는 과연 삶에 더 가까울까, 아니면 죽음에 더 가까울까? 비정규직 노동자였던 고 김용균씨는 태안 화력발전소에서 일하다 컨베이어벨트에 낀 채로 사망했지만, 그의 시신이 발견되기까지는 4시간이나 걸렸고 심지어 시신이 발견된 후에도 한동안 그대로 방치되었다.[13] 당시 그의 나이는 겨우 스물넷이었다. 안전을 위해 야간에는 반드시 2인 1조로 근무하는 것이 원칙이었지만, 회사는 비용 절감을 위해 젊은 청년이 홀로 위험을 무릅쓰게 만들었다.

이후 사회적 파장이 커지면서 회사 운영 실태를 취재한 결과는 충격적이었다. 고 김용균씨의 원청 사업장인 서부발전에서는 '산업재해로 발전사 직원이 사망하면 1.5점, 하청 직원이 사망하면 1점, 발전 시설 건설 노동자가 사망하면 0.2점을 감점'하는 것이 공식적인 부서 평가 기준이었다. 똑같이 사람이 죽어도, 건설 노동자가 사망하면 점수가 그다지 깎이지 않으니 신경쓰지 않아도 되는 것일까? 직원들은 이런 기준을 보고도 아무런 문제제기를 하지 않았단 말인가? 그런데 이 업체뿐만 아니라 다른 곳도 마찬가지였다. 보령 화력발전소를 운영하던 중부발전은 '본사 직원이 숨지면 12점을 감점, 하청업체 직원이 숨지면 4점을 감점'하는 것이 성과 평가 정책이었다.[14] 본사 직원의 목숨은 하청업체 직원의 목숨보다 정확히 세배가 더 귀한가? 발전사 직원의 생명은 1.5점만큼의 애도 가치가 있는 반면, 건설 노동자의 생명은 0.2점만큼의 애도 가치가 있는 것일까? 이런 세상에서 과연 당신의 목숨값은 얼마나 할까? 우리의 생명까지도 비교와 선별의 과정을 거쳐 서열화하는 세상을 우리가 그대로 두어야만 하는 것일까?

나는 우리의 생명이 불균등하게 배분되어 있다는 말을 결코 비유적인 의미로 사용한 것이 아니다. 어떤 이들은 문자 그대로 죽음에 가까운 삶을 살아간다. 그리고 그들의 죽음을 국가는 신경쓰지도 책임지지도 않는다. 고 김용균씨의 사망을 초래한 산업재해에 대한 재판은 여전히 진행 중이지만, 그의 사망 후 4년이 훌쩍 지난 2022년 2월에 내려진 1심 선고에서 원청업체인 서부발전 사장에게는 무죄, 하청업체인 한국발전기술 사장에게는 집행유예가 선고되었을 뿐이다.[15]

트랜스젠더 아이부터 비정규직 청년에 이르기까지, 국가는 구성원 모두를 동등하게 보호해야 하지만 현실은 그렇지 않다. 어떤 이들은 아무런 보호막 없이 폭력에 그대로 내몰리며, 때로는 법과 제도 자체가 그들을 향한 폭력이 되기도 한다. 이미 정책적으로 나의 목숨은 고작 0.2점짜리일 뿐인데, 겨우 그런 인간을 구하려다 회사에 손해를 입혀서야 되겠는가. 폭력의 대상이 어차피 비천한 존재, 다시 말해서 "아무것도 아닌 존재"라면 문제될 것이 뭐가 있겠는가?[16] 그래서 사회의 주변부를 맴도는 사람들은 프란츠 파농Frantz Fanon이 말했듯이 **부존재의 감각**a feeling of nonexistence을 가지고 살아간다.[17] 이는 단순히 "이등 시민"으로 살아간다는 느낌, 또는 "열등한 사람" 취급을 받으며 살아간다는 느낌과는 다르다. 부존재의 감각은 말 그대로 이 세상에 내가 존재하지 않는다는, 존재할 수 없다는 감각이다. 죽음을 사는 삶, 생의 가치를 인정받지 못하는 삶, 미래가 없는 삶은 "아무것도 아닌 존재"로서의 삶이다.

그러나 모든 사람은 내일을 꿈꿀 권리가 있으며, 우리는 우리의 미래가 사라져가도록 그대로 둘 수 없다. 빼앗긴 미래를 탈환하기 위해서는 당연하게도 우리 모두의 관심과 참여가 필요하다. 언제부터인가 "우리는 연결될수록 강하다"라는 문구가 자주 보이기 시작했는데, 나 역시 그 말의 힘을 믿는다. 여기에도 생명이 있다고, 여기에도 사람이 있다고, 다 함께 외치며 서로를 보호해야 한다. 고 변희수 하사를 비롯한 많은 친구들이 목숨을 끊은 후 길고 어두운 애도의 시간을 보냈던 2021년을 지나, 2022년 서울퀴어문화축제의 슬로건은 "살자. 함께하자. 나아가자"였다.

살자.

이 짧은 문장이 먹먹하게 심장에 스며든다. 지금도 그저 존재 그 자체를 되찾기 위해 차별, 혐오, 폭력과 싸우는 이들이 세상에 건네는 말이다. 우리는 살 것이다. 함께할 것이다. 그리고 나아갈 것이다. 우리는 죽지 않을 것이고, 죽음과 다름없는 삶을 거부할 것이다. 우리는 이 세계에 굴복하지 않고, 이 시대에 순응하지 않고, 다른 세계를 그려낼 것이다. 그것이 바로 우리의 정치다.

시대와 불화하는 예시의 정치

"시대와 불화하는 삶"을 좌우명으로 삼고 살아온 지 꽤 오랜 시간이 흘렀다.[18] 스무살이 되던 해에는 기존의 지식체계에 대항하는 "다른 지식"을 생산하자는 뜻의 필명을 스스로에게 주기도 했고, 지금도 몇몇 친구들은 나를 그 이름으로 부른다. 그렇게 나는 남들이 하지 않는 말을 하고, 남들이 쓰지 않는 글을 쓰자고 다짐했지만, 그 좌우명을 얼마나 제대로 실천하며 살고 있는지 묻는다면 한없이 부끄러울 뿐이어서 별로 대답할 말이 없다. 그나마 다행인 것은 그럴 때마다 방향 감각을 다시 일깨워주는 훌륭한 학자들과 활동가들이 많다는 점이다. 감사한 일이다.

2018년 2월 장애여성공감이 창립 20주년을 맞아 발표했던 「시대와 불화하는 불구의 정치 선언문」[19] 역시 그런 일깨움을 가져다준 글 중 하나였다. "시대와 불화하는 삶"의 비전을 또렷하게 제시하는 글을 만나게 되어 반가웠고, 동시에 비슷한 정치적 지향을 가지고 이를 과감히 실현해나가는 여성들의 비전을 따라갈 수 있어서 고무적이었다. 사실 나는 뒤늦게서야 이 글을 접하고는, 내 좌우명이 들어간 제목을 보자마자 너무 놀라서 온몸에 소름이 돋았었다. "시대와 불화하는 삶"이라니!

장애여성공감의 선언문은 다음과 같이 시작한다. "모든 인간은 존엄하다. 그러나 시대마다 존엄함을 스스로 증명하고 외쳐야 하는 사람들이 있었다." 이어서 선언문은 장애 여성의 경험과 위치에 대해 증언하면서, 우리 사회에서 '취약한 장애 여성'을 향한 폭력이 근절되지 않는 이유를 명료하게 밝힌다. 즉 여성에 대한 폭력은 단지 가해자를 엄벌한다고 해서 사라지는 것이 아니다. 폭력은 구조적 차별에서 기인하며, 따라서 성적 위계에 따라 다르게 매겨지는 존재의 가치체계 그 자체를 뒤집어야만 종식될 수 있다. 이 같은 선언을 통해 장애 여성들은 구조적 차별을 철폐하기 위한 싸움을 다시 한번 다짐한다. 그리고 이 선언문에서 내가 특히 주목하는 부분은 이들이 "우리의 정체성은 우리가 누구와 싸우고 연대하는가에 따라 계속해서 변화한다"고 언급한 대목이다.

정체성의 정치identity politics에 대한 흔한 오해들 중 하나가 젠더, 인종, 성적 지향sexual orientation, 장애 유무와 같은 특정 범주category에 따라 단일한 정체성이 구성될 수 있으며, 정체성의 정치는 이와 같은 동질성에 기반한 (혹은 동질성을 우선시하는) 정치라는 생각이다. 물론 다른 오해들도 많다. 정체성의 정치에는 계급 관점이 부재하다는 인식이 대표적이다. 정체성의 정치는 우리가 젠더나 인종과 같은 범주에만 집중하게 함으로써, 계급적 지배관계나 불평등을 은폐하거나 심지어 재생산하는 데 기여한다는 주장이다. 심한 경우에는 정체성의 정치가 물적 조건에 대한 현실 인식이 결여된 '부르주아지bourgeoisie의 운동'으로 격하되기도 한다. 인종 정체성에 대한 사회적 관심도가 현저히 낮은 한국 사회에서 정체성의 정치에 대한 비판은 대체로 젠더와 관련되어 있으며 주로 페미니스트들이 공격 대상이 된다. 여성들이 구조적 불평등을 보지 못한 채 그저 여성이라는 정체성만 앞세운다는 것이다. 그런데 젠더는 물적 조건이나 경제적 불평등과 무관하거나 독립적인 범주일까?

우리는 1부 4장에서 이미 낸시 프레이저가 제시한 **이가 집단** 개념을 살펴보았으며, 그 대표적인 예가 젠더임을 논했다. 프레이저에 따르면 젠더는 정치경제적 불평등과 사회문화적 차별을 동시에 함의하는 양가적인 범주다. 만약 젠더가 계급으로부터 온전히 독립적인 범주라면, 각 소득 구간별로 여성들이 고르게 (정규 분포를 따라) 분산되어 있어야 하지 않겠는가? 그런데 왜 고소득 구간에는 남성들이 더 많은 것일까. 더 나아가, 트랜스젠더 역시 고소득자부터 저소득자에 이르기까지 고르게 분포되어 있어야 하지 않을까? 그런데 왜 트랜스젠더들은 빈곤 계층인 경우가 더 많을까. 질문을 다르게 던져보자. 이미 통계적으로 증명된 남녀 임금격차는 성차별의 문제인가, 아니면 경제적 불평등의 문제인가? 가부장제와 이성애중심주의에 바탕을 둔 자본주의 사회에서 젠더는 때때로 계급의 속성을 띠기도 하는 것이다. 다시 말해서, 비-남성인

젠더가 경제적으로 하위 계급일 확률이 높다. 물론 언제나 그런 것은 아니다.

이제 논의를 좀더 확장해보자. 이가 집단과는 조금 다른 방식으로 질문에 답하는 개념이 바로 **교차성**intersectionality이다.[20] 프레이저는 이가 집단 개념을 제안함으로써 맑시즘과 페미니즘을 화해시키는 방법을 택했다. 반면 교차 페미니즘intersectional feminism은 정체성에 대한 우리의 고정관념 자체를 뒤흔드는 접근을 택한다. 따라서 역동적으로 변모하고 상황적으로 결합 및 재결합하는 수많은 정체성들의 상호영향력을 이해하는 것이 중요해진다. 즉 젠더, 계급, 인종, 장애 유무, 성적 지향, 나이, 종교, 언어, 민족, 국적, 학력, 출신 지역 등 모든 범주들은 다르게 겹쳐질 수 있고 그에 따라 억압, 불평등, 차별의 양태도 달라진다. 또한 이 범주들은 어떻게 연결되느냐에 따라 다른 효과를 만들어낸다.[21] 예컨대 내가 한국에 머무를 때 나는 아시아계라는 이유로 차별받지 않는다. 솔직히 나의 인종을 의식할 필요도 없다. 그러나 미국으로 돌아가면 나의 인종과 국적은 다종다양한 차별 국면에서 유의미한 범주로 부상하며, '동양 여성'이라는 고유한 스테레오타입stereotype과 결합한다.

교차성 이론은 흑인 여성 페미니스트들이 자신들이 겪어온 특수한 형태의 차별과 불평등에 주목하면서 만들어졌다. 같은 여성이지만 백인들은 겪지 않는, 같은 흑인이어도 남성들은 겪지 않는 일들이 있다는 것이다. 교차성 이론은 이렇게 흑인 여성 당사자들의 경험을 설명하는 것으로부터 출발해, "계급이냐 정체성이냐"와 같은 양자택일의 함정에 빠지지 않고 특정한 시공간 속에서 유의미하게 중첩되는 구조적 억압을 사유할 수 있도록 도와준다. 우리는 여성 저소득층 노동자일 수도 있고, 레즈비언 장애인일 수도 있고, 아시아계 이주민일 수도 있다. 장애여성공감의 선언문에서 "누구와 싸우고 연대하는가에 따라" 정체성이 변화한다고 단언할 수 있었던 것은 아마도 그들이 오랜 삶의 경험으로 이중 삼중의 억압 구조를 체득했기 때문일 것이다. 나는 이들의 깨달음이 교차성 이론의 핵심과 맞닿아 있다고 생각한다.

또한 더욱 중요한 것은 교차성 이론이 정체성의 정치와 태생적으로 얽혀 있는 관계라는 점이다. 정체성의 정치에 대한 오해를 불식시키는 데 있어서 이 연결고리를 이해하는 것은 매우 중요하다. 우리에게 잘 알려져 있지 않지만, '정체성의 정치'라는 개념을 최초로 공식 제안한 이들은 1974년에 결성된 흑인 퀴어 여성들의 모임 '컴비 리버 컬렉티브'Combahee River Collective였다.[22] 이들은 맑시스트, 더 정확히 말하면 맑시스트 사회주의자였고 동시에 페미니스트였다. 컴비 리버 컬렉티브 역시 자신들의 선언문을 발표하는데, 바로 이 선언문에서 처음으로 정체성의 정치를 제안한다. 1977년의 일이다.

이들은 소위 '진보적' 사회운동 진영에서조차 흑인 여성들에게는 자리가 주어지지 않는 현실에 분노했다. 흑인들의 해방을 위해 싸우는 반인종주의 투쟁은 흑인 남성들이 주도하고, 여성들의 해방을 위해 싸우는 페미니즘 운동은 백인 여성들이 주도하면서 흑인 여성들은 양쪽으로부터 소외되었던 것이다. 흑인 남성들과 백인 여성들 모두 그들을 동등한 정치적 동지로 대우하지 않았다. 컴비 리버 컬렉티브의 주창자들은 흑인·여성·퀴어로서 다층적 억압과 불평등에 대해 누구보다도 잘 이해하고 있었다. 그들은 주류 기득권자들이 결코 포착하지 못할 자신들의 경험을 바탕으로 급진적인 사회주의 운동을 전개하고자 했으며, 계급적 억압과 동시에 성적·인종적 억압을 고려함으로써 맑시즘을 확장하고자 했다. 정체성의 정치는 바로 이렇게 출발했다. 계급 관점이 결여된 정치로서가 아니라, 협소한 계급론의 보완과 확장을 모색하는 정치로서 태어났던 것이다.

이들이 주창한 정체성의 정치를 제대로 이해하기 위해서는 특히 다음의 세가지 핵심 주장을 살펴볼 필요가 있다. 첫째, 정체성의 정치는 당사자들이 처한 억압에 주목하며, 또한 가장 원대하고 급진적인 정치가 당사자들로부터 출현할 수 있다는 믿음에 기반한다. 다시 말하면, 정체성의 정치는 다른 누군가가 해방시켜줄 때까지 기다리지 않겠다는 선언이다. 특히 기존 사회 질서에서 가장 '밑바닥'에 있는 흑인이자 여성이자 퀴어였던 이들에게는 더욱 그러했을 것이다. 언제나 '뒷전' 취급을 받으며 혁명의 동지로 초대받지 못했던 이들이기 때문이다. 따라서 가장 열등하게 여겨졌던 존재들이 스스로 정치하는 것이야말로 가장 위협적이며 혁명적인 사상이 아니겠는가(국가, 정당, 프롤레타리아 독재의 역할을 우선시했던 전통적 맑시즘을 떠올려보라. 아마 당시의 흑인 남성 맑시스트들이 바로 이런 입장이었을 것이다).

둘째, 이들은 분리주의separatism에 명백한 반대 입장을 취했으며, 정체성의 정치가 근본주의의 함정에 빠져 다른 집단을 배제하는 것을 경계했다. 자신들과 정체성을 공유하지 않는 이들을 배격하거나 생물학적 차이를 바탕으로 진영과 파벌을 형성하는 것을 유효한 정치적 전략으로 보지 않았던 것이다. 늘 그렇듯이, 도저히 남성들과는 연대할 수 없는, 혹은 이성애자들과는 결코 연대할 수 없다고 느끼는 레즈비언 분리주의자들도 있었을 것이다. 그러나 컴비 리버 컬렉티브는 젠더와 성적 지향에만 몰두하는 근본주의는 다른 수많은 흑인들과 여성들의 해방을 지연시킨다는 점을 분명히 했으며, 젠더만 우선시하고 계급적·인종적 억압을 삭제해버리는 접근법에 동의하지 않았다. 남성들이 그들을 상대로 행하는 폭력과 억압은 남성들 자체의 문제라거나 생물학적 문제가 아니라 그들을 그렇게 만든 사회 구조의 문제라는 것이다. 따라서 투쟁과 저항의 대상은 가부장제이지 남자들이 아니다.

셋째, 억압된 모든 이들이 해방되기 위해서는 자본주의, 제국주의, 가부장제라는 정치경제적 체제를 무너뜨리는 것이 필수적이다. 그러므로 이들은 체제 전환을 통해 (단지 흑인 퀴어 여성 당사자뿐만 아니라) 이 땅의 모든 사람들과 자유와 평등의 혜택을 동등하게 나누는 것을 목표로 했다. 그러나 이들이 자신들의 정치적 비전과 실천을 "정체성"의 정치라고 명명했던 이유는, 오직 계급에만 집중하는 사회주의 혁명은 결코 자신들에게 해방을 가져다주지 않을 것이라는 점을 알고 있었기 때문이다. 그들은 흑인 여성들이 처한 사회경제적 조건을 구체적으로 고려함으로써 맑시즘에 기반한 이론과 실천이 더욱 확장될 수 있다고 보았으며, 주류 맑시스트들이 들여다보지 않던 영역을 스스로 분석하고자 했다. 인종과 젠더로부터 기인하는 억압이 사라지지 않는데, 노동 해방만으로 평등하고 자유로운 세계가 도래할 수 있겠는가?

따라서 이들에게 당사자의 자기결정self-determination과 해방은 매우 중요한 주제였다. 동시에 이들은 스스로의 해방은 오직 억압적 구조를 철폐함으로써만 가능하다는 것, 그리고 이를 통해 특정 집단의 해방이 아니라 모두의 해방을 이룩할 수 있다는 것을 명료하게 인지하고 있었다. 정체성의 정치는 모두의 평등과 해방이라는 비전을 향해 나아가기 위해서 반드시 필요한 과정이자, 분명한 현실 인식을 위한 도구였다. 그리고 그들이 처한 물적·사회적 조건을 직시하고 그들의 요구를 명료하게 말하기 위한 분석틀이었다. 이들이 처음으로 제시한 **맞물린 억압체계** interlocking systems of oppression라는 개념 역시 흑인·여성·퀴어로서의 **교차적 정체성**으로 뚜렷하게 설명된다. 억압의 당사자들에게는 개인적인 것이 곧 정치적인 것일 뿐만 아니라, 개인적인 것이 곧 구조적인 것이다. 교차성 개념은 "고작 정체성 얘기"에 불과한 것이 아니라, 그 태생부터 지금까지 언제나 구조적 부정의와 물적 조건에 천착하는 이론이자 분석틀이었다.

한국에서도 정체성의 정치가 폄하되는 현실은 엇비슷하다. 젠더 문제는 시급하지 않고, 페미니즘과 퀴어 이론은 진중한 사회사상이 아니며, 따라서 당사자가 아닌 나는 굳이 읽을 필요가 없으니 여자들만 읽으면 된다. 노동 문제는 모두의 관심이어야 하지만, 퀴어 문제는 퀴어들만 관심을 가지면 되지 않을까. 성폭력에 대한 문제제기는 언제나 "선거가 더 급하다"는 논리로 묵살된다. 심지어 지식인들 역시 경제적 불평등과 노동자 투쟁이 더욱 중대한 사회적 과제이니, 여성들의 해방은 "나중에" 논하자고 한다. 장애 여성들의 해방은 그보다 더 뒷줄에 있을 것이다. 퀴어의 해방은 더 나중에, 당연히 트랜스의 해방은 그보다도 더욱 나중에 차례가 돌아올 것이다. 당장 또다른 누군가가 곡기를 끊는다고 해도 말이다. 다시 마주할 내일이 그저 고통일 뿐이라 두려움에 떨고 있는 이들을 헤아릴 수 없는데, 차별금지법은 15년을 기다려도 정치적 의제가 되지 못한다. 그래서 결국 당사자들은 목숨을 걸고 단식을 하고, 구호를 외치며 거리로 나선다.

정체성의 정치는 몸에 깊이 각인된 아픔으로부터 터져나오는 힘을 가지고 있다. 평등하고 정의로운 미래는 우리 사회에서 가장 고통받는 사람들로부터 도래할 것이다. 법과 제도가 누구를 차별하고 배제하는지, 시스템의 보호가 어느 지점부터 작동하지 않는지, 정책의 사각지대에서 누가 먼저 죽어가는지, 그 한계를 가장 일찍 몸으로 겪어 알고 있는 사람들이기 때문이다. 기득권이 억누르는 공기가 너무 무거워서 숨쉬는 것조차 버거운, 그래서 결국 기득권의 질서 속에서 살기를 거부하기로 한 사람들은 새로운 정치운동을 시작하기도 한다. 우리가 이루고 싶어하는 대항 미래counter-futures를 선제적으로 그려내고자 하는 사람들이다. 소수만 누리는 자유가 아닌 모두의 해방을 위해, 점진적 개량이 아닌 발본적 변혁을 요구하는 이들이 추구하는 정치가 바로 **예시의 정치**

prefigurative politics다.[23]

예시의 정치는 기존의 틀에 갇힌 낡은 세계관으로 구상하거나 실천할 수 없는 정치다. 단순히 기존의 사회 구조에 대항하는 투쟁을 하는 것이 아니라, 더 나은 세계가 이미 우리에게 도래했다는 신념으로 우리가 원하는 미래를 스스로 실행하고 만들어가는 정치다. 비록 일시적이고 잠정적일지라도 대안적 사회관계를 우리의 현재 속에서 실현하려는 움직임이다. 사회운동가들의 소모임, 생존자들의 쉼터, 노동조합, 진보정당, 새로운 이론을 공부하고 생산하기 위한 동네 책방 모임, 대안적 주거 공동체, 선택 가족chosen families, 퀴어 커뮤니티와 같은 시공간을 생각해보자. 이들은 구성원들의 의지와 노력으로 충분히 급진적이고 대안적인 관계로 거듭날 수 있다. 우리가 바라는 이상을 우리 안에서 실현하면서 **일시적 대안 세계**a temporary alternative world[24]를 우리의 현재 속에 구축하려는 협력과 연대의 노력이 바로 예시의 정치다.[25]

많은 당사자들은 담담히 말한다. 우리는 더이상 구원자를 기다리지 않는다고. 삶의 순간순간을 거부당하며 살아온 이들이 나름의 힘과 지혜를 기르게 된 것은 당연하지 않을까? 우리는 기득권들이 강요하는 유예의 정치에 말려들어서는 안 되며, 미래의 정치적 이상을 위해 현재의 삶(더 정확히 말하자면, 소수자들의 현재의 삶)을 희생해서도 안 된다. "어떻게든 표부터 얻고 보자"고 말하는 비겁한 정치인들에게 목표가 수단을 정당화할 수는 없다고 응수하자. 우리가 추구하는 가치와 이상은 이미 현재의 수단과 실천 속에서 실현되어야 한다. 모두가 평등한 세계를 꿈꾸면서 소수의 지도부가 비대칭적으로 커다란 권력을 독점하고 서로의 소통을 가로막는 것을 어떻게 수용할 수 있는가? 우리가 우리의 관계 안에서 평등을 실현할 수 없는데, 과연 더 큰 세계에 평등을 전파할 수 있을까?

예시의 정치는 목적을 추구하기 위한 실천 그 자체에 이미 그 목적이 내재되어 있어야 한다고 보는데, 이를 **목적-수단 등치성**means-ends equivalence이라고 한다.[26] 다시 말해서 이상과 실천, 목표와 수단, 믿음과 행위는 분리되어 있지 않으며 서로를 구성하고 재구성한다. 이와 같은 정치는 물론 굳건한 신념과 의지를 바탕으로 풀뿌리의 힘을 믿는 사람들 사이에서만 가능하다. 나 자신의 변화와 공동체의 변혁에 기꺼이 동참하길 원하는 사람들이, 각자 선 자리에서 자신들의 삶과 관계를 변모시키기 위한 혁명을 만들어나가는 것이다. 따라서 구성원 모두의 존엄을 긍정하고, 그들의 생각을 경청할 준비가 되어 있어야 한다. 예시의 정치는 어렵고 대단한 일을 도모하는 정치가 아니다. 내가 할 수 있는 만큼, 나의 단짝 친구가 할 수 있는 만큼, 우리 모임이 할 수 있는 만큼, 우리 동네가 할 수 있는 만큼, 그렇게 작게 시작하는 움직임이다. 그런 크고 작은 움직임들 중 하나를 소개하면서 이 글을 마무리하고자 한다.

풀뿌리의 힘: 우리의 미래는 우리가 만든다

어떤 사람들은 손쉽게 "법대로 해!"라고 말한다. 그런데 과연 "법은 정의의 편"이라고 단언할 수 있을까? 앞서 살펴본 여러 사례들이 시사하는 것처럼 법과 제도가 언제나 우리를 지켜주는 것은 아니다. 그래서인지 요즘 아무렇게나 법치the rule of law를 들먹이는 사람들이 늘어나고 있는 현실이 다소 불편하다. 그들에게 법치란 무엇일까? 물론 법치의 개념적 기원은 18세기까지 거슬러올라갈 정도로 오래되었지만,[27] 법치가 정확히 무엇을 뜻하는가에 대해 우리가 동의한 것은 아니다. 법치 개념에 대한 학문적 논의는 여전히 현재진행형이며, 앞으로도 법치의 의미는 계속 재정의되어야 할 것이다. 그저 법에 따른 통치 시스템이 존재한다는 것과 그 법이 정의로운가 아닌가는 별개의 문제이기 때문이다.

또한 현존하는 법이 정의롭다고 가정하더라도 법의 집행 과정 전반에 걸쳐 모든 이들이 동등한 대우를 받는다는 보장은 없다. 제도의 힘을 대리하는 사람들이 "의도적으로" 선택적 보호를 한다는 뜻이 아니다(물론 그런 경우도 존재한다). 법의 제정부터 실행에 이르기까지 우리도 모르게 사회문화적 편견을 작동시킬 수 있다는 의미다. 특히 취약계층일수록 공정한 법 집행의 테두리 바깥에 놓일 가능성이 높다. 법안을 만들거나 이를 실행하는 이들이 기득권 바깥의 삶을 한번도 접해본 적이 없을 때 더욱 그렇다.[28] 따라서 법이 추구하는 정의와 윤리의 실현을 위해서는 우리의 견제와 참여가 필수적이다. 페미니스트 법학feminist jurisprudence의 창시자들 중 한명으로 일컬어지는 앤 스케일스Ann Scales는 법치 개념 자체를 문제화하면서, 단순히 법치 그 자체가 옳은 것이 아니며 공정fairness은 오직 윤리적일 때만 공정이라고 말했다.[29]

윤석열 정부는 '개인별' 사정에 맞춘 '공정한' 법 집행이 가능하다고 주장하지만, 그들의 믿음과 달리 현실은 그렇지 않다. 모든 개인은 사회적 편견 및 고정관념과 연결된 어떤 집단에 속해 있으며 그에 따라 차별적 대우를 받는다.[30] 물론 법과 제도는 공평무사해야 옳겠지만 실제로는 오래된 인식론적 한계, 더 정확히 말하면 기득권의 인식론적 한계를 그대로 담고 있어 이를 적극적으로 바꾸어나가야만 한다. 이를 인식론적 부정의epistemic injustice라고 한다.[31] 즉 법과 제도 역시 한 시대의 편견과 고정관념으로부터 자유롭지 않다는 뜻이다. 교차성 개념의 학문적 창시자인 킴벌리 크렌쇼Kimberlé Crenshaw 역시 법학자인데, 그가 교차성 개념을 발전시키게 된 직접적인 계기도 미국 법원이 흑인 여성들이 겪는 차별을 아예 보지 못했기 때문이었다. 인식론적으로 기울어진 장 안에서 사고하게 되면 실재하는 것도 눈에 보이지 않는 법이다.

법이 내가 처한 현실을 보지 못할 때, 법과 제도가 우리를 보호하지 않을 때, 우리가 살고 싶은 세계를 우리 스스로 구현하려는 운동이 바로 **변혁정의**transformative justice 운동이다. 변혁정의의 철학적 기초는 그 근원을 따라가자면 미국의 원주민indigenous 공동체까지 도달한다. 여러 세대에 걸쳐 국가 폭력을 경험하고, 제도화된 '문명' 사회로부터 축출과 차별의 대상이 되고, 그로 인해 수백년에 이어 전해진 집단적 트라우마를 이겨내면서 쌓아올린 실천지phronesis를 바탕으로 만들어진 철학이자 사회운동인 것이다. 그리고 변혁정의의 흐름은 최근 새롭게 다시 태어나, 원주민들의 후손과 젠더 폭력 생존자, 그리고 학자들과 사회활동가들이 그 중심축이 되어 정치적 이론이자 실천으로서 꾸준히 확장되고 있다.

변혁정의는 큰 틀에서는 아래로부터의 권력화와 공동체 구축, 다시 말해서 "우리가 원하는 미래를 우리 손으로 만들자"는 운동이라고 볼 수 있다. 특히 주목할 만한 것은 변혁정의론은 젠더 폭력을 근절하고자 애쓰는 피해자/생존자들과 활동가들에 의해 가장 적극적으로 발전되어왔다는 점이다. 어쩌면 당연하다고도 볼 수 있다. 생존자들은 법과 제도의 실패를 그 누구보다도 가깝게 경험한 이들이기 때문이다. 사실 젠더 폭력 생존자들이 생득하고 체화한 지식과 지혜 없이는 변혁정의론도 존재하지 않는다. 생존자들은 치열한 고통과 트라우마를 겪으면서도 오히려 이 같은 폭력을 행한 가해자와 사회를 바꾸기 위해 불굴의 의지로 각 지역에서 대안 공동체를 만들고 있다. 다른 여성들이, 다른 소녀들이, 자신이 겪은 그 아픔을 통과하는 것을 결코 원하지 않기에, 그들은 작게나마 힘을 모아 일시적 대안 세계를 구축하고자 하는 것이다. 이와 같은 노력 덕택에 변혁정의론은 그 이론 자체가 성찰적으로 변혁을 거듭하고 있다.[32]

변혁정의론은 법과 제도가 끝내 우리를 보호하지 못하더라도 스스로 안전망을 꾸리고 우리를 지켜낼 수 있는 공동체적 기반과 문화를 만드는 것을 매일의 목표로 삼는다. 홀로 외롭게 국민청원을 하거나 아무런 보호막도 없이 폭력을 그저 참고 견뎌야 하는 상황을 종식시키고, 취약한 이들의 연대를 통해 지속가능한 돌봄의 네트워크를 만들고자 한다. 변혁정의는 단지 표면적인 아픔을 달래는 것이 아니라 피해자, 가해자,

공동체를 뿌리부터 변화시키는 것을 비전으로 삼기 때문에, 얼핏 보기에 사소한 것으로 여겨지는 일상적 실천을 바꿀 것을 강조하며 세세한 가이드라인을 만들고자 한다.

내가 힘들 때, 내가 아파서 약을 사러 나갈 힘조차 없을 때, 나에게 달려와줄 수 있는 사람은 누구일까? 차례차례 이름을 적어보자. 그리고 이들과 단단한 소통의 그물망을 만들어 주기적으로 연락하자. 어쩌면 이미 이런 '단톡방' 같은 것이 있을 수도 있겠다. 그렇다면 그 멤버들과 항상 돌보며 내가 배운 것들을 공유하기로 다짐하자. 모임의 행동 원칙을 정하고, 읽고 싶은 책을 함께 읽고, 정치적 공감대를 쌓아올리자. 우리만의 깃발을 만들어 집회에 나가고, 마음에 드는 단체를 찾았다면 회원으로 가입해보자. 정치는 우리 모두가 하는 것이며, 변혁정의론은 바로 그 풀뿌리의 힘을 상징한다. 매일의 실천이 쌓일 때 우리의 마음가짐과 행동이 바뀌고, 우리의 의례와 문화가 바뀌고, 나아가 공동체의 구조와 역사가 바뀐다. 한 사회를 뿌리부터 바꾼다는 것은 바로 우리가 바뀐다는 이야기다.

이와 같은 풀뿌리 실천과 연대를 바탕으로 변혁정의 운동은 폭력, 차별, 혐오의 원인이 되는 성차별적·여성혐오적 구조를 아래로부터 무너뜨리는 것을 목표로 한다. 동시에 이 억압적 구조가 자본주의 및 신자유주의와 얽혀 있다는 것을 기본 가정으로 삼고 있기도 하다. 다시 말해서 신자유주의와 가부장제는 현대 자본주의 사회에서 불가분의 관계를 갖고 있다. 변혁정의론자들은 이 같은 근본적 억압 구조와 인식론적 부정의를 해체하지 않고서는 차별과 불평등의 종식은 불가능하다고 본다. 우리의 삶을 변혁시켜야 하는 이유는 구조를 변혁시켜야 하기 때문이며, 이는 다시 우리의 삶에 평등과 자유를 가져다준다. 이 장기적 비전은 물론 관계적 존재론, 즉 서로가 서로에게 배울 수 있고, 서로가 서로를 도울 수 있다는 믿음을 토대로 한다.

변혁정의가 응보정의retributive justice의 한계를 벗어나 구성원들 사이의 상호학습과 **상호부조**, 돌봄과 연대를 강조하는 것도 바로 이런 이유다. 차별과 폭력을 막기 위해서는 학습과 훈련을 통해 인식과 태도를 바꿔내는 것이 먼저이며, 폭력은 처벌만으로 절대 사라지지 않기 때문이다. 평등하고 안전한 공동체를 함께 구축해나갈 때 반복되는 가해의 연쇄 고리를 끊을 수 있다. 그리고 모두의 참여가 전제되어야 삶과 관계의 변화를 이끌어낼 수 있다. 이런 의미에서 상호부조 네트워크는 단지 필요할 때 도움을 주고받는 모임이 아니라 정치적 학습의 장으로서 기능하게 된다. 상호부조가 장기간 지속되고 도움의 범위가 점차 확장되면 그 네

상호부조[33]

상호부조는 우리가 익히 알다시피 동양과 서양을 막론하고 깊은 역사를 가진 개념이다. 미국의 변혁정의 활동가들은 급진적 사회운동의 경험, 그리고 오랫동안 원주민들이 가다듬어온 공동체적 윤리를 바탕으로 상호부조의 원칙과 속성을 정교하게 다듬어왔다. 변혁정의론의 관점에서 상호부조는 기존의 사회 체제가 우리의 필요를 충족시켜줄 수 없다는 인식을 바탕으로 서로가 서로에게 원조를 제공하는 집단적 실천 및 조직화를 뜻한다. 미국의 법학자이자 사회활동가 딘 스페이드(Dean Spade)에 따르면 상호부조는 다음과 같은 세가지 핵심 원칙에 바탕을 둔다.

(1) 상호부조는 우리의 생존을 위한 필수적인 자원이 부정의하게 분배되어 있다는 점, 그리고 여기에는 구조적 요인이 있다는 점에 대한 공통 이해를 바탕으로, 서로의 생존을 지탱하기 위한 실천이다.

(2) 상호부조는 (개인적 노력이 아니라) 관계를 조직하고, 연대를 확장하며, 사회운동을 구축한다. 위기 상황에서 서로를 돕는 상호부조 네트워크가 확립되어 있다면 이는 곧 정치적 활동을 위한 바탕이 된다.

트워크는 빠르게 동원될 수 있는 새로운 정치 세력의 기틀이 된다.

(3) 상호부조는 구성원들의 참여를 기반으로 하며, 구원자를 기다리기보다는 집단 행동을 통해 당면한 문제를 해결한다. 예컨대 복지 정책의 사각지대 속에서 하루에 한끼도 먹지 못하는 이들을 앞에 두고 정부 당국이 움직일 때까지 기다리는 것이 아니라, 지금 당장 우리의 음식을 조금씩 나눌 수 있는 연락망을 만드는 것이다.

이런 측면에서 변혁정의는 응보정의뿐만 아니라, 회복정의restorative justice와도 근본적으로 다르다. 회복정의는 상처 입은 관계를 원래의 온전한 관계로 복구하는 것에 방점을 두지만, 변혁정의는 그 상처를 가능하게 한 기존의 부정의한 조건을 바꿔내는 것에 중점을 둔다. 원래의 사회적 관계가 이미 비대칭적 권력 관계를 바탕으로 하고 있기 때문이다. 폭력과 차별은 불평등한 권력 관계 속에서 일어나며, 단지 개인들 사이의 대화와 화해만으로 이 문제를 해소할 수는 없다. 변혁정의론자들은 온전하고 올바른 상태로 되돌리자고 주장하는 것이 아니라 그 반대, 즉 이전의 상태로 다시 돌아갈 수는 없다고 주장한다. 그러므로 변혁정의는 응보정의와 회복정의 모두 한계가 있다는 점을 분명히 선언하면서 발본적 체제 전환을 요구한다.

변혁정의 운동은 우리가 원하는 미래를 우리 손으로 만들자고 주장하며 근본적인 체제 전환을 외치는 풀뿌리 조직화grassroots organizing의 가장 선명한 사례다. 일상 속의 작은 움직임을 바꾸는 것에서부터 시작한다는 것은 우리의 몸과 정신에 깊이 새겨진 낡은 이데올로기를 떨쳐낸다는 것을 뜻한다. 그래서 이 운동은 작은 목표에 안주하는 것이 아니라 크고 아름다운 비전을 그리며 가장 이상적인 세계를 미리 상상해본다.

점진적 개선이 아니라 급진적 변혁을 추진함으로써 평등하고 정의로운 미래를 우리 곁으로 앞당기고자 하는 투쟁, 그것이 바로 변혁정의 운동이다. 기존의 체제가 제공하는 방식을 충실히 따르면서 체제를 전환하는 것은 당연히 불가능하기 때문이다.

변혁정의 운동과 상호부조 네트워크는 관계적 존재론에 기반해 우리 모두의 쇄신renewal을 목표로 하는 변혁의 전략이라고 볼 수 있다. 그 누구도 다른 사람의 도움 없이 생존할 수 없다는 점뿐만 아니라 우리 모두가 누군가에게 크고 작은 상처를 줄 수 있다는 점을 기억한다면 우리에게 주어진 몫은 분명하다. 모두의 안전과 행복을 위해 모두의 책임과 참여가 중요하다는 점을 기억하고, 연대와 공존의 새로운 사회적 기반을 만드는 과업에 동참하는 것이다. 내가 진정으로 살고 싶은 공동체의 모습을 떠올리며 한걸음씩 나아가자. 변혁의 이상은 멀리 두되, 일상의 실천은 가장 가까운 동지들과 약속하는 것으로부터 시작하면 된다. 세상이 그대를 속일지라도 우리에게는 우리가 있다고 말할 수 있도록 나의 친구들과 힘을 기르자.

"시대와 불화하는 삶"이라는 좌우명을 다른 말로 표현하자면, "미래는 지금이다"라고 말할 수 있다. 이 시대의 한계를 느낄 때, 현재의 사회 시스템에 순응할 수 없을 때, 법이 제정될 때까지 기다릴 수 없을 때, 그때 우리는 더 나은 세계를 그리며 미래를 이미 실천하는 정치를 꿈꾼다. 소수자들과 당사자들이 목소리를 낼 수 있는 정치, 비전에 대한 공통 감각을 갖고 있는 사람들의 협력, 목표를 위해 삶을 희생시키는 것이 아니라 삶 그 자체가 목적이 되는 실천을 모색한다. 더 나은 세계를 원한다면 더 나은 세계는 가능하다고 믿어야 하고, 또한 그 믿음을 공유하고 있는 사람들과 손을 잡아야 한다. 혹시 여전히 손을 잡기가 망설여진다면, 나는 당신에게 미래는 결과가 아니라 과정이라고 말하고 싶다. 뜬구름과 같은 그 무엇이 아니라, 지금 우리가 조금씩 해나가는 것이다. 우리는 더이상 구원자를 기다리며 미래를 영원히 지연시킬 수 없다. 그래서 당신이 필요하다.

미래는 지금이다.

감사의 글

집필을 마무리하고 나니 자연스럽게 수많은 얼굴들이 눈앞에 떠오른다. 우선 이 책을 끝까지 읽고 드디어 이 페이지에 다다른 독자 여러분들께 감사드린다. 책에서 못다 한 이야기들은 앞으로 수많은 우연 또는 필연의 자리에서 나눌 수 있으리라 생각한다. 그리고 이 글을 누구보다도 먼저 읽어주시고, 부족한 글을 그럭저럭 세상에 내놓을 만한 책으로 만들어주신 출판사 창비 여러분, 특히 담당 편집자 최지수 선생님께 감사드린다.

이 책은 당연히 많은 사람들과의 대화와 교류를 바탕으로 탄생되었다. 책에 인용된 여러 학자들, 나에게 늘 감동과 깨달음을 주는 활동가들, 그리고 책에 등장하기도 하는 나의 친구들은 모두 나의 스승이자 동반자이다. 모든 분들의 이름을 여기서 언급할 수는 없지만, 이 책과 직간접적으로 엮여 있는 분들께는 꼭 감사의 말씀을 드리고 싶다.

먼저 'Feminists, Radically Beginning'이라는 모임을 함께 하고 있는 김은실 선생님, 김현미 선생님, 김영옥 선생님, 그리고 김희옥 선생님께 감사드린다. 선생님들께서는 학문적으로나 개인적으로나 늘 나의 모델이 되어주셨고, 나에게 무슨 일이 생기면 언제나 두발 벗고 나서주셨다. 이제는 떠올리기만 해도 뭉클한 이름이 되어 솔직히 걱정이 될 정도다. 앞으로 남은 삶의 시간 동안 선생님들 곁에서 무엇이든 되고 싶다. 특히 김은실 선생님께서는 이화여자대학교 한국여성연구원에서 「'공정'은 대안이 아니다: 전환 시대의 정의」라는 원고를 발표할 수 있는 기회를 주셨다. 덕분에 이 책의 초반부를 미리 발표하고 여러 선생님들과 의견을 나눌 수 있었다. 다시 한번 감사드린다.

나임윤경 선생님께서는 때로는 단호함으로, 때로는 무조건적인 사랑으로 부족한 나에게 용기와 지혜를 나눠주셨다. 연세대학교 문화인류학과 대학원 '여성주의 교육' 세미나에서 공정에 관해 학생들과 비판적으로 토론할 수 있는 기회를 주셨고, 이 자리에서 대학원생들이 삶에서 마주하는 여러 문제들을 직접 들을 수 있었다. 생각을 나눠준 학생들에게도 고마움을 표한다.

이 책을 쓰기로 마음먹기도 전에 나의 설익은 '공정' 논의를 먼저 주목해주신 분들이 있었다. 새얼문화재단의 전성원 편집장님께서는 『황해문화』 2020년 겨울호에 '공정성을 넘어서는 새로운 정의'라는 특집을 기획할 수 있는 공간을 마련해주셨고, 나는 특집의 첫 꼭지로 「'공정'의 이데올로기, 문제화를 넘어 대안을 모색할 때」라는 글을 기고하게 되었다. 『공정 이후의 세계』 1장은 이 글을 바탕으로 탄생했다.

한국사회학회의 장원호 선생님, 장덕진 선생님, 신진욱 선생님, 김석호 선생님, 그리고 조원광 선생님께도 깊은 감사의 말씀을 드린다. 선생님들께서 눈여겨보신 덕분에 『한국일보』와 한국사회학회 공동기획에 참여해 '불공정 사회의 좌표'라는 주제로 깊이 있는 대담을 나눌 수 있었다. 선생님들께서는 나의 부족한 생각도 넓은 마음으로 받아주셨고, 또한 미처 포착하지 못한 여러 중요한 지점들을 이 자리를 통해 고찰해 볼 수 있었다. 무엇보다도 그 어떤 편견 없이 따뜻하게 초대해주신 것에 대해 다시 한번 감사드린다.

『경향신문』의 백승찬 기자님과 조문희 기자님께서는 내가 『황해문화』 원고에 미처 담지 못한 내용을 지면을 통해 소개할 수 있는 기회를 주셨다. 2021년 새해 특집으로 「협소한 공정 논란 벗어나려면, 모두가 모두를 돕는 '관계적 존재론' 발전시켜야」라는 제목의 인터뷰 기사가 실렸는데, 덕분에 간략하게나마 개별주의적 존재론과 관계적 존재론을 대비시키는 이야기를 보다 많은 사람들과 나눌 수 있었다. 너무도 훌륭한 질문으로 나의 생각을 자극해주신 두 기자님께 깊이 감사드린다.

이 책의 7장에서 논의한 조직정의는 훨씬 더 쉬운 형태로 『조직공정성: 튼튼한 스타트업을 위한 가이드북』으로 온라인 출간된 바 있다. 이것은 일찌감치 조직정의의 중요성을 알아차렸던 소풍벤처스의 한상엽 대표와 홍지애 심사역 덕분에 가능했다. 가이드북을 출간한 후 한국의 소셜벤처 업계는 물론 대기업, 중소기업, 연구기관 등과 조직 공정성을 다양한 각도로 논할 기회가 이어졌다. 훌륭하고 자랑스러운 두명의 혁신가들에게 깊은 감사를 표한다. 또한 이 책의 2부는 『시사IN』에 실린 '2022, 삶을 위한 전환' 연속 기고에 바탕을 두고 있다. 소중한 지면을 통해 초기의 아이디어를 독자들과 공유할 수 있도록 허락해주셨던 『시사IN』 편집국, 특히 이종태 국장님과 장일호 기자님께 감사드린다. 담당 기자였던 장일호 기자님께서는 그 특유의 배려심으로 일정 조율 및 원고 점검을 위해 애써주셨다. 깊은 애정과 감사를 보낸다.

부족한 책을 읽고 기꺼이 추천사를 써주신 두분께도 감사의 인사를 전한다. 깊이 존경하는 학자이자 활동가이신 숙명여자대학교 홍성수 선생님께서는 바쁘신 중에도 부탁에 흔쾌히 응해주셨다. 그뿐만 아니라 단독 저서를 쓸 때 고려해야 할 여러가지 실질적인 조언도 해주셨다. 특히 한국의 출판 환경에 익숙하지 않은 나를 위해 다양한 이야기를 해주셔서 큰 도움이 되었다. 아끼고 사랑하는 이길보라 감독 역시 추천사를 맡아주어서 너무도 고마운 마음이다. 오래도록 인연을 이어온 이길보라 감독은 나의 든든한 동지로서 속 깊은 이야기를 솔직하게 나눌 수 있는 사이이다. 그간 다방면으로 한국에서 활약해온 멋진 예술가이자 활동가인 그에게 추천의 글을 받을 수 있어서 기쁘고 뿌듯하다.

이 책은 사회과학연구[SSK] 연구 프로젝트의 일환으로 대한민국 교육부와 한국연구재단의 지원을 받아 집필되었다(NRF-2021S1A3A2A01096330). 존경스러운 리더로서 SSK연구단을 이끌어주시는 서강대학교 류석진 선생님, 그리고 항상 의지할 수 있도록 마음을 내어주시고 학문적 지원을 아끼지 않으시는 서강대학교 사회과학연구소 조희정 선생님께 깊이 감사드린다.

감사의 글을 마무리하며 가족들에게도 사랑과 감사의 마음을 전한다. 한국에 머무르는 시간 중 많은 시간을 원고 집필에 빼앗긴 탓인지, 부모님께서 원고 독촉을 거의 전담하셨다. 아주 큰 사랑으로 보답할 예정이다. 내가 정말 아끼는 동생, 그리고 그를 통해 만들어진 나의 새로운 가족에게도 이 책을 강제로 읽힐 작정이니 미리 고마움을 전한다. 출간 전에 한번쯤 동생에게 검수를 맡기고 싶었으나 그의 사정상 그럴 수 없었다. 따라서 책의 출간과 동시에 열심히 읽고 홍보에 힘쓰기 바란다. 마지막으로, 아직은 어린 조카가 언젠가 이 책을 읽고 그의 미래를 그리는데 활용해준다면 참 행복하겠다. 그날이 올 때까지 부지런히 글을 써나가고자 한다.

2022년 7월, 서울
김정희원

주

1장

1 "State Department Cable Sees Echoes of Korean Politics in Netflix's 'Squid Game'," *Foreign Policy* 2021.10.15. 참조.

2 OECD 보도자료 "Korea's increase in suicides and psychiatric bed numbers is worrying, says OECD," 참조.

3 통계청 보도자료 「2021년 5월 경제활동인구조사 청년층 부가조사 결과」, 2021.7.20.

4 「1시간 이상 일하면 '취업자'… 노동 시장은 다양해지는데 세밀하지 못한 '취업 상태' 파악」, 『경향신문』 2021.7.13.

5 2021년 9월 대통령직속 일자리위원회에서 발표한 일자리 상세지표 중 청년실업률.

6 통계청 사회통계국 고용통계과에서 제공하는 '경제활동인구조사' 주요 용어 해설 참조.

7 통계청 보도자료 「2020년 3월 고용동향」, 2020.4.17.

8 통계청 보도자료 「2021년 1월 고용동향」, 2021.2.10.

9 한국고용정보원 「2019 대졸자직업이동경로조사 기초분석보고서」, 2020.12.

10 통계청 보도자료 「2021년 8월 경제활동인구조사 근로형태별 부가조사 결과」,

2021.10.26.

11 「입사 시험 준비 평균 17개월… 책값·학원비 671만원 썼다」, 『경향신문』 2021.7.20.

12 Michael Kimmel, *Angry White Men*, Nation Books 2013.

13 필자의 글 「'공정'의 이데올로기, 문제화를 넘어 대안을 모색할 때」, 『황해문화』 2020년 겨울호(통권 109호)의 일부를 수정·보완했다.

14 Guy Standing, *The Precariat: The New Dangerous Class*, Bloomsbury USA 2011(가이 스탠딩 『프레카리아트, 새로운 위험한 계급』, 김태호 옮김, 박종철출판사 2014).

15 「알바·잠재취업·초단기근로… 일하고 있는데 일이 고프다」, 『경향신문』 2021.7.13.

16 미국 백악관 보도자료 "President Biden Sets 2030 Greenhouse Gas Pollution Reduction Target Aimed at Creating Good-Paying Union Jobs and Securing U.S. Leadership on Clean Energy Technologies," 2021.4.22.

17 Sarah McFarlane, "One oil company's rocky path to renewable energy," *The Wall Street Journal* 2021.6.8.

18 Adam Greenfield, *Radical Technologies: The Design of Everyday Life*, Verso 2017.

19 「이준석은 트럼프 아니라 레이건이다」, 『한겨레21』 2021.6.18.

20 Roxane Gay, "Is this where we are, America?" *The New York Times* 2020.11.20.

21 Melani Hanson, "Student Loan Debt Statistics," EducationData.org. https://educationdata.org/student-loan-debt-statistics (2021.10. 31. 방문).

22 Melanie Hanson, "Average Time to Repay Student Loans," EducationData.org. https://educationdata.org/average-time-to-repay-student-loans (2021.10. 31. 방문).

23 필자의 글 「공정성 담론이 놓치는 것… 비교 불가능한 정의의 영역」, 『프레시안』 2020.6.8.의 일부를 수정·보완했다.

24 필자의 글 「'공정'의 이데올로기, 문제화를 넘어 대안을 모색할 때」, 『황해문화』 2020년 겨울호(통권 109호)의 일부를 수정·보완했다.

25 Ulrich Bröckling, *The Entrepreneurial Self: Fabricating a New Type of Subject*, SAGE Publication 2015.

26 Stanley Deetz, *Democracy in an Age of Corporate Colonization*, State University of New

York Press 1992.

2장

1 「인국공 정규직 최종 경쟁률 무려 203.8 대 1」, 『헤럴드경제』 2020.7.8.

2 「공정과 불공정 사이 부정당한 삶의 노력」, 『경향신문』 2020.6.30.

3 「인천공항 정규직 노조, '보안검색요원 정규직화' 공익감사 청구」, 『한겨레』 2020.7.9.

4 「"명문대 나와서 뭐하나"… 청년층 '역린' 건드린 인국공 사태」, 『한국경제』 2020.7.4.

5 「'인국공' 사태 취준생들의 분노… 절반 이상이 "정규직 전환은 무임승차"」, 『서울신문』 2020.6.30.

6 「"명문대 나와서 뭐하나"… 청년층 '역린' 건드린 인국공 사태」, 『한국경제』 2020.7.4.

7 「직고용되는 인국공 보안검색요원, 신분은 '무기계약직'」, 『연합뉴스』 2020.7.4.

8 「하태경, 로또취업방지법 발의… "인천공항, 청년 가슴에 대못 박아"」, 『한국일보』 2020.6.24.

9 「'로또취업방지법' 발의한 하태경, "무조건 공개경쟁"」, 『한국일보』 2020.6.30.

10 「하태경, 로또취업방지법 발의… "인천공항, 청년 가슴에 대못 박아"」, 『한국일보』 2020.6.24.

11 Stanley Deetz, *Democracy in an Age of Corporate Colonization*, State University of New York Press 1992.

12 「지난해 공공병원 병상 비중 9.7%… OECD 국가 중 '최하위'」, 『청년의사』 2021.10.8.

13 「지방 환자 수도권 의료기관 쏠림 증가… 4년 새 30만명 늘어」, 『청년의사』 2021.10.19.

14 『시사IN』에서 필자가 정형준 인도주의실천의사협의회 공공의료위원장, 조성주 정치발전소 대표와 함께 했던 좌담을 보도한 기사 참조. 「'공정'은 어떻게 그들의 무기가 되었나」, 『시사IN』 2020.9.28.

15 필자의 글 「'공정'의 이데올로기, 문제화를 넘어 대안을 모색할 때」, 『황해문화』 2020년 겨울호(통권 109호)의 일부를 수정·보완했다.

16 Ludwig von Bertalanffy, *General Systems Theory*, Braziller 1968.

3장

1 「시선② 이준석이 말하지 않는 것」, 『한겨레21』 2021.6.4.

2 「'부모 잘 만난 것도 능력' 최순실 딸 특혜 입학에 분노」, 『중앙선데이』 2016.11.13.

3 「20대가 말한다, '능력주의'와 '공정'」, 『한겨레』 2021.12.11.

4 「윤석열 선대위 출범… "역겨운 위선 정권 반드시 교체"」, 『한겨레』 2021.12.6.

5 「오세훈 시장 "2030세대 청년들 희망 갖는 '청년서울' 만들겠다"」, 『여성신문』 2021.4.22.

6 필자의 글 「'공정'의 이데올로기, 문제화를 넘어 대안을 모색할 때」, 『황해문화』 2020년 겨울호(통권 109호).

7 J. Stacy Adams, "Inequity in social exchange," Berkowitz(Ed.), *Advances in experimental social psychology*(Vol. 2), Academic Press 1965, 267~99면.

8 필자의 글 「공정성의 덫에 빠진 대한민국」, 『여성신문』 2020.9.20.

9 Jason A. Colquitt, Donald E. Conlon, "Justice at the Millennium: A meta-analytic review of 25 years of organizational justice research," *Journal of Applied Psychology* 86권 3호(2001), 425~45면.

10 「20대가 말한다, '능력주의'와 '공정'」, 『한겨레』 2021.12.11.

11 우명숙·남은영 「공정성 원칙으로서 능력주의와 불평등 인식: 한국과 일본의 비교」, 『아세아연구』 64권 1호(2021), 201~44면.

12 Michael Sandel, *The Tyranny of Merit*, Farrar, Straus and Giroux 2020(마이클 샌델 『공정하다는 착각』, 함규진 옮김, 와이즈베리 2020).

13 「시선② 이준석이 말하지 않는 것」, 『한겨레21』 2021.6.4.

14 필자의 글 「마이클 샌델이 진보라는 착각」, 『프레시안』 2021.3.9.

15 「3대 영재고 신입생 절반 대치동 '한 학원' 다녔다」, 『매일경제』 2021.6.11.

16 같은 기사.

17 통계청·교육부 보도자료 「2020년 초중고 사교육비 조사 결과」, 2021.3.9.

18 EBS 「시험」 제작팀 『(EBS 교육대기획) 시험』, 북하우스 2016.

19 「SKY대 신입생 장학금 신청자 55%가 고소득층… 3년 만에 14%p↑」, 『연합뉴스』 2020.10.12.

20 Mark Kantrowitz, "Admissions Tests Discriminate Against College Admission of Minority and Low-Income Students at Selective Colleges," Cerebly, Inc. 2021.5.21.

21 The College Board, "2020 SAT Suite of Assessments Annual Report," https://reports.collegeboard.org/pdf/2020-total-group-sat-suite-assessments-annual-report.pdf (2021.12.13. 방문).

22 Raj Chetty, John N. Friedman, Emmanuel Saez, Nicholas Turner & Danny Yagan, "Mobility report cards: The role of colleges in intergenerational mobility," *National Bureau of Economic Research* 2017.6.

23 Jason A. Colquitt, Donald E. Conlon, "Justice at the Millennium: A meta-analytic review of 25 years of organizational justice research," *Journal of Applied Psychology* 86권 3호(2001), 425~45면

24 Daniel Markovits, *The meritocracy trap*, Penguin Press 2019(대니얼 마코비츠 『엘리트 세습』, 서정아 옮김, 세종서적 2020).

25 같은 책.

26 「개천서 용 못 난다… 성공 요인 1순위는 '부모 재력'」, 『세계일보』 2018.4.17.

27 OECD, "Does inequality matter? How people perceive economic disparities and social mobility," 2021.11.18. https://doi.org/10.1787/3023ed40-en 참조 (2022.5.10. 방문).

28 기획재정부 보도자료 「2021년도 예산, 국회 본의회 의결·확정」, 2020.12.2.

29 Michael Nietzel, "University of California reaches final decision: No more standardized admission testing," *Forbes* 2021.11.19.

4장

1 「"페미 지원 불가" 편의점 알바 모집 논란에… 본사 "점포에 강한 제재 검토"」, 『한겨레』 2021.4.19.
2 「KBS 세대인식 집중조사③ '이대남' '이대녀'론의 실체」, KBS 2021.6.24.
3 같은 기사.
4 「20대 남자, 그들은 누구인가」, 『시사IN』 2019.4.15.
5 천관율·정한울 『20대 남자』, 시사IN북 2019.
6 「남성 차별 존재한다는 '이남자'… '남성 우월주의' 오륙남과는 달랐다」, 『한국일보』 2021.6.16.
7 국가인권위원회 「성평등한 정치 대표성 확보 방안 연구」, 2020.
8 「이준석은 트럼프 아니라 레이건이다」, 『한겨레21』 2021.6.18.
9 Amanda Barroso, Anna Brown, "Gender pay gap in U.S. held steady in 2020," Pew Research Center, https://www.pewresearch.org/fact-tank/2021/05/25/gender-pay-gap-facts/ (2021.12.22. 방문).
10 여성가족부 보도자료 「성별 임금격차 상장법인 35.9%, 전년 대비 감소하였으나 여전히 커」, 2021.9.1.
11 OECD, "Gender wage gap," 2021. https://doi.org/10.1787/4ead40c7-en (2021.12.22. 방문).
12 Robert N. Proctor, "Agnotology: A missing term to describe the cultural production of ignorance(and its study)," R. N. Proctor & L. Schiebinger(Eds.), *Agnotology: The making and unmaking of ignorance*, Stanford University Press 2008, 1~33면.
13 「국민의힘, 'N번방 방지법' 반대 총력전」, 『경향신문』 2021.12.12.
14 「이준석, "기존 '파이' 나누는 여성 할당제는 불공정"」, 『프레시안』 2021.6.10.
15 같은 기사.
16 「이준석, 60년 만에 첫 여성기자협회 창립기념식서 "협회 사라지길 바란다"」, 『뉴스토마토』 2021.12.22.

17 IPU, "Monthly ranking of women in national parliaments," 2021.11. https://data.ipu.org/women-ranking?month=11&year=2021 (2021.12.23. 방문).

18 「여성 변호사 점점 늘지만… 로펌엔 4명 중 1명 수준」, 『경향신문』 2020.11.11.

19 Susan Faludi, *Backlash: The undeclared war against American women*, Crown 1991(수전 팔루디 『백래시』, 황성원 옮김, 아르테 2017).

20 필자의 글 「유리천장에 비친 여성혐오의 민낯」, 『여성신문』 2020.10.14.의 일부를 수정·보완했다.

21 Madeline E. Heilman, Aaron S. Wallen, Daniella Fuchs & Melinda M. Tamkins, "Penalties for Success: Reactions to Women Who Succeed at Male Gender-Typed Tasks," *Journal of Applied Psychology* 89권 3호(2004), 416~27면.

22 Michael Sandel, *The Tyranny of Merit*, Farrar, Straus and Giroux 2020.

23 Ronald L. Jackson II, "White space, White privilege: Mapping discursive inquiry into the self," *Quarterly Journal of Speech* 85권 1호(1999), 38~54면.

24 필자의 논문. Kim Heewon, "The mutual constitution of social media use and status hierarchies in global organizing," *Management Communication Quarterly* 32권 4호(2018), 471~503면.

25 Robert K. Merton, "The Matthew Effect in science," *Science* 159권 3810호(1968), 56~63면.

26 Paula Chakravartty, Rachel Kuo, Victoria Grubbs & Charlton McIlwain, "Communication SoWhite," *Journal of Communication* 68권 2호(2018), 254~66면.

27 같은 글.

28 Sara Ahmed, *On being included: Racism and diversity in institutional life*, Duke University Press 2012.

29 Jihyeon Choi, Jeong-Eun Lee, Bora Choi, Jungook Kim & Seung Eun Lee, "Experiences and perceptions of gender discrimination and equality among Korean surgeons: Results of a survey of the Korean Surgical Society," *Journal of Korean Medical Science* 36권 48호 e323(2021).

30 Claudia Goldin, Cecilia Rouse, "Orchestrating impartiality: The impact of 'blind' auditions on female musicians," *The American Economic Review* 90권 4호(2000), 715~41면.

31 Anthony Tommasini, "To make orchestras more diverse, end blind auditions," *The New York Times* 2020.7.16.

32 Claudia Goldin, Cecilia Rouse, 앞의 글.

33 Anthony Tommasini, 앞의 글.

34 Caroline Cariado-Perez, *Invisible women: Data bias in a world designed for men*, Abrams Press 2019(캐럴라인 크리아도 페레스 『보이지 않는 여자들』, 황가한 옮김, 웅진지식하우스 2020).

35 신유형 「공공기관 블라인드 채용 실태 및 성과 연구」, 공공기관 블라인드 채용의 성과와 과제 토론회 자료집, 2019.11.19. 주관: 더불어민주당 설훈·신경민·이상민 의원실, 사단법인 사교육걱정없는세상.

36 Anthony Tommasini, 앞의 글.

37 같은 글.

38 Jaap van Zweden, Peter W. May, Oscar Tang & Deborah Borda, "Commitment to change," The New York Philharmonic. https://nyphil.org/about-us/general-information/commitment-to-change (2021.12.27. 방문).

39 Kevin Olson(Ed.), *Adding insult to injury: Nancy Fraser Debates Her Critics*, Verso 2008(낸시 프레이저 외 『불평등과 모욕을 넘어』, 문현아·박건·이현재 옮김, 그린비 2016).

40 Nancy Fraser, *The old is dying and the new cannot be born*, Verso 2019(낸시 프레이저 『낡은 것은 가고 새것은 아직 오지 않은』, 김성준 옮김, 책세상 2021).

41 Kevin Olson(Ed.), 앞의 책.

42 필자의 글 「'공정'의 이데올로기, 문제화를 넘어 대안을 모색할 때」, 『황해문화』 2020년 겨울호(통권 109호).

43 Richard Layte, Christopher T. Whelan, "Who feels inferior? A test of status anxiety

hypothesis of social inequalities in health," *European Sociological Review* 30권 4호 (2014), 525~35면.

44 「조희연 "국립대 공동학위제 도입… 서울대 10개 만들자"」, 『연합뉴스』 2021.12.15.

5장

1 Anne Helen Petersen, *Can't even: How Millennials became the burnout generation*, Mariner Books 2020.

2 Evangelia Demerouti, Karina Mostert & Arnold B. Bakker, "Burnout and work engagement: A thorough investigation of the independency of both constructs," *Journal of Occupational Health Psychology* 15권 3호(2010), 209~22면.

3 Christina Maslach, Michael P. Leiter, "Understanding the burnout experience: recent research and its implications for psychiatry," *World Psychiatry* 15권 2호(2016), 103~11면.

4 「입사 2년 차 아들의 죽음… "아드님은 오래 버텼어요"」, MBC 뉴스데스크 2022.1.12.; 「"멘탈이 약해서" 쉬쉬하며 개인 탓 돌리는 회사들… 슬퍼할 틈도 없다」, MBC 뉴스데스크 2022.1.12.

5 「사망한 서울대 청소 노동자, 196명 기숙사 혼자 청소한 뒤 컵라면 먹었다」, 『민중의소리』 2021.7.15.

6 Daniel Engster, Maurice Hamington(Eds.), *Care ethics and political theory*, Oxford University Press 2015.

7 Joan C. Tronto, *Caring democracy: Markets, equality, and justice*, New York University Press 2013.

8 Nel Noddings, *Starting at home: Caring and social policy*, University of California Press 2002.

9 Virginia Held, *The Ethics of Care: Personal, political, and global*, Oxford University Press 2005.

10 The Care Collective, *The Care Manifesto: The Politics of Interdependence*, Verso 2020(더

케어 컬렉티브 『돌봄 선언』, 정소영 옮김, 니케북스 2021).

11 필자의 글 「'공정'의 이데올로기: 문제화를 넘어 대안으로」, 『황해문화』 2020년 겨울호(통권 109호)의 일부를 인용·수정했다.

12 필자의 글 「2021년은 급진적 자기돌봄의 해」, 『여성신문』 2021.1.12.의 일부를 인용·수정했다.

13 Judith Butler, *The force of non-violence*, Verso 2020(주디스 버틀러 『비폭력의 힘』, 김정아 옮김, 문학동네 2021).

6장

1 「다수의 수다」, JTBC 2022.2.4.

2 「억대 연봉 라이더 나온다는데… 5000명 모집에 1000명 왔다」, 『중앙일보』 2020.9.3.

3 「억대 연봉 임원도 뛰어든 배달 라이더… 월수입 실제 얼마?」, 『헤럴드경제』 2021.5.27.

4 「"강남에서 배달하면 월 1300만원"…의사만큼 버는 라이더들」, 『파이낸셜뉴스』 2022.1.22.

5 「억대 연봉 라이더 나온다는데… 5000명 모집에 1000명 왔다」, 『중앙일보』 2020.9.3.

6 같은 기사.

7 「"강남에서 배달하면 월 1300만원"… 의사만큼 버는 라이더들」, 『파이낸셜뉴스』 2022.1.22.

8 「"현직 배달기사입니다. 일주일에 이렇게 많이 벌었습니다"」, 『위키트리』 2021.11.1.

9 「라이더 연봉 1억원? "수익 위주 보도 배달 노동자 위험 부추긴다"」, 『참여와혁신』 2020.9.3.

10 박정훈 「배달료, 비트코인처럼 요동치다」, 『월간참여사회』 2021.12.

11 「라이더 연봉 1억원? "수익 위주 보도 배달 노동자 위험 부추긴다"」, 『참여와혁신』 2020.9.3.

12 Milton Friedman, *Free to choose*, Harcourt Brace Jovanovich 1980(밀턴 프리드먼 『선택할 자유』, 민병균·서재명·한홍순 옮김, 자유기업원 2003).

13 「27년간 끼고 다닌 윤석열의 인생 책… 프리드먼 '선택할 자유'」, 『매일경제』 2022.5.13.

14 Jamie Woodcock, Mark Graham, *The gig economy: A critical introduction*, Polity 2020.

15 Milton Friedman, *Capitalism and freedom*, University of Chicago Press 2002(밀턴 프리드먼 『자본주의와 자유』, 심준보·변동열 옮김, 청어람미디어 2007).

16 「유승민, "윤석열 '부정식품' 발언 충격적… 프리드먼 늘 옳은 건 아냐"」, 『한겨레』 2021.8.2.

17 「"자유가 자유 키운다"… 尹 언어의 취임사, 이렇게 썼다」, 『중앙일보』 2022.5.10.

18 Peter Fleming, "The human capital hoax: Work, debt and insecurity in the era of Uberization," *Organization Studies*, 38권 5호(2017), 691~709면.

19 Steven Hill, *Raw deal: How the 'Uber economy' and runaway capitalism are screwing American Workers*, St. Martin's Press 2015.

20 Milton Friedman, *Capitalism and freedom*.

21 Eric Foner, *The story of American freedom*, W. W. Norton & Co. 1998.

22 Peter Fleming, 앞의 글.

23 Tom Peters, *The brand you 50: Or: Fifty ways to transform yourself from an 'employee' into a brand that shouts distinction, commitment, and passion!*, Knopf 1999.

24 Milton Friedman, *Free to choose*.

25 Shikha Dalmia, "The weaponization of Milton Friedman," *The Week* 2018.7.19.

26 Anne L. Schneider, Helen M. Ingram, *Deserving and Entitled: Social Constructions and Public Policy*, State University of New York Press 2005.

27 Dean Spade, *Mutual Aid: Building Solidarity during this Crisis(and the next)*, Verso 2020.

28 이길보라 『당신을 이어 말한다』, 동아시아 2021.

29 필자의 글 「전장연의 시위가 '비문명'이라면, 그 위계 바깥을 보라」, 『시사IN』 2022.5.6.

30 필자의 글 「공정성 담론이 놓치는 것… 비교 불가능한 정의의 영역」, 『프레시안』 2020.6.8.

31 Joel Feinberg, “Noncomparative justice,” *The Philosophical Review* 83권 3호(1974), 297~338면.

32 필자의 글 「‘공정’의 이데올로기: 문제화를 넘어 대안으로」, 『황해문화』 2020년 겨울호(통권109호).

33 필자의 논문 참조. Kim Heewon et al., “Decolonizing Organizational Communication,” *Management Communication Quarterly* 2022.5.28. https://doi.org/10.1177/08933189221090255.

34 이 책의 1장 참조.

35 john a. powell, *Racing to justice: Transforming Our Conceptions of Self and Other to Build an Inclusive Society,* Indiana University Press 2012.

36 john a. powell, Stephen Menendian & Wendy Ake, *Targeted Universalism: Policy & Practice,* The Haas Institute for a Fair and Inclusive Society 2019.

37 이 글의 일부는 필자의 글 「공정성 담론이 놓치는 것… 비교 불가능한 정의의 영역」, 『프레시안』 2020.6.8.을 수정·보완했다.

7장

1 이 글은 심사위원들의 만장일치로 대상 수상작으로 선정되었다. 관련 보도 참조. 「“때로는 지는 싸움이라도 꼭 해야”… 직장갑질 수기 공모전」, 『연합뉴스』 2021.11.7.

2 직장갑질 피해자 로하 「빼앗긴 판에도 기회는 오는가」, 『한겨레21』 2021.11.14.

3 Walter Isaacson, *Steve Jobs: The Exclusive Biography,* Simon & Schuster 2011(월터 아이작슨 『스티브 잡스』, 안진환 옮김, 민음사 2011).

4 Tom McNichol, “Be a Jerk: The Worst Business Lesson From the Steve Jobs Biography,” *The Atlantic* 2011.11.29.

5 “Breakthrough ideas for 2004,” *Harvard Business Review*. https://hbr.org/2004/02/breakthrough-ideas-for-2004 (2022.2.28. 방문).

6 Robert I. Sutton, *The No Asshole Rule: Building a Civilized Workplace and Surviving One*

That Isn't, Business Plus 2007(로버트 서튼 『또라이 제로 조직』, 서영준 옮김, 이론과실천 2007).

7 같은 책.

8 Tom McNichol, 앞의 글.

9 Alyson Shontell, "Uber may be proof that 'brilliant jerks' are finally less welcome in Silicon Valley," *Business Insider* 2017.6.15.

10 Susan Fowler, "Reflecting on one very, very strange year at Uber," 2017.2.19. https://www.susanjfowler.com/blog/2017/2/19/reflecting-on-one-very-strange-year-at-uber (2022.2.28. 방문).

11 Mike Isaac, "Inside Uber's Aggressive, Unrestrained Workplace Culture," *The New York Times* 2017.2.22.

12 Mike Isaac, "Uber Founder Travis Kalanick Lesigns as C.E.O.," *The New York Times* 2017.6.21.

13 Mike Isaac, Ashwin Seshagiri, "How Uber's Brash Approach Backfired," *The New York Times* 2017.6.22.

14 Kara Swisher, "Arianna Huffington's speech to Uber staff: A 'new Uber' will emerge from crisis," *Vox* 2017.6.13.

15 Dara Khosrowshahi, "Uber's new cultural norms," 2017.11.7. https://www.linkedin.com/pulse/ubers-new-cultural-norms-dara-khosrowshahi/ (2022.2.28. 방문).

16 Uber, "UBER 2021 People and Culture Report," https://www.uber.com/us/en/about/diversity/ (2022.2.28. 방문).

17 그 이후 우버는 그들이 추구하는 가치의 내용을 지속적으로 다듬어 최신 버전을 다음 페이지에 공개하고 있다. Uber, "Uber Values," https://www.uber.com/us/en/careers/values/ (2022.7.15. 방문)

18 이후의 논의 중 일부는 필자의 글을 수정·보완했다. 「조직공정성: 튼튼한 스타트업을 위한 가이드북」, 소풍벤처스 2020. 다음 링크에서 무료로 다운로드할 수 있다 (2022.2.28. 방문). https://sopoong.net/blog/?q=YToxOntzOjEyOiJrZXl3b3JkX3R5cG

UiO3M6MzoiYWxsIjt9&bmode=view&idx=5359885&t=board

19 Jerald Greenberg, "A taxonomy of organizational justice theories," *The Academy of Management Review* 12권 1호(1987), 9~22면.

20 Marion Fortin, Thierry Nadisic, Chris M. Bell, Jonathan R. Crawshaw & Russell Cropanzano, "Beyond the particular and universal: Dependence, independence, and interdependence of context, justice, and ethics," *Journal of Business Ethics* 137호(2016), 639~47면.

21 "BBC TV license fee: What is it and why is it under threat?" BBC 2022.1.17.

22 Wikipedia, "Carrie Gracie," https://en.wikipedia.org/wiki/Carrie_Gracie (2022.2.28. 방문).

23 "Timeline: How the BBC gender pay story has unfolded," BBC 2018.6.29.

24 "BBC apologies to Carrie Gracie over pay," BBC 2018.6.29.

25 Deborah E. Rupp, Debra L. Shapiro, Folger Robert, Daniel P. Skarlicki & Ruodan Shao, "A critical analysis of the conceptualization and measurement of organizational justice: Is it time for reassessment?" *Academy of Management Annals* 11권 2호(2017), 919~59면.

26 Gerald S. Leventhal, "What should be done with equity theory?: New approaches to the study of fairness in social relationships," K. Gergen, M. Greenberg & R. Willis(Eds.), *Social exchange*, Plenum Press 1980, 27~55면.

27 같은 글.

28 Russell Cropanzano, David E. Bowen & Stephen W Gilliland, "The management of organizational justice," *Academy of Management Perspectives* 21권 4호(2007), 34~48면.

29 Kate Lockwood Harris "Re-situating organizational knowledge: Violence, intersectionality and the privilege of partial perspective," *Human Relations* 70권 3호(2016), 263~85면.

30 Cornell Law School, "20 U.S. Code § 1092 - Institutional and financial assistance information for students," https://www.law.cornell.edu/uscode/text/20/1092#f

(2022.2.28. 방문).

31 Wikipedia, "Clery Act," https://en.wikipedia.org/wiki/Clery_Act#Annual_security_report (2022.2.28. 방문).

32 E. Allan Lind, Tom R. Tyler, *The social psychology of procedural justice,* Plenum Press 1988.

33 Robert J. Bies, Joseph F. Moag, "Interactional justice: Communication criteria of fairness," Roy J. Lewicki, Blair H. Sheppard & Max H. Bazerman(Eds.), *Research on negotiations in organizations,* JAI Press 1986, 43~55면.

34 「10원 100원 50원 500원… 동전으로 밀린 임금 받아봤나요」, 『연합뉴스』 2016.6.15.

35 같은 기사.

36 같은 기사.

37 필자의 논문 참조. Heewon Kim, Rebecca B. Leach, "Mitigating burnout through organizational justice: Customer support workers' experiences of customer injustice and emotional labor," *Management Communication Quarterly* 35권 4호(2021), 497~517면.

38 필자의 논문 참조. Heewon Kim, Mary Kiura, "The influences of social status and organizational justice on employee voice: A case of customer care workers," *International Journal of Business Communication,* Online advance publication 2021.

39 Jason A. Colquitt, "Two decades of organizational justice: Findings, controversies, and future directions," J. Barling, & C. L. Cooper(Eds.), *The SAGE Handbook of Organizational Behavior,* SAGE Publication 2008, 73~88면.

40 Jeff Pollard, Amy DeMartine, Melissa Bongarzone & Ian McPherson, *Predictions 2021: Cybersecurity,* Forrester 2020.

41 필자의 글 참조. 「조직을 쇄신하기 위해 무엇을 할 것인가」, 『여성신문』 2021.2.23.

42 Investment Banking Division, "Working conditions survey," Goldman Sachs & Co., LLC 2021.

43 Hugh Son, "Goldman's junior bankers complain of crushing workload amid SPAC-

fueled boom in Wall Street deals." CNBC 2021.3.18.

44 존슨앤드존슨 홈페이지, https://www.jnj.com/credo/ (2022.2.28. 방문).

8장

1 '아이디어 위원회'에 대해서는 이 책의 5장 참조.

2 "He loves Alabama, but for his child he must leave," *Advance Local Media*, 2022.5.17.

3 "More families of trans teens sue to stop Texas child abuse investigations," *The Texas Tribune*, 2022.6.8.

4 같은 글.

5 같은 글; "Texas supreme court Oks state child abuse inquiries into the families of trans kids," NPR, 2022.5.13.

6 「'성전환' 변희수 하사, 전역 처분 취소 행정소송 제기」, 『경향신문』 2020.8.11.

7 「변희수 하사, '전역 취소' 판결 끝내 못 듣고… 철옹성 군 차별에 희생」, 『한겨레』 2021.12.30.

8 「변 하사, 군인 신분으로 사망… '순직' 인정해야」, 「MBC뉴스」 2022.4.25.

9 「변희수 하사 '강제전역 위법' 확정… 1년 9개월 만에 찾아온 뒤늦은 승리」, 『한겨레』 2021.10.27.

10 Judith Butler, *The force of non-violence*, Verso 2020.

11 Ashley Austin, Shelley L. Craig, Sandra D'Souza & Lauren B. McInroy, "Suicidality among transgender youth: Elucidating the role of interpersonal risk factors," *Journal of Interpersonal Violence* 37권 5-6호(2022), 2696~2718면.

12 Sheila Rowbotham, "The women's movement and organising for socialism," in Sheila Rowbotham, Lynne Segal & Hilary Wainwright(Eds.), *Beyond the fragments: Feminism and the Making of Socialism*, Merlin Press 1979, 21~156면.

13 「기계에 끼어 사망한 24살 비정규직 노동자 4시간 방치」, 『한겨레』 2018.12.11.

14 「정규직 '목숨값' 비정규직의 3배?… 현대판 신분제」, MBC 뉴스데스크 2019.8.19.

15 「김용균 '참담한 목숨값'… 법원 "원청 대표 무죄"」, 『한겨레』 2022.2.10.

16 Achille Mbembe, *On the post colony*, University of California Press 2001.

17 Frantz Fanon, *Black skin, white masks*, Grove Press 1967(프란츠 파농 『검은 피부, 하얀 가면』, 노서경 옮김, 문학동네 2014).

18 이 표현은 다음 책에서 따왔지만, 문구만 빌려왔을 뿐이고 책의 내용과는 별로 관계가 없다. Edward W. Said, *On late style: music and literature against the grain*, Vintage 2007(에드워드 W. 사이드 『말년의 양식에 관하여』, 장호연 옮김, 마티 2008).

19 장애여성공감 「시대와 불화하는 불구의 정치 선언문」, 『오마이뉴스』 2018.2.1.

20 Kimberlé Crenshaw, "Demarginalizing the Intersection of Race and Sex: A Black Feminist Critique of Antidiscrimination Doctrine, Feminist Theory and Antiracist Politics," *The University of Chicago Legal Forum*, 1989(1), Article 8, 1989.; Kimberlé Crenshaw, "Mapping the margins: Intersectionality, identity politics, and violence against women of color," *Stanford Law Review* 43권 6호(1991), 1241~99면.

21 Patricia Hill Collins, Sirma Bilge, *Intersectionality*(second edition), Polity 2020(패트리샤 힐 콜린스·시르마 빌게 『상호교차성』, 이선진 옮김, 부산대학교출판문화원 2020).

22 The Combahee River Collective, "The Combahee River Collective: A Black feminist statement," in Zillah R. Eisenstein(Ed.), *Capitalist patriarchy and the case for socialist feminism*, Monthly Review Press 1977, 362~72면.

23 예시의 정치는 가깝게는 미국의 신좌파(The New Left), 멀게는 19세기 아나키즘까지 그 기원을 거슬러올라갈 수 있다. 다음 글 참조. Peter Kropotkin, *Anarchism: Its philosophy and ideal*, Createspace Independent Publishing Platform 1898.

24 Luke Yates, "Rethinking prefiguration: Alternatives, micropolitics, and goals in social movements," *Social Movement Studies* 14권 1호(2015), 1~21면.

25 월 스트리트 점거 운동(Occupy Wall Street)을 비롯한 반-세계화(anti-globalization) 운동이 확대되던 시기, 동시다발적으로 모임이 출현하고 자발적으로 조직화되는 모습을 보면서 그 운영 방식에 많은 사람들이 주목했다. 그 모임 안에서는 위계와 권력 구조 없이 평등하면서도 효과적으로 소통이 가능했고, 자발적 기여와 수평적 합의를 통해

참여자들 사이의 가이드라인이 만들어졌다. 결코 작은 규모의 모임이 아니었는데도 말이다.

26 Mathijs van de Sande, "The prefigurative politics of Tahrir Square–an alternative perspective on the 2011 revolutions," *Res Publica* 19권 3호(2013), 223~39면.

27 John Adams, *The works of John Adams*(Vol. 4), Jazzybee Verlag 1851/2015.

28 필자의 글 「국가와 제도가 우리를 지켜주지 않을 때」, 『시사IN』 2022.4.14.

29 Ann Scales, *Legal feminism: activism, lawyering, and legal theory,* New York University Press 2006.

30 필자의 앞의 글.

31 Miranda Fricker, *Epistemic injustice: Power and the ethics of knowing,* Oxford University Press 2009.

32 엄밀히 따지면 변혁정의 운동은 전통적인 예시의 정치 논의와 다소 차이가 있다. 변혁정의론자들은 낡은 세계는 가고 미래가 도래한 것처럼 가정하는 것이 아니라, 낡은 세계가 변할 때까지 기다릴 수 없으므로 우리 스스로 우리의 세계를 만든다는 태도를 취한다. 그러나 원하는 미래를 스스로 만들고, 원하는 변화가 스스로 되기를 추구한다는 점에서는 동일하다.

33 Dean Spade, *Mutual Aid: Building Solidarity during this Crisis(and the next),* Verso 2020.

공정 이후의 세계

초판 1쇄 발행/2022년 7월 25일
초판 4쇄 발행/2023년 4월 19일

지은이/김정희원
펴낸이/강일우
책임편집/최지수 홍지연
조판/신혜원
펴낸곳/(주)창비
등록/1986년 8월 5일 제85호
주소/10881 경기도 파주시 회동길 184
전화/031-955-3333
팩시밀리/영업 031-955-3399 편집 031-955-3400
홈페이지/www.changbi.com
전자우편/human@changbi.com

ISBN 978-89-364-8682-2 03300